中国城市发展创新模式系列丛书

丛书主编：杨天举

新时代兰考新实践

——由"联系点"到"示范点"的蜕变

张　峰　主编

中国城市出版社

图书在版编目（CIP）数据

新时代兰考新实践：由"联系点"到"示范点"的
蜕变 / 张峰主编 . —北京：中国城市出版社，2024.2
（中国城市发展创新模式系列丛书 / 杨天举主编）
ISBN 978-7-5074-3683-9

Ⅰ. ①新… Ⅱ. ①张… Ⅲ. ①城市经济—经济发展—
研究—兰考 Ⅳ. ①F299.276.14

中国国家版本馆 CIP 数据核字（2024）第 013399 号

责任编辑：张智芊 宋 凯
责任校对：张 颖
校对整理：董 楠

中国城市发展创新模式系列丛书

丛书主编：杨天举

新时代兰考新实践——由"联系点"到"示范点"的蜕变

张 峰 主编

*

中国城市出版社出版、发行（北京海淀三里河路9号）

各地新华书店、建筑书店经销

华之逸品书装设计制版

天津图文方嘉印刷有限公司印刷

*

开本：787 毫米 × 1092 毫米 1/16 印张：21¼ 字数：310 千字
2024 年 2 月第一版 2024 年 2 月第一次印刷
定价：**148.00 元**
ISBN 978-7-5074-3683-9
（904693）

中国城市发展创新模式系列丛书
编 委 会

编 委 会 主 任：杨天举

编委会副主任：黎　薇　罗云兵　雷超兵

《新时代兰考新实践——由"联系点"到"示范点"的蜕变》
编 委 会

本书主编：张　峰

本书顾问：蔡松涛　李明俊　丁向东　王彦涛

副 主 编：于小波　李俊客　郝　杰　刘宇香　崔保华　李俊奇

编 写 组：刘宇香　徐诗卉　张　堃　母佳鑫　杨云鹏　杨自锦

丁一文　王　明　文　磊　刘　佳　任丹丹　李迎军

朱建军　张红卫　靳文龙　吴华伟　胡培华　陈兴乐

王华刚　蔡　朋　付兴利　杨　洋　辛　颖　李晓军

组织单位：泛华建设集团有限公司

城市基础设施与建筑绿色低碳技术北京市工程研究中心

序言一

我国正处于生态文明和数字经济的双重战略期，同时也逐渐步入新型城镇化的下半场，以城市更新、乡村振兴、县城为载体的新型城镇化和产业园区转型成为当前的发展主战场。国家近期出台了构建现代化基础设施体系的相关指导意见，着力重点扩大国内需求，全面贯彻高质量发展的现实要求和战略需要，并提出"碳中和、碳达峰"的"3060"目标，通过"双碳"目标统筹可持续发展进程，实现我国经济社会及生产生活方式的绿色低碳化转型和可持续发展。

泛华集团以中国新型城镇化发展创新模式为引领，积极践行生态文明、数字经济、新型城镇化、乡村振兴等国家战略，重点关注生态治理建设、城市更新、县域经济、产业园区等应用场景，以能碳运营为引领、数字经济为驱动、产业育城为动能、全要素智慧生态产业示范区为载体，创新实践新型城镇化、乡村振兴战略，聚焦全过程咨询、生态发展、新城建（市政发展）、绿色建筑、区域能源、数字岩土工程、医疗健康等创新领域，以"EOD+产业育城+全要素智慧生态产业示范区"创新开发模式，为新型城镇化高质量发展提供智库、投资运营、产业运营、数字运营、绿色运营和建设服务。

引领新型城镇化创新，构建新价值体系。泛华集团创新性地提出了"四层结构、四化融合、四生互动"的新型城镇化价值体系：一是构建中心城市、县域经济、特色小镇、美丽乡村四层结构的城镇化体系，引领县域各层新型城镇化系统性、整体性、协同性互动发展；二是实现以产业化为动力、农业化为基础、新型城镇化为载体、数字化为驱动的"新四化"的高度融合，推进新型城镇化的产业兴城、以城促产、产城一体、智慧生态、城乡统筹、创新驱动、文化提升和可持续发展；三是走"生命、生产、生活、生态"的"四生"有机结合、逐步融入新型城镇化发展之路，充分发挥和利用生态优势，实现生态文明与社会发展、经济建设的深度结合。

践行生态文明战略，赋能地方绿色高质量发展。在"双碳"目标背景下，通过创新开展生态环境导向的开发（EOD）模式、打造"无废"城市和全域海绵城市、结合国家生态文明建设示范市县、"绿水青山就是金山银山"实践创新基地、生态产品价值实现机制试点等示范项目在地方落地，创新绿色协同机制，牵引地方绿色发展。

突出数字经济驱动，产业育城模式重塑地方发展动能。围绕地方主导产业或特色产业，线上通过数字化产业育城平台为地方导入数字经济、创意设计、职业教育、科技创新、供应链金融等创新要素，线下融合地方特色产业体系，构建区域发展产业生态，打造线上线下相结合的产业园区和产业集群；赋能中小企业，通过全过程溯源、检验检测、品牌认证、数字供应链、5G 场景应用等，用数字经济的思维构建"一品一网一平台多基地"的平台经济、总部经济和结算经济，实现特色主导产业场景化应用创新，实现数字经济和实体经济融合发展；以产育城，形成产业集群化、集群基地化、基地园区化、园区社区化、社区智能化、数字产业化、产业数字化，重塑地方产业生态，赋能、引领县域城乡四层结构融合发展。

系统推进乡村振兴，提出四大创新路径。以战略思维、系统思维、创新思维和项目思维统筹考虑、全面部署，提出"融合破题、要素贯通、平台赋能、协同创新"四大创新路径，助力地方加快推进乡村振兴。从需求侧出发，通过三产创新发展带动一产和二产转型，打通"3—1—2"或"3—2—1"产业创新发展路径；通过科创与品牌双轮驱动，撬动全产业链全要素城乡贯通；结合数字经济重构产业新生态，打造平台经济、结算经济；多维战略统筹联动形成合力，共筑全要素智慧产业示范区。

在当前加快推进以县城为重要载体的城镇化建设中，泛华集团认为县域作为城乡融合的切入点，工业经济和农业经济的交会处，是推进城乡经济社会融合的纽带，是纵深推进新型城镇化有效衔接乡村振兴的主战场。然而，我国2850多个县涵盖着城镇与乡村，历史发展、地理区位、资源禀赋、经济发展程度千差万别，各具特色，通过分类研究、探索实践和总结，泛华集团总结了城市卫星城型、环城休闲游憩型、农业产业化驱动型、特色农产品撬动型、大田实验示范带动型、资源依附型、特色产业型、交通枢纽型、民族风情特色型、边境自贸小镇型等多种类型，并结合不同的特征创新出了不同的发展路径：

——在黑龙江省海林市：泛华集团帮助当地打造经济开发区，从战略发展规划的角度，对整个开发区进行区域发展战略定位，制定发展目标，确定实施路径和时序，并帮助开发区创新投融资服务体系解决资金瓶颈；帮助海林市制定多项措施促进招商，采取以商带商的模式，促使雪都、康宝、北味等众多制药企业和农副食品加工企业落户产业园，带动了地方快速发展。

——在江苏省句容市：泛华集团帮助当地创新国家农业园样板，将农业内涵融入国家公园的元素，并"以产业化为动力、以农业化为基础、以新型城镇化为载体、以信息化为手段"的四化高度融合，实现"生产、生活、生态"三生空间有机结合，践行绿水青山就是金山银山的发展理念，帮助句容市创新特色农业产业化与新型城镇化发展模式融合，推动了农村与城市互动，实现了城乡统筹的有效发展。

——在黑龙江省宁安市：泛华集团帮助当地打造智慧农业谷，实现特色农业、精品大米产业规模化、集约化、现代化的产业化运营方式，并以"以产业化推动城镇化，以城镇化促进产业化，以产业化支撑城镇化"的发展路径，加快当地改变城乡面貌，促进农民持续增收，打造和提升"响水大米"品牌，推进宁安市农业产业化和新型城镇化建设。

——在陕西省柞水县：泛华集团帮助当地创新木耳产业发展路径，打造田园综合体项目，利用木耳小镇的良好基础，以"柞水木耳"品牌为驱动，通过结算经济拉动"产业致富＋品牌赋能"的发展路径，建立现代化产业生态系统，调整经济结构，高效推动精准脱贫工作，实现一二三产融合，有效提高地区发展质量，用实干诠释了"小木耳，大产业"。

——在河南省温县：泛华集团通过对太极拳历史文化资源的挖掘，将温县太极文化创意产业化发展，打造太极文化圣地——太极小镇，提升温县软实力和知名度。

——在安徽省萧县：泛华集团通过挖掘特色要素、盘活全域资源，深刻践行"产业兴旺、生态宜居、乡风文明、治理有效、生活富裕"的乡村振兴二十字方针的内涵，通过产业集群战略重构、生态系统战略重构、文化价值战略重构、组织动力战略重构、人才体系战略重构，并从产业要素融合、产业体系创新、产业业态创新等方面发力，打造乡村特色经济新引擎，形成"萧县模式"乡村振兴发展思路，打造新时代乡村振兴的模范和标杆。

——在昆明市官渡区：泛华集团帮助当地实现"中心经济"引领区域发展，围绕"大健康、大旅游、大文创、大数据"等复合型产业发展模式，以总部经济为动力、楼宇经济为载体，并整合文化、生态、品牌、科技、土地、政策、信息等各类资源要素，形成产业化发展、产业集群化，打造产业生态圈。

——在广东省汕尾市：泛华集团帮助当地"飞地联姻"创建示范，通过深汕产业新城的打造，与相距不到百公里的世界级都市深圳共建合作区，携手打造出了一座大珠三角新兴的滨海城市，创建了区域发展"飞地模式"的示范。

基于30年来在600多个中小城市和县城的创新实践与理论集成，泛华集团与兰考县人民政府及各部门密切配合、通力合作，以习近平总书记调研兰考时的重要讲话精神为指导思想，切实践行习近平总书记视察指导工作时提出的"把强县和富民统一起来""把改革和发展结合起来""把城镇和乡村贯通起来"的县域治理"三起来"工作要求，深入参与兰考城市发展建设，提出兰考应以焦裕禄精神为核心，挖掘文脉、打通商脉、研究文象承载，并把兰考的软实力和经济发展有机结合，把习近平总书记群众教育路线的联系点变成县域发展示范点，通过以产业化为动力、农业化为基础、新型城镇化为载体、数字化为驱动的"新四化"高度融合，以"生命、生产、生活、生态"的四生理念为指导，构建了"县域—重点镇—一般镇—美丽乡村"的四层结构的新型城镇化体系，从而实现全面脱贫和城市价值提升，最终使其科学发展路径和县域治理方式具有全国推广价值。

　　本书既是泛华集团参与兰考县全面发展的模式总结，也是"中国新型城镇化发展创新模式"在兰考县的实践应用。未来希望随着中国新型城镇化发展创新模式不断丰富，不仅可以继续助力兰考县域经济高质量发展，更可以广泛地应用于其他县域经济！

泛华集团董事长：

2024 年 1 月 20 日

序言二

泛华集团多年来秉承为城市创造价值的理念，持续探索城乡建设高质量发展新模式，在国家政策指引下，以战略思维、系统思维、价值思维、运营思维统筹区域发展要素，以设计为引领，探索不同时期、不同特色资源城市的城乡可持续发展新模式，贯彻做好本体、做优系统、做强生态的系统工作方法，链接区域发展的全要素资源，努力为地方发展谋求更好的生态平台，探索推动地方高质量发展的新路径。

河南省作为文化大省、人口大省、农业大省和经济大省，经济总量稳居全国第五位、中西部地区首位，但仍存在大而不强、有而不优的问题，目前正处于产业结构调整和发展动力接续转换的关键期与攻坚期。在探索河南省城乡建设实践中，泛华集团以战略为势、产业为本、规划为纲、文化为源、创新为魂、生态为基、金融为器、数字引领，围绕国家所需、地方所能、群众所盼，在河南省濮阳市、焦作市、济源市、洛阳市、开封市、平顶山市、信阳市等地进行了大量城乡发展建设的探索和实践。

焦作市温县是中华太极拳的发源地，被命名为"中国太极拳发源地""中国武术太极拳发源地"和"中国太极拳文化研究基地"；是国家地理标志产品与道地药材铁棍山药的原产地和"四大怀药"的主产区，被授予"国家级四大怀药质量安全示范区"。2015年，温县县委县政府携手泛华集团，以国学、国医、国术为核心，按照全域发展的理念，整体谋划，充分考虑华夏文明传承创新和民族文化自信的战略导向需求，高标准制定"中华文化推广源地、世界文化交流中心"两大战略目标，塑造"一河两拳"区域发展大格局（一河即黄河，两拳即黄河两岸北太极、南少林），构建"药食同源、医武结合"大健康体系，培育大量精通太极思想、中医理论、国学文化的太极高手，立足文化层面打造人类命运共同体战略目标的重要推手和中部地区文化传承核心承载地，推动中华文化在"一带一路"国家倡议的引导下走向世界。在中华太极镇战略规划的指引下，系统谋划设计并落地实施"太极客厅"项目，受到时任河南省省委书记王国生和河南省省委省政府多数领导的认可，河南省"十四五"规划中"两山两拳"战略的提出更好地延续了这一战略思想。

濮阳市清丰县是全国唯一以孝子之名（张清丰）命名的县城，也是"中国孝道文化之乡"。2016 年，清丰县人民政府与泛华集团签订战略合作协议，以弘扬孝道文化为主题，打造集文化传承、道德教育、市民休闲等功能为一体的中华孝道文化园。项目建成后成为濮阳市孝道主题文化的实践基地和现场教学点，融合孝道文化传承创新体验、孝道文化创意产品展示和孝道文化研学教育等功能，是承载中华民族优秀传统文化的重要载体，也是清丰县践行"绿水青山"绿色发展方式和生活理念的重要实践。

泛华集团高度重视国家战略，积极响应"脱贫攻坚""乡村振兴""高质量发展"等系列国家号召，于 2016 年以兰考县为主要服务对象，全面参与兰考城乡建设与发展，探索县域经济高质量发展的新模式、新路径。经全体人民和各界人士的努力，兰考县于 2017 年顺利脱贫，从一个国家级贫困县发展成为开封地区排名靠前的县城。2018 年 10 月，由国务院扶贫办副主任欧青平带队，来自俄罗斯、乌兹别克斯坦、阿塞拜疆、波兰、土耳其、巴基斯坦、孟加拉国、越南、泰国、印尼、加纳、喀麦隆、南非、秘鲁 14 个国家的外国嘉宾及国内专家和相关工作人员莅临兰考县参观考察，全面了解中国改革开放和脱贫攻坚工作情况。2023 年 8 月，非洲国家贫困治理与发展研修班学员莅临兰考县考察。这是对兰考县脱贫攻坚与城市发展工作最好的肯定。

泛华集团服务兰考县期间，城市面貌也发生了翻天覆地的变化，在

2018年河南省百城提质活动中受到各级领导好评，在2022年9月设计河南建设工作大会中受到楼阳生书记的高度评价，一股身为兰考人民与城市建设参与者的自豪感油然而生！

兰考县能取得今天的成绩，固然有自身的县情特点，但更多源于习近平总书记新时代县域治理思想的指引，是习近平总书记在百忙之中的谆谆教导，是河南省委省政府、开封市委市政府、社会各界人士的鼎力支持，是兰考县坚定贯彻和落实各级政策、领导干部和人民群众共同拼搏奋斗的结果。

作为兰考县城市建设快速发展的参与者和见证者，我深感荣幸与自豪。当年与县主管领导共同现场考察、现场调研、现场讨论的场景仍然历历在目，记忆中深夜县委会议室常亮的灯光，凌晨拿着铁锤敲路牙验质量的背影，无不记录着这些年与兰考县领导干部们并肩奋斗的光荣岁月。正是这一次次不辞辛苦地商讨细节、明确方案，才有了兰考县"拼搏红、廉洁白、奋进灰"独有的城市色彩；有了"一个人、一棵树、一种精神、一个产业"的蓬勃发展；有了兰考县基层干部思想观念的焕然一新；也有了兰考县城乡建设领域的高质量建设。

在这里，特别感谢泛华集团总部对河南分公司的大力支持，泛华集团董事长杨天举先生，在初期服务兰考县的困难时刻，带领集团主要骨干力量，以系统思维、顶层思维、价值思维与项目思维，系统化梳理兰考县发展路径、解放思维、统一思想，寻找突破口，确定了在全国范围内率先打造"三起来示范地"的战略路径，引领泛华集团同仁在后期工作中优质、高效、有序完成各阶段建设任务，系统性助力兰考县的高质量发展。

现将多年来在兰考县服务的历程、心得体会及相关情况总结成书，以期在中国新型城镇化建设的进程中能够对更多的县域发展有所帮助和借鉴，为共同建设富强民主文明和谐美丽的社会主义现代化强国贡献泛华力量！

也同样期盼，兰考县在新一轮新型城镇化进程中，能够紧抓构建新发展格局战略机遇、新时代推动中部地区高质量发展政策机遇、黄河流域生态保护和高质量发展的历史机遇，并以兰考县纳入郑开同城化进程、《郑州都市圈发展规划》获批为契机，以人民为中心，不断提升产业能级，修复生态环境，带领人民走向共同富裕；以焦裕禄红色精神丰碑、脱贫攻坚经验成就和县域治理创新模式为依托，将兰考县打造成为中国面向世界的文化交流中心和国际展示新窗口！

　　本书的有幸面世受到了社会各界朋友的鼓励和帮助，尤其是原河南省人大常委会副主任段喜中同志、河南省委咨询组刘京州同志等专家学者，在写书过程中给予了无私帮助和指导，在此表示由衷的感谢！

2023 年 10 月 12 日

目　录

第一章
郡县治天下安，新时代精神引领

"如果把国家喻为一张网，全国三千多个县就像这张网上的纽结。'纽结'松动，国家政局就会发生动荡；'纽结'牢靠，国家政局就稳定。国家的政令、法令无不通过县得到具体贯彻落实。因此，从整体与局部的关系看，县一级工作好坏，关系国家的兴衰安危。"[1]县域，一头连着城市，一头连着乡村，是城乡经济的结合部，更是我国发展经济、保障民生、维护稳定、促进国家长治久安的重要基础。县域治理是国家治理的基础和重点，县域经济是国民经济的基石，承担着"富裕一方百姓""繁荣地域文化"和"实现长治久安"的历史使命。

兰考县位于河南东北部，处于黄河十八弯最后一道弯，历史上的兰考自然灾害严重，县域经济发展滞后，被确定为国家级贫困县。即便在政策的不断推动下，社会发展也受到重重阻碍，人才和资本匮乏，城乡建设与民生环境问题突出。2014年9月，习近平总书记亲自审定《中央政治局常委同志第二批教育实践活动联系点工作方案》，多次对联系点工作作出重要指示，明确要求对第二批活动的指导只能加强，不能削弱；要加强统筹协调，加强具体指导，把联系点办成示范点。第二批教育实践活动，习近平总书记联系河南省兰考县，李克强联系内蒙古自治区翁牛特旗，张德江联系福建省上杭县，俞正声联系云南省武定县，刘云山联系陕西省礼泉县，王岐山联系山东省蒙阴县，张高丽联系吉林省农安县[2]。县域治理"三起来"的理念指引和焦裕禄精神的弘扬传承不断促进兰考县域经济高质量发展，也使兰考成为我国县域治理的典范。

---

[1] 习近平：从政杂谈（一九九〇年三月），摘自《摆脱贫困》。

[2] 人民网：《把联系点办成示范点——习近平总书记等中共中央政治局常委同志指导第二批教育实践活动联系点纪实》。

一、县域治理新时代

（一）国家治理重心发生变化

县域经济作为国民经济的基础单元，是推动经济社会发展的重要力量，是实现高质量发展的重要支撑。作为中国现代化国家治理体系的顶层"设计师"，习近平总书记对县域治理高度重视。

早在 2008 年 11 月 10 日，时任国家副主席的习近平在学习贯彻党的十七届三中全会精神县委书记培训班学员代表座谈会上强调，县委书记肩上的担子重、责任大，一定要增强历史责任感和使命感，在建设和发展中国特色社会主义的伟大实践中励精图治、奋发进取、增长才干、建功立业[①]。

党的十八大以来，党中央从坚持和发展中国特色社会主义全局出发，提出并形成了全面建成小康社会、全面深化改革、全面依法治国、全面从严治党"四个全面"战略布局。习近平总书记特别强调，现在，县级政权所承担的责任越来越大，需要办的事情越来越多，尤其是在全面建成小康社会、全面深化改革、全面依法治国、全面从严治党进程中起着重要作用。县域治理是推进国家治理体系和治理能力现代化的重要一环。全面深化改革，县一级要做什么事，能做什么事，要不等待、不观望，敢啃硬骨头、敢于涉险滩，坚持问题导向，积极主动作为。要开动脑筋、深入思考、积极推动。

2014 年 9 月，习近平总书记等中共中央政治局常委同志全程指导教育实践活动，第一批活动分别选择一个省区作为联系点，第二批活动分别选择一个县作为联系点，坚持内容不少、力度不减、标准不降，轻车简从、进村入户，联系自己工作经历和亲身感受，与县委领导班子一起研究分析县域治理的特点和规律，指导解决县域发展突出问题。习近平总书记以河南省兰考

---

① 摘自《人民日报》2008 年 11 月 11 日第 4 版［版名：要闻］，作者：李章军。

县作为联系点，并提出"县域经济三起来"的县域经济发展重大理论！

2014 年 11 月 15 日，在习近平总书记关怀下，中央党校县委书记研修班第一期开班，两个月一期，将全国县（市、区、旗）委书记轮训一遍，对县委书记进行系统理论培训和党性教育，引导县委书记用最新理论成果武装头脑、指导实践、推动工作。对全国县委书记进行系统理论培训和党性教育，是党的十八大以来的首次，也是继 2008 年之后，我国再次对全国的县委书记进行轮训。2015 年 1 月 12 日，习近平总书记同中央党校第一期县委书记研修班的 200 余名学员畅谈交流"县委书记经"。

2020 年 12 月 28 日，习近平总书记在中央农村工作会议上指出，要强化基础设施和公共事业县乡村统筹，加快形成县乡村功能衔接互补的建管格局，推动公共资源在县域内实现优化配置。要赋予县级更多资源整合使用的自主权，强化县城综合服务能力，把乡镇建设成为服务农民的区域中心。

2022 年 5 月，中共中央办公厅、国务院办公厅印发《关于推进以县城为重要载体的城镇化建设的意见》，这是改革开放以来党中央第一次专门针对县城问题印发文件，表明国家对县城建设的高度重视。

（二）国家发展重点向县域倾斜

新时期以来，国家发展政策由"先富带动后富"，逐步向"共同富裕"转变。习近平总书记在党的十九大报告中明确指出："中国特色社会主义进入新时代，我国社会主要矛盾已经转化为人民日益增长的美好生活需要和不平衡不充分的发展之间的矛盾。"准确把握我国社会主要矛盾变化的重大意义，是深入理解新时代中国特色社会主义的关键所在，也是决胜全面建成小康社会、全面建设社会主义现代化国家的战略基石。

我国新时期主要矛盾的变化，直接影响我国的重点发展战略方向从大都市向乡村下沉，县级行政单元成为承载国家战略、解决主要矛盾的主战场，党中央结合我国发展实际，陆续出台脱贫攻坚、乡村振兴、生态保护等一系列发展战略，有效支撑了县域层面的高质量发展。打好扶贫开发攻坚战，是习近平总书记在县域治理中特别强调的一项重要工作，也是他心中时刻牵挂的一个重大问题。全面建成小康社会目标的如期实现，很大程度上取决于脱贫攻坚工作的成果。坚持从实际出发，因地制宜，理清思路、完善规划、找准突破口，做到宜农则农、宜林则林、宜牧则牧、宜开发生态旅游则搞生态旅游，真正把自身优势发挥好，使贫困地区发展扎实建立在自身有利条件的基础之上。

（三）县域治理理论实践不断完善

习近平总书记对县域发展高度重视，对中国基本国情的深刻认识和理解，源自其县域领导的七年工作实践。在河北正定，他亲自领导华北平原一个农业县的改革发展变迁。在福建宁德，他倡导"弱鸟先飞""滴水穿石"，以"摆脱贫困"为主题在闽东9个县摆开战场大干一场，干出了一个新面貌。在福建，他七下晋江，亲自总结"晋江经验"，推动县域经济发展。在浙江，他走遍全省90多个县，7次到淳安，提出"绿色政绩观"；11次到义乌，推动落实"强县扩权"……

在丰富的基层领导工作经验和成效的基础上，陆续出版《摆脱贫困》《做焦裕禄式的县委书记》《知之深 爱之切》《习近平关于协调推进"四个全面"战略布局论述摘编》等一系列指导县域发展的理论著作，深刻阐明了县域发展治理的目标任务、对象内涵、方式方法、激励动力、环境条件、根本保障，并对如何避免走弯路、走岔路、走错路等一系列重大问题进行系统性指导，形成了完备的理论体系。

（四）树立县域治理时代榜样

县委是党执政兴国的"一线指挥部"，县委书记是"一线总指挥"。党的十八大以后，习近平总书记带领全党全国各族人民开创了中国特色社会主义新时代。新时期以来，习近平总书记把培养造就一支高素质县委书记队伍作为县域治理的关键，不断对县委书记在新时期开展县域治理提出新要求。据公开报道资料，习近平总书记曾点名称赞多位"四有"县委书记：焦裕禄——不求"官"有多大，但求无愧于民；王伯祥——新时期县委书记的榜样；谷文昌——在老百姓心中树起了一座不朽丰碑……

针对怎样当好县委书记，习近平总书记曾明确指出，做县委书记，就要做焦裕禄式的县委书记，清清白白做人、干干净净做事、坦坦荡荡为官，引导全县形成健康向上的社会风尚。如何做焦裕禄式的县委书记，习近平总书记提出了"四有"和"四个人"的要求：

"四有"，即：心中有党、心中有民、心中有责、心中有戒。必须始终做到心中有党。对党忠诚，是县委书记的重要标准。衡量一个县委书记当得怎么样，主要看这一条。必须始终做到心中有民。县委书记是直接面对基层群众的领导干部，必须心系群众、为民造福。必须始终做到心中有责。干部就要有担当，有多大担当才能干多大事业，尽多大责任才会有多大成就。必须始终做到心中有戒。要始终牢记，我们的权力是党和人民赋予的，是为党和人民做事用的，姓公不姓私，只能用来为党分忧、为国干事、为民谋利。

"四个人"，即：做政治的明白人、做发展的开路人、做群众的贴心人、做班子的带头人。做政治的明白人，就是要对党绝对忠诚，始终同党中央在思想上政治上行动上保持高度一致，自觉执行党的纪律和规矩，真正做到头脑始终清醒、立场始终坚定。做发展的开路人，就是要适应和引领经济发展新常态，把握和顺应深化改革新进程，回应人民群众新期待。做群众的贴心人，就是要心中始终装着老百姓，先天下之忧而忧，后天下之乐而乐，真正做到心系群众、热爱群众、服务群众。做班子的带头人，就是要真正做到事事带头、时时带头、处处带头，真正做到率先垂范、以上率下[1]。

---

[1] 参考《习近平关于县域治理的重要论述及其实践基础》，作者许宝健，摘自《行政管理改革》2022 年第 8 期。

二、县域治理新理念

县域治理是国家治理体系的基础环节，在推进国家治理体系和治理能力现代化中起着基础性、关键性的作用。2014年3月，习近平总书记在河南调研指导工作时强调，要准确把握县域治理的特点和规律，把强县和富民统一起来，把改革和发展结合起来，把城镇和乡村贯通起来，不断取得事业发展新成绩。习近平总书记县域治理"三起来"的重要指示，深刻洞察了县域治理的特点和规律，回答了县域治理的目标任务、动力所在、路径选择等重大问题，已成为我国推动县域经济高质量发展的根本遵循。

（一）强县与富民的统一

把强县与富民统一起来，是县域治理的目标，也是县域治理的主线。在县域治理中，强县与富民是相互联系、相互制约的两个要素，强县为了富民，富民才能强县。把强县和富民统一起来，不仅要挖掘县域资源、创新发展路径、增强县域经济综合实力和竞争力，又要激发内在活力、带动群众创业增收、持续提高城乡居民生活水平。

在强县和富民统一的过程中，产业作为强县之基、富民之本尤为重要，产业强则县域强，产业强则人民富。产业发展要坚持充分发挥本地资源、区位优势等，突出特色、扬长避短、深挖潜力，谋划培育特色产业体系，形成"主导产业引领、龙头企业带动、集群发展支撑"的产业格局，提升县域产业能级，不断增强县域经济综合实力。推动农民增收，持续念好"农民增收经"，让农民群众共享发展成果，是县域经济发展的重要指标。在全面实施乡村振兴战略的利好政策推动下，积极发展富民乡村产业、鼓励各类人才返乡下乡创业创新，通过调整农业结构、强化科技装备支撑、推动农业农村信息化等，发掘多种手段促进农民增收。

（二）改革与发展的结合

县域在劳动力资源、土地成本等方面具有较强优势，通过改革与发展的结合，可以破除制约县域发展的诸多难题，激活县域发展潜力，塑造县域发展优势，不断促进市场主体充分活跃壮大起来，促进生产要素充分流动起来，实现集聚、重组、优化，把县域发展潜力转化为发展优势，促进县域经济持续、快速、健康、高质量发展。

改革是动力，发展是目的。在县域治理中，把改革和发展结合起来，坚持改革定力，通过改革激发活力，释放改革效能，加快产业结构优化升级，进一步提升产业竞争力，塑造县域发展新优势。适度加大开放招商力度，创新招商理念和模式，持续优化营商环境，加大改革力度，破除制约发展的体制机制障碍，不断促进改革服务纵深推进，推动体制改革提升服务效能。通过在县域治理理念、治理机制和治理方式各方面实行全方位改革，解决发展深层次矛盾和问题，不断激活发展内生动力，为发展打开更大的空间。

（三）城镇与乡村的贯通

县域包含城镇和乡村，是我国推进工业化城镇化的重要空间和城乡融合发展的关键纽带。通过城镇和乡村的贯通，不断推进城乡规划布局、产业发展、基础设施、公共服务等一体化，提升县域承载能力、服务能力和辐射带动能力，增强乡村吸引力、竞争力和内生动力，形成城乡互动、良性循环的发展局面。

坚持规划先行，推进城乡规划布局一体化，确立全域国土空间规划理念，对用地规划、产业布局、区域交通、给水排水、电力、燃气、通信、环境整治等方面进行总体规划，不断完善城镇空间布局、村庄规划编制和城乡全覆盖的规划管理体系，为城乡融合提供条件。坚持"产城共融、产城一体"的理念，合理布局县域产业，实现"一二三产"互相促进、协调发展，推进城乡产业发展一体化。促进交通、能源、环卫、防灾等各类基础设施的一体化建设，推动城镇教育、医疗、文化、体育等各类社会公共资源向农村辐射，不断促进城乡各类公共服务设施的共建共享，实现基本公共服务均等化。

三、县域治理新精神

2015 年 1 月 12 日，习近平总书记在中共中央党校县委书记研修班学员座谈会上，明确指出"做县委书记，就要做焦裕禄式的县委书记"。兰考是焦裕禄同志生前战斗过并为之献身的地方，是焦裕禄精神的发祥地。焦裕禄同志为了改变兰考地区的贫困面貌，不顾疾病困扰，带领全县人民同严重的自然灾害作斗争，树立了人民公仆的好典范，留下了宝贵的焦裕禄精神教育并引领后人（图 1-1）。

图 1-1　焦裕禄

（一）核心精神

2009 年 4 月 1 日，时任国家副主席的习近平在兰考县干部群众座谈会上的讲话中，把焦裕禄精神概括为"亲民爱民、艰苦奋斗、科学求实、迎难而上、无私奉献"。2014 年 3 月 17 日，习近平总书记重访兰考时指出："学习弘扬焦裕禄精神，要重点学习弘扬焦裕禄的公仆情怀、求实作风、奋斗精神和道德情操。"总的来说，焦裕禄精神是一种公仆精神、奋斗精神、求实精神、大无畏精神和奉献精神。

公仆精神。全心全意为人民服务是我们党的根本宗旨，也是焦裕禄精神的本质所在 ①。"心里装着全体人民，唯独没有他自己""心中有党、心中有民、心中有责、心中有戒""百姓谁不爱好官？把泪焦桐成雨"……这些都表达了人们对焦裕禄牢记宗旨、心系群众、亲民爱民精神的赞颂。在实际工作中，焦裕禄视群众为亲人，了解群众的实际需求，面对人民利益时敢于承担责任，以身作则，实事求是。面对困难和问题时，不回避、不推脱，想群众之所想，急群众之所急，办群众之所需，认真解决民生问题，努力把为群众排忧解难的各项工作落到实处。

奋斗精神。艰苦奋斗是中华民族的光荣传统，是我们党的立业之本、取胜之道、传家之宝，也是焦裕禄精神的精髓 ②。"敢教日月换新天""革命者要在困难面前逞英雄"……这些都表达了焦裕禄勤俭节约、艰苦奋斗的精神。在兰考县任职期间，面对恶劣的自然环境，他不等不靠，带领群众自力更生、艰苦奋斗、奋力拼搏、自强不息，带领群众改天换地，且从自身做起，生活简朴、勤俭办事，衣、帽、鞋、袜缝缝补补坚持穿，办公座椅修完继续用，以实际行动谱写勤俭节约、艰苦奋斗的精神（图 1-2）。

---

① 《结合新的实际大力弘扬焦裕禄精神》，习近平同志在河南省兰考县调研期间与干部群众座谈时的讲话，2009 年 4 月 1 日。

② 同上。

图 1-2 焦裕禄生前使用的藤椅和衣物

（2014 年 5 月 5 日摄于兰考焦裕禄纪念馆，新华社记者朱祥 摄）

求实精神。实事求是是党的思想路线的核心内容，也是焦裕禄精神的灵魂。焦裕禄坚信"吃别人嚼过的馍没味道"，凡事探求就里，坚持一切从实际出发。为了彻底改变兰考的落后面貌，他尊重客观规律，深入、系统、全面地调查研究，基本掌握"三害"发生发展的规律，总结和实施治理"三害"的正确决策。焦裕禄脚踏实地干事业和科学求实的态度，是兰考旧貌换新颜的重要支撑。

大无畏精神。知难而进、迎难而上是中国共产党人的宝贵品格，也是焦裕禄精神的重要内容。"拼上老命大干一场、敢教日月换新天""革命者要在困难面前逞英雄""愚公移山的决心，蚕吃桑叶的办法"……这些都表达了焦裕禄不怕困难、不惧风险的大无畏精神。焦裕禄毫不退缩地扎进当时最穷、最困难、自然条件十分严重的兰考县，不怕困难，发扬革命精神，制定出一套简便、易行、实用而又符合规律的治理"三害"方法，改变了兰考的面貌。他始终保持一种逆势而上的豪气，面对困难，敢于挑起重担，敢于攻坚克难，夙兴夜寐思改革，废寝忘食谋发展，以昂扬的精神状态和优良的作风带领广大群众迎难而上、锐意改革、共克时艰（图 1-3）。

奉献精神。清正廉洁、无私奉献，是共产党人先进性的重要体现，也是焦裕禄精神的鲜明特点。在兰考任职的 475 天里，焦裕禄时常忍着肝病疼痛，奔波在田间地头，出现在群众之中。在风沙最大的时候，他带头下基层查风口、探流沙；在雨下得最大的时候，他带头冒雨涉水、观看洪水流势和变化。焦裕禄从来不利用手中权力为自己和子女、亲属谋利益，在

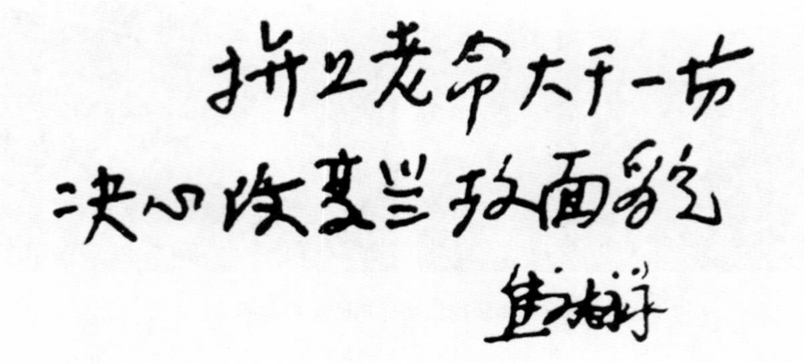

图 1-3　焦裕禄手迹"拼上老命大干一场，决心改变兰考面貌"

得知大儿子看"白戏"后，当即"训"了一顿，命令孩子立即把票钱如数送给戏院。他亲自起草《干部十不准》文件，规定任何干部在任何时候都不能搞特殊化。他用廉洁奉公、勤政为民、"任何时候都不搞特殊化"的实际行动，在人民群众心目中树立了崇高的形象，也始终向后人展示着共产党人清正廉洁的政治本色。

（二）治理实践

在兰考县任职的 475 天里，为了彻底改变兰考的穷困面貌，在除"三害"的斗争中，焦裕禄不顾重病缠身，对 149 个生产大队中的 120 多个进行了走访和蹲点调研，用脚丈量兰考 1094 平方公里的土地，通过走、看、问、记，摸清了 63 个沙丘群、261 座大沙丘、84 个风口，查遍了全县的沟渠河流和阻水的路基、涵洞，取得了第一手资料，进行编码绘图，完成了对全县"内涝、风沙、盐碱三害"的勘察和测量，摸清了"三害"演变的特点和趋势。同时，把从群众中汲取的"种泡桐树挡风压沙""淤泥封沙丘种树种草""深翻压碱"等分散的、不系统的治理"三害"的经验和意见集中起来，加以整理，部署下去，再集中起来，再部署下去，在群众中不断循环，为兰考人民制定了切实可行的改天换地的宏伟蓝图，把全县除"三害"的规划变为现实。

在治理"三害"的过程中，焦裕禄提到了"贴膏药""扎针"等切实、朴实的方法，发现和培养"四面红旗村"，形成榜样力量，采取领导和群众相结合的办法，打一场除"三害"的人民战争，为后人将泡桐打造成为兰考人民的"绿色银行"打下坚实的基础。

1. 治理"三害"

焦裕禄任职期间，总结出了整治"三害"的具体策略，探索出了工程治理和生态治理相结合的方法。

治沙：基于兰考"沙区没有林、有地不养人"的基本情况，焦裕禄按照"以林促农、以农养林、农林相依、密切配合"的方针，科学制定规划，率领干部、群众进行小面积翻淤压沙、封闭沙丘试验，然后以点带面，全面铺开，造林防沙、育草封沙、翻淤压沙三管齐下。用能在沙区快速生长的泡桐建设生态防护林，既能挡风又能压沙，并且泡桐年年生根发新苗，可以陆续移栽，成林之后，旱天能蒸发水分，涝天又能吸收水分，可以林粮间作，以林保粮，极大夯实了兰考的生态基底（图1-4）。

治水：兰考地形复杂、坡洼相连、河系紊乱，为调查内涝情况，焦裕

图1-4 "三害调查队"正在勘察大风过后形成的沙丘

禄冒着大雨、趟着洪水研究积水面积和自然流向，并画出一张张草图，对重要河道的流域范围、排水能力、河道比降、治理情况和阻水工程的阻水程度、拆除情况都进行了认真询问、勘察。最终把全县的千流万河、淤塞的河渠和阻水的路基、涵闸等也调查得清清楚楚，绘成详细的排涝泄洪图。按照"以排为主，灌、滞、涝、改兼施"的方针，制定了夏秋两季观察、冬春干燥治理、观察治理相结合的方法。后来为了进一步防旱防涝，他带领群众疏浚河道，开创水利工程，经后来引黄淤灌，最终让二十多万亩盐碱地变为良田（图 1-5）。

图 1-5　疏浚河道，防旱防涝

治碱：兰考地下水含碱量大、水位高，地下水上行过后，水分蒸发后形成盐碱层，植物生长、种植粮食极其困难。焦裕禄为了弄清碱地的性质，实地考察试验，亲自用嘴品尝碱土，并得出了"咸的是盐，凉的是硝，又骚又苦的是马尿碱"的结论。按照碱性不同，治理方法区别对待的原则，采取翻淤压碱、开沟淋碱、打埂躲碱、就地刮碱、台田试种、引进耐碱作物的方法，有效治理盐碱地，最终将昔日兰考几千亩的不毛之地变成一个稳产高产的米粮仓，不仅让兰考人民享受到丰收的喜悦，兰考的小麦新品种还走出国门、走向世界（图 1-6）。

在治理"三害"过程中，焦裕禄通过观察分析村民的有效经验，总结出"贴膏药扎针"治沙、治碱的方法。"贴膏药"是通过将淤泥翻上来封住

图 1-6　修筑"台田"，躲碱沥盐，治理盐碱地

沙土，有效治沙、固沙（图1-7）。"扎针"是进行大规模泡桐种植，建设生态防护林，形成有效绿色屏障（图1-8）。焦裕禄将二者结合，极大程度提高"三害"治理效果，让兰考人民过上山青水绿、农粮丰收的幸福生活（图1-9、图1-10）。

图 1-7　"贴膏药"，翻淤压沙，改良土壤

图 1-8　"扎针"，植树造林，防风固沙

2. 树立"四面红旗村"

树立"四面红旗村"是焦裕禄强化典型引领的做法。焦裕禄亲自到最困难的队去蹲点调查，访贫问苦，深入全县农村调查，发动群众，发现和培养了双杨树、赵垛楼、秦寨、韩村四个先进典型，通过让他们上主席台

图1-9　焦裕禄植树后留影

图1-10　焦裕禄干部学院门口的焦桐

（新华社记者冯大鹏 摄）

介绍经验、大力宣传、树立榜样，在全县掀起除"三害"高潮。"韩村的精神，秦寨的决心，赵垛楼的干劲，双杨树的道路"就是焦裕禄当年在兰考树立的"四面红旗村"的真实写照。

韩村自力更生，战胜困难的精神，是活生生的南泥湾精神。城关公社韩村生产队，在严重的自然灾害面前，组织起来社员割草三十余万斤，除安排好社员生活外，还置买了农具，巩固了集体经济。

秦寨是挺直腰杆，直面困难的决心。堌阳公社秦寨大队社员以"愚公移山"的精神，"蚕吃桑叶"的方法，深翻压碱，改良土壤，与"三害"作斗争（图1-11）。

图1-11　兰考县人民委员会颁发给秦寨大队的奖状

赵垛楼战胜自然灾害，支援国家、支援灾区的干劲，是高度的爱国热情，是伟大的共产主义风格。张君墓公社赵垛楼大队社员，在大雨成灾，一片汪洋的情况下，挖河排涝，一季翻身，把余粮卖给国家。

双杨树社员坚持的道路，就是社会主义道路。红庙公社双杨树大队社员兑钱、兑鸡蛋，买种子、买牲口，巩固集体经济。

榜样的力量是无穷的。在兰考任职期间，焦裕禄发现发掘立得住、叫得响、群众公认的先进典型，在兰考树立了"四面红旗村"，把抽象的标准转化为具象的样本，让人们对照身边的榜样找差距、找不足、找方向，同全县干部和群众一起，与恶劣的自然环境进行顽强斗争，从根本上制服"三害"，为建设社会主义新兰考奠定了坚实基础。

（三）治理经验

焦裕禄用自己在兰考 475 天的言行，充分印证了县域治理的人民性、科学性、全域性和持续性，这对全国全面推进县域治理工作，推动基层领导干部深入学习和践行焦裕禄精神，具有十分重要的意义。

1. 治理的人民性

党的根基在人民、血脉在人民、力量在人民。失去了人民拥护和支持，党的事业和工作就无从谈起。紧紧依靠人民治理兰考，在焦裕禄的治理活动中最具示范性[1]。焦裕禄领导群众治理"三害"期间，坚持从群众中来，到群众中去，坚持面对面领导，到基层蹲点调研，真正蹲下来解剖麻雀，抓好典型，总结经验，以点带面。焦裕禄式的县委书记是基层群众忠实执着的询问者、倾听者、观察者，是先进典型的发现者、集中者、推广者，是身入心通的劳动者、参与者、引路者。

习近平总书记强调："中国共产党的一切执政活动，中华人民共和国

---

① 周文兴.焦裕禄治理兰考经验的当代借鉴 [J]. 国家治理，2016（8）：24-28.

的一切治理活动，都要尊重人民主体地位，尊重人民首创精神，拜人民为师，把政治智慧的增长、治国理政本领的增强深深扎根于人民的创造性实践之中，使各方面提出的真知灼见都能运用于治国理政。"习近平总书记的话可以作为焦裕禄县域治理的人民性的最好解读。

2. 治理的科学性

焦裕禄在兰考治理三害（风沙、盐碱、内涝）既有决心，又讲科学。首先是具有科学的态度，焦裕禄为了彻底根治"三害"，跑遍了全县各个角落，彻底摸清了兰考"三害"的底子和分量。这种科学的态度让焦裕禄真正掌握了"三害"的规律，为最终根治"三害"奠定了基础。其次是运用科学的方法，焦裕禄经过实地调研分别总结出针对治沙、治水、治碱的有效方法。焦裕禄的科学的态度和方法成为兰考"三害"治理过程中的重要引领。

3. 治理的全域性

焦裕禄的足迹遍布全县各个地方，治理活动也覆盖了整个县域、各个领域。全面治理与重点治理结合，焦裕禄的治理活动涉及治沙、治水、治碱、治虫、治土、治坑等各个方面，在各类治理中，"三害"治理是重中之重，在治理"三害"过程中又确定了水害是主要问题。思想病害与自然灾害同治，焦裕禄认为要改变兰考面貌，要先除掉干部思想上的病害，他起草共产党员和干部"十不准"，带领党员干部转变思想，带头除害。治灾与治穷统筹，治灾是为了治穷，治穷最终是让群众生活水平提高、文化活动丰富。他坚持改革发展，注重在生产中扶持贫下中农，帮助他们在房前屋后、地头、地边种植经济作物，增加经济收入，鼓励支持泡桐包管试点，实现收入由集体、个人按比例分成，在他看来，"泡桐是个摇钱树，在兰考发展泡桐是造林之本、林业之帅"。

4. 治理的持续性

习近平总书记指出："焦裕禄同志在兰考干了一年多时间，但做的都是谋划长远、打基础的事情，不是急就章。"焦裕禄要求："把群众眼前利益和长远利益结合起来，教育群众不要因为贪图眼前利益去破坏长远利益。"他利用种植泡桐的百年大计，全力开展育苗造林活动，彻底改变兰考面貌，釜底抽薪地解决灾民外流问题，带领兰考彻底摘掉"灾区"帽子。他治理水害，以疏为主，致力恢复水的自然流系，坚持"上下游兼顾，不使水害搬家"，充分考虑邻县、邻省的利益。焦裕禄不急功近利、不做表面文章，他治理的兰考，治标、治本、可持续。

焦裕禄说："活着我没有治好沙丘，死了也要看着你们把沙丘治好！"他是真正把县域治理变为实践的人，是真正把全心全意为人民服务宗旨变为自觉行动的人。我们要大力发扬光大焦裕禄精神，将焦裕禄县域治理红色基因切实地传承下去！

四、"兰考现象"之痛

（一）"金山"下的贫困现象

"冬春风沙狂，夏秋水汪汪，一年辛苦半年糠，扶老携幼去逃荒"，改革开放前的兰考街头，曾流传着这样的歌谣……

据记载，由于自然条件恶劣，当时有 38 万人口的兰考，近五分之一的人逃荒到外省，兰考人的逃荒路线，时称"兰考路线"……

"兰考大爷"是过去人们对讨饭的兰考人的戏称，当时的兰考火车站，百姓拖家带口围在火车站台，见到进站的火车，不论货车还是客车，只要车一停，就蜂拥而上，拼命挤上去。车拉到哪儿算哪儿，下了车就开始讨饭……

改革开放后，兰考率先实行了以家庭经营为主的联产承包责任制，农业生产实现新的飞跃，兰考人告别了"吃粮靠统销、花钱靠救济"的时代，虽然不再依靠救济，但兰考贫穷落后的县情依旧没有改变。

2009年，时任河南省委书记徐光春撰文指出："兰考的社会发展环境不够好。服务型政府建设滞后，服务意识不强，不作为、乱作为、慢作为不同程度地存在，致使外地企业不愿来、本地企业难成长。20世纪90年代中期全省工业'十面红旗'帮扶兰考的项目和企业现在已基本销声匿迹。"

2014年5月9日，在兰考县委常委班子专题民主生活会上，时任县委书记的王新军发出兰考之问："兰考守着焦裕禄精神这笔财富，为什么50年了经济仍然比较落后，还有将近10万人没有脱贫？为什么经常有群众集体上访、越级上访，平安建设方面大事小事不断？为什么一些党员干部群众观点丢掉了，群众路线走偏了？"

半个世纪后，这座中国最著名的"政治明星"县城之一，却依然头顶着国家级贫困县的帽子，迟迟无法褪去，步入兰考县城，四处看到的，仍不过是几条简单的街道、低矮的民居，处处显示着这座县城的破落。究其原因：

一是底子差，"急功近利"成为阻碍这座农业县城崛起的重要障碍，政府方面，不少项目急于求成，缺乏科学论证，最终被迫处于半停产状态。群众方面，不少人只关注眼前利益，"某些项目刚一开工，当地一些人就以占地等理由变相向投资方要钱。不少投资方一看这架势，吓得都不敢来了"。

二是干部有顾虑，兰考是"政治明星县"，社会关注度高，部分干部普遍存在怕出事的心理，兰考的群众上访事件、干群关系成为地方发展的现象级制约因素，党的群众路线有所偏移。

三是老百姓"穷惯了""熬疲了"，觉得兰考"也就这个样"，极力追求短期的不可持续的经济效益，"谁闹谁有理""谁上访谁占便宜""谁贫困谁得补助""等、靠、要"等心态普遍存在，不但造成致富理念的偏差，更形成城市招商投资大环境的恶性循环。

时任县委书记蔡松涛很好总结了兰考贫困的根源："兰考首要的不是经济贫困，而是思想贫困。"有些兰考干部片面理解焦裕禄精神，只看到焦裕禄艰苦奋斗、无私奉献的一面，看不到焦裕禄科学求实、迎难而上的一面。"把政治大县的身份当成包袱，求稳怕乱，甩不开膀子就提不起劲，自己没动力谁也扶不起"。

（二）经济产业发展问题

1. 经济发展滞后

2002 年，兰考被确定为国家级贫困县。2011—2015 年，兰考 GDP 保持年均 10% 的增速增长，2015 年兰考全县生产总值达到 233.56 亿元，增长迅速，但仍处于脱贫攻坚阶段，截至 2015 年 9 月，兰考存在 6152 户共15184 贫困人口（图 1-12 ）。

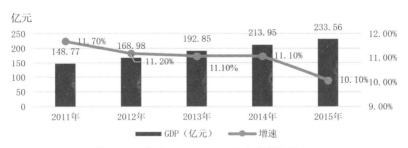

图 1-12 兰考 2011—2015 年经济发展情况

从经济总量看，2014 年的兰考在河南省 108 个县（市）中处于中游水平，但与省直管县（市）相比排名较为落后，经济总量不大，人均收入还较低（图 1-13～图 1-15 ）。

从河南省内看，兰考人民收入排名还很靠后，农民人均纯收入和城镇居民人均可支配收入分别排在第 90 位和 92 位，在 10 个省直管县（市）中更是垫底（表 1-1、表 1-2 ）。

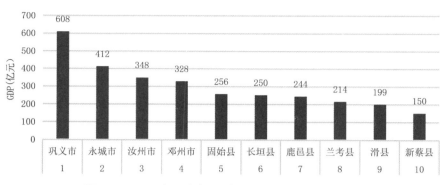

图 1-13　2014 年河南省 10 个省直管县（市）GDP 排名

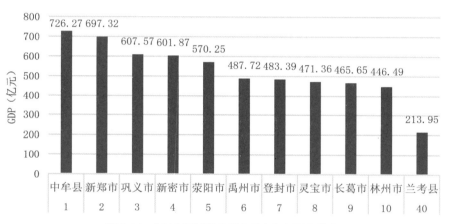

图 1-14　2014 年河南省部分县（市）GDP 排名

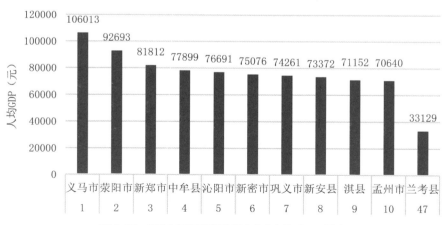

图 1-15　2014 年河南部分县（市）人均 GDP 排名

河南省部分县（市）城乡居民收入　　　　　　　表 1-1

排名	县（市）	农民人均纯收入（元）	排名	县（市）	城镇居民人均可支配收入（元）
1	巩义市	15427	1	新郑市	24893
2	新郑市	15409	2	荥阳市	24863
3	荥阳市	14748	3	新密市	24856
4	新密市	14734	4	巩义市	24722
5	林州市	13942	5	新安县	24513
6	偃师市	13881	6	渑池县	24325
7	中牟县	13858	7	偃师市	24199
8	新乡县	13559	8	登封市	23953
9	沁阳市	13374	9	禹州市	23950
10	登封市	13277	10	沁阳市	23893
90	兰考县	7545	92	兰考县	18357

河南省省直管县（市）城乡居民收入　　　　　　　表 1-2

省直管县（市）	农民人均纯收入（元）	城镇居民人均可支配收入（元）
巩义市	15427	24722
兰考县	7545	18357
滑　县	7598	19452
长垣县	12730	20338
邓州市	10181	21836
固始县	9023	20433
鹿邑县	8670	20024
新蔡县	8008	18846
永城市	9471	23686
汝州市	11126	20956

　　多年的政策扶持及自身发展虽带动了县城及谷营、堌阳、南彰等乡镇经济的快速发展，但量变并未带来质变。此时的兰考，城乡差距逐渐拉大，县域发展东西失衡，社会经济活力不足，以考城为代表的东半县逐渐落伍，偏远农村居民生活仍改善不足。县城的快速发展虽然吸引了部分年轻人，但无法阻挡外出务工的大趋势，乡镇青壮年人口流失严重。

2. 产业结构层次较低

2015 年，兰考三次产业结构比例为 16.7∶44.2∶39.1，从横向、纵向对比来看，兰考的"三产"结构仍然比较滞后，兰考县第一产业比重偏高、第二产业比重偏低、第三产业发展不优，产业结构层次较低，链条较短，支撑力不强，结构有待优化，实施可持续发展的问题艰巨，主导产业前景广阔，但内外部竞争激烈，竞争压力较大（图 1-16、表 1-3）。

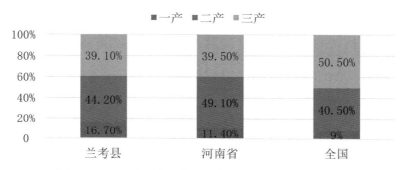

图 1-16　2015 年兰考县与河南省、全国三次产业结构对比

2014 年河南省直管县（市）产业结构对比　　　　　　　　表 1-3

省直管县（市）	一产比重（%）	二产比重（%）	三产比重（%）
巩义市	1.81	65.42	32.77
兰考县	16.93	46.12	36.95
滑　县	32.29	37.94	29.77
长垣县	12.68	51.74	35.57
邓州市	28.12	38.21	33.67
固始县	29.75	34.32	35.93
鹿邑县	19.59	49.83	30.58
新蔡县	30.85	38.21	30.94
永城市	15.36	54.96	31.08
汝州市	10.72	49.78	39.50

兰考农业规模化、标准化、集约化、品牌化程度较低，还处于低资本技术农业阶段，现代化水平相对较低。兰考农村农业发展缓慢，特色农产品如蜜薯、蜜瓜、花生等受政策扶持，初具种植规模，但仍以粮食种植为主，固营、坝头滩区规模种植业发展尚处于整合阶段。

兰考县虽然规模以上工业增加值增长迅速，但主导产业规模还不够大，龙头带动作用还不够强，传统产业自动化水平低，手工作坊生产方式集中，效率低、竞争力弱。高新技术、战略性新兴产业占比较低，工业发展韧性不够、质量不高、活力不足等问题凸显。工业产值总量不大，产业转型升级任务艰巨（图1-17）。

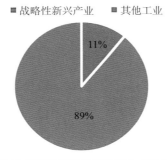

图1-17　2015年兰考战略性新兴产业占工业增加值比重

服务业发展水平和层次不高，以商贸餐饮、交通运输、仓储及邮政业等传统产业为支柱，金融、信息、文化旅游等高端服务业欠缺。

3. 资源挖掘不够

农林业开发品类不足，产业链短，且以初级加工为主，附加值低。由于黄河历代决口改道，原有的植被已破坏殆尽，但次生植被多种多样。主要木本植物包含大观杨、沙兰杨、北京杨、刺槐、国槐、榆树、泡桐、杨柳等30多种，其中泡桐、毛白杨、沙兰柳、苹果、葡萄、刺槐是主要树种。截至2015年，泡桐加工已经形成了相关产业的聚集，但其他品种开发利用率不高，泡桐产品结构单一，产业链短，木材加工产品附加值不高，浪费情况也相对明显。兰考栽培植物主要有小麦、玉米、大豆、棉花、花生、瓜菜等，农产品资源大多数作为初级产品出售，缺乏精深加工产品，规模以上的农业与食品加工企业未见雏形。

兰考油气矿产、地热、风力资源较为丰富，但开发利用不足。县域境内油气生成面积达 75km²，仅有少量油井试产开采。兰考有良好的地热资源，地热水温度之高为河南之最，已经有地热供暖节能改造项目的实施，但整体对地热能源的开发利用欠佳。兰考也有丰富的风力资源，是黄淮平原风力最大的地区，但风电累计装机量仍然在较低的水平徘徊。

文化支撑经济发展的作用不明显，无论是以帝王领袖为代表的文化旅游，还是以焦裕禄精神为代表的红色旅游，以及以生态资源为代表的黄河文化、乡村文化，都没有被充分挖掘出来[①]，需要进一步发扬光大，文创产业化项目建设十分欠缺。乡镇的文旅资源散落各处，东坝头乡位于九曲黄河的最后一弯，地势险要风光秀丽，铜瓦厢决口处为历史文化遗迹，毛主席曾乘坐抗洪救灾专列火车到东坝头乡视察，这些自然生态资源、历史文化资源以及红色旅游资源像一盘散沙，不具备整体品牌吸引力和引爆点。仪封乡主要有仪封古城、"请见夫子处"、明代名臣"一代哲人"王廷相墓、清代"天下第一清官"张百行墓、百年建筑"谢家大院"和"吴家大院"等，但历史文化瑰宝被淹没在岁月的长河里，对旅游资源的整合开发有待加强。

4. 农业技术匮乏

兰考县 1992 年进行了乡镇农业综合服务站改革，把原来的农技站、水产站、农机站、水利站、林业站等重新组合，形成乡镇农业综合服务站，执行原来各站的职能工作。由于乡镇机构编制的限制，有很多原来在各个业务单位挑大梁的人员要么被迫转岗，要么下岗，业务工作由留下来的人员干，由于业务不熟，加之部分人员被乡镇各种中心工作压得喘不过气来，根本没有精力和时间去开展专业技术指导，这是导致农业技术与当前农业

---

① 李裔辉 . 浅析兰考红色旅游的发展及对策 [J]. 文学教育，2016（4）：127.

生产实际严重脱节的主要原因[1]。

兰考农民文化程度普遍不高，不愿意主动接受先进的农业技术，加上信息闭塞，地方农业科技资金投入不足，产学研联系薄弱等问题，兰考在农机设备、育种、病虫害防治、田间管理等技术领域无法跟上现代化农业的发展。兰考的老"三宝"泡桐、花生和大枣及其衍生产品的市场竞争力仍显不够。

（三）人才和资本问题

1. 人才缺乏

2015 年，兰考县城镇化率仅 35.6%，常年在外务工人员超过总人口的 1/3。到 2018 年，除医院和卫生学校以外，兰考县自筹和差供编制人员 4000 余人，人员分布在卫健委、文广新局、农林畜牧局、市场发展中心等 30 个单位，与此同时，乡镇（街道）及部分县直单位一线岗位工作任务繁重，人员不足，影响了全县工作水平的整体提升[2]。

兰考同时期的城市管理、建设运营、乡村发展等专业技术人才极度短缺，导致城市建设水平和城乡发展环境落后，对群众生活、产业落地及招商运营均产生了不利影响。

兰考招商人才及管理人才短缺直接导致其对外开放水平不足，发展层次较低，与其他县市相比差距甚远。外商担忧条件恶劣，不敢轻易投资。不少项目急于求成，缺乏科学论证，最终造成被迫处于半停产状态，百昱光电和福临银基服装城项目，便成为其中的失败典型。

同时，2015 年兰考农业户籍人口为 772959 人，占比达到 83.3%，受小农思想禁锢，工商业发展缺乏群众基础，中小企业缺乏各类管理人才和熟练技术工人的问题尤为明显。

① 秦庆峰.兰考县农机推广体系存在的问题与对策 [J].河南农业，2018（2）：11.
② 童浩麟.改革，让兰考充满活力 [N].河南日报，2018-05-25.

2. 信用信息体系缺乏

兰考县地区金融不发达，农民金融活动更为匮乏，以往的征信体系不能覆盖到所有农户；再者，农村地区基础设施薄弱，基于数字技术的新型征信体系也无法囊括所有基层农村。不完善的信用体系严重限制了县域经济的发展，也限制了金融工作在农村地区的开展。因此建立县域的信用信息系统，将农村地区的居民纳入其中，从而减少信息不对称，完善基层地区的金融基础设施，普惠金融工作在农村地区开展显得尤为重要。

3. 城乡建设金融亟待破题

兰考政府融资渠道单一，直接融资比例相对偏小，对银行信贷资金依赖性很强。一方面，政府缺乏建设资金，又很难筹到钱，政府可支配财力有限，按照公共财政有关要求，主要投向农业、教育、社保等公共产品，政府财政收入的现状根本无法满足地方大量的大型基础设施等项目建设的资金需求；另一方面，政府多年投资形成而拥有的政府性资产，大量沉淀固化存在，没有得到很好的开发和利用。城市建设项目资金"等、靠、要"现象严重，资金问题成为城市建设的最大瓶颈问题，乡村建设资金更是杯水车薪。兰考县亟待创新金融的新模式，盘活存量资产，将政府资产转化为可用资本，改善政府的融资状况，作为城市建设的基础保障，实现地方经济的良性循环和快速发展。

（四）城乡建设和民生环境问题

1. 城乡发展不平衡

从 2012 年兰考城镇居民和农民收入与支出的对比不难发现，城镇居民的收入与消费总金额是农民的两倍，城乡发展极不平衡，这种差距一直维持到 2015 年。但农民的收入与支出的增长率较高，差距在逐渐缩小（图 1-18）。

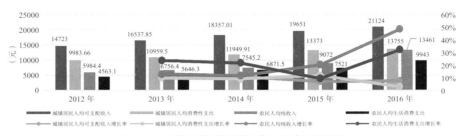

图 1-18　历年兰考城乡居民收入支出及增长率

（数据来源：兰考历年统计公报）

城乡基础设施建设也极为不平衡，城镇基础设施建设发展既快又好，农村公共基础设施落后，公共事业发展滞后，居民生产生活条件差。在管理和维护上，城镇有完备的管理体系，有专门单位进行维护管理，而农村则没有。

另外，城乡公共服务差距较大。教育资源在城镇、农村学校的分配上不平衡，城镇学校尤其是重点学校，政府投入很大，教学实验设备设施齐全，优秀师资集中。而多数农村学校政府投入少，必需的教学设施和实验设备缺乏，师资缺乏，优秀师资更是严重缺乏。城乡居民的医疗保障和卫生服务差距明显。城镇居民卫生保障体系比较健全，无论管理和服务体系都较完备。而农村自身卫生医疗资源贫乏，医疗设施落后，乡村医护人员更是缺乏，且医疗业务水平不高，出去学习培训提高的机会很少。

2. 生态治理效能低

兰考县生态环境恶劣，水土流失严重，水利工程建设仍显不足，土地荒漠化较为严重，生态环境治理效能低。根据兰考县农业局与水利局在 2009—2015 年间的数据统计，兰考降雨量不足且区域分布、时间分布不均匀，洪涝灾害极易发生。以往的兰考县年均降雨量为 678.2 毫米，但70% 降雨量集中于 6 月、7 月、8 月、9 月这 4 个月份，且常常大风暴雨，而冬季至次年 2 月降雨较少，仅占全年 5.8% 的降雨量。兰考县年均蒸发量为 1151.3 毫米，是降雨量的近 2 倍，导致兰考县极易发生干旱。黄河在县内多次决口改道，全县形成了大面积的沙丘、沙梁、沙带、沙地，粮食亩产只有一百多斤。水土流失较为严重，土地盐碱化、沙化，土地荒化率较高。

3. 基础设施不完善

2015年，兰考县城建成区面积达到28.5平方公里，城区人口25万，城镇化率达到35.6%。但仍然存在棚户区、城中村改造，农村人居环境改善和市政道路建设等居民安居、基础设施提升问题。

缺少城际高铁，交通出行不便，道路交通枢纽建设待进一步完善，城区及镇区用电存在隐患，照明欠缺，绿色环保无污染的公交体系及县城公共自行车服务网点体系需要建设运营，渣土消纳场待处理。火车站广场、西湖、东湖等7个棚户区需要改造，之前棚户区改造项目还存在扫尾工作。

2015年，产业聚集区新修道路12公里，改造高压输电线路40公里，完成生活污水处理厂提标改造。但还有大量拆迁安置工程及基础设施建设工程需要加快步伐。农村公路及桥梁欠缺，学生上学不方便等问题待解决。

4. 基础教育开展艰难

兰考县义务教育经费投入不足，县政府每年投入的资金有限，与教育发展的实际需求相比有很大缺口，始终不能解决其根本问题。办学条件十分落后，筹措资金难度大，办学投入不足，校舍条件、教学基础设施也不能得到进一步改善。

学校难以吸收大量的优秀教师。教师待遇偏低，优秀教师跑进城市，教师学历文凭低，老中青出现断层。青年教师占比少，势必会影响新兴教学方法的实施以及与飞速发展的时代接轨。师资力量薄弱、教育质量无法得到保证成为中考升学率和高考升学率低的重要原因。

5. 医疗保障不充分

2011年，兰考总人口约77.05万人，有23万户，其中乡村人口16.35万户，68.42万人。兰考县乡级以上医院有21个，实有床位数1775个，卫生技术人员数为 2217 人，执业医师数为 381 人，设备总台数 296 台。每千人口床位数 2.30 张，低于全国平均水平 3.81 张。每千人口执业医师数为 0.49 人，也远低于全国平均水平 1.82 人。精密医疗设备比较缺乏，群众难以在家门口享受到优质的医疗服务。

另外，全县残疾人、贫困户等特殊人群的基础医疗保障、大病保险覆盖范围不足，因病致贫的情况时有发生。2015 年末，兰考县参加城镇基本医疗保险人数 7.5 万人，支出城乡医疗救助资金 728 万元，救助 3563 人次，资助五保低保参加农村合作医疗 4.3 万人，资助城镇低保参加医疗保险 6947 人。医疗保障体系不充分有待健全。

6. 城乡风貌建设落后

2015 年，兰考县城乡风貌建设处于起步阶段，基本未启动相关工作。城市缺乏生态环境风貌、卫生环境风貌、建筑色彩、店牌等建设的有效引导和管控，基本处于无序的自由建设中。城市缺乏核心的展示形象，高速口、火车站、汽车站、政府大楼、公共活动空间、街道环境、建筑色彩等均未彰显城市的精神和特色，和其他小县城一样，城乡风貌建设呈现千篇一律、千城一面的发展窘境。乡村风貌建设基本处于无管理状态，完全由村民自主建设，参差不齐，村民住房建设一般根据自身经济水平，跟风社会住房普遍建设形式，而不考虑建设风貌是否适宜地方文化、精神内涵，是否符合城乡整体风貌的和谐。

第二章
他山之石借智，顶层设计引领

基于兰考发展困境，县委县政府开始多方寻求解决路径，推动政府管理模式转型，兰考逐步寻求面向社会大型智库企业引力借智，探索"政府主导、市场运作、社会资本投入、全民参与"的创新发展模式，大力向社会引资、引智、引流、招才、招财、招产业，全面深化兰考县管理体制改革，推动兰考县的高质量发展。

经多方考察，泛华建设集团（以下简称"泛华集团"）独具特色的城市发展创新模式，逐步进入兰考县委县政府视野，泛华集团城市发展创新模式直面城市建设发展之惑，应用系统思维、项目思维、价值思维、金融思维等思维融合，以及投融资模式及招商模式创新理念，通过系统规划展示城市未来，站在区域协同的高度，根据当地的自然资源禀赋、产业优势、资源要素整合、城市人口集聚、区位优势、差异性和后发优势等，充分研究和确定战略定位，科学选择产业、合理布局空间功能，挖掘城市资源价值，构建投融资体系，营造城市造血机能，形成战略、产业、空间、重大项目、金融"五位一体"的指导城市建设发展的纲领性文件，推动资金和项目有效落地，具有很强的可操作性，也具有很好的执行稳定性。

泛华集团拥有丰富的智库服务和城市建设经验，服务了国内外很多地区的系统性建设，通过对服务过的县域经济发展分类研究、探索实践和总结，将县域分为十种不同类型（城市卫星城型、环城休闲游憩型、农业产业化驱动型、特色农产品撬动型、大田实验示范带动型、资源依附型、特色产业型、交通枢纽型、民族风情特色型、边境自贸小镇型），根据其资源禀赋的不同，创新实践不同的发展路径，打造区域示范价值，在全国范围内进行推广。兰考作为县域经济发展的一种模式，其内生发展动力、创新路径等都值得研究和借鉴推广。

一、黑龙江海林：县域经济发展典范

海林一个默默无闻的小县城,因为一个经济开发区的建设而名声大振。海林经济开发区从无到有,再到成为全省学习的国家级开发区典范,一步步走来充分展现了系统思维在县域经济发展中的重要实践意义。

(一)基础条件

区位条件优越。海林位于黑龙江东南部、牡丹江西部,地处黑龙江省东西交通大动脉滨绥线及 301 国道上,是东出海参崴,南下图们江的交通要道,西距哈尔滨 280 公里,东距牡丹江 12 公里,南距国家一级口岸绥芬河和东宁分别为 175 公里和 220 公里。

资源丰富独特。海林自然旅游及产业资源丰富,拥有各种北药资源、森林有机食品资源、养殖及种植资源、旅游资源、清洁能源、矿产资源等,河网密集,森林覆盖率高达 72%,有"雪、虎、山、水、情"五大特色旅游资源。"九山半水半分田"是海林地形地貌的真实写照,冬季雪量大,雪质黏硬,可随风塑形,最厚可达 2 米,是海林独特的战略旅游资源,让海林成为著名的"中国雪乡"。

(二)发展历程

改革开放 40 多年中,海林经历了不平凡的发展历程,攀过高峰,也越过低谷。20 世纪 90 年代的海林一直走在全省发展、改革的前列,1988 年成为全省第一个财政收入、工商税收"双超亿"的县份。1992—1995 年期间的海林连续四年综合实力位居全省"十强之首"。然而 1995—1997 年,伴随国有企业改革,企业兼并破产,海林的经济出现下滑。2003 年,海林依托其资源、生态、区位三大优势,被批准为国家可持续发展试验区、黑龙江省生态农业开发区及高新技术产业化基地，成为国家及黑龙江省政策、资金及产业扶植的重点地区。2004年，海林市政府与泛华集团建立战略合作伙伴关系，共同组建国有控股公司——海林市新城区开发有限公司，采取BOT模式建设运营海林经济技术开发区，希望通过海林经济技术开发区建设带来县域发展新增长极。2010年，海林经济技术开发区升级为国家级经济技术开发区，海林经济社会取得长足发展。目前，海林已成为国家级可持续发展示范区、联合国人居署可持续城市计划试点市、中国特色魅力城市200强、中国优秀旅游城市。

在与泛华集团合作的5年时间里，海林市的财政收入从2004年的2亿元，增长到2009年的10亿元，实现地区生产总值100亿元，在黑龙江的"十强县"排名中实现一年进一位。海林经济技术开发区于2002年6月启动建设，到2009年，开发区建成区面积已达12平方公里，水、电、路、通信等基础设施达到"七通一平"，是黑龙江省东南部发展空间最大、承载能力最强、最具竞争力的产业园区，2010年6月26日被国务院批准晋升为国家级经济技术开发区，8年时间实现了由县级自办园区到国家级开发区的"三级连跳"，成为黑龙江建区最晚、晋级较快的园区之一。

（三）海林城区规划建设

2011年初，海林市人民政府与泛华集团共同完成了《海林发展战略规划》，对2004年制定的规划进行总结、完善和提升，新的规划采用泛华城市发展创新模式的系统规划理念，主要包括战略规划、产业规划、空间规划、重大项目规划与投融资规划五大板块。结合海林实际情况，明确海林为哈牡绥东对俄贸易加工区黄金节点、牡丹江城市副中心、新兴产业集聚区、生态宜居城，确定以"龙江县域经济科学发展践行区"为战略定位，统领经济、社会、城市等方面发展，打造和谐幸福的北方生态文明城。

1. 海林产业定位

构建海林现代"3—3—5"产业体系，重点发展三大战略产业（新材料、生物、电子信息）、三大支柱产业（先进专业装备、林木精深加工、现代食品）、五大现代服务业（现代物流、文化创意、旅游休闲、商贸服务、金融保险），打造战略性新兴产业重点发展区、生态产业创新发展实践区、文化创意产学研示范基地。

2. 海林城区空间结构

根据海林战略和产业的定位要求以及海林山环水抱的地理特点，遵循生态性、延续性、特色性、可操作性及功能完善性的规划原则，提出海林城区形成"两轴（城市东西发展主轴、城市休闲产业发展轴）、三带（红甸子河绿化景观带、东山碾盘山休闲景观带、海浪河滨水景观带）、两心（老城核心区、新城核心区）、五片区（主城综合片区、工业聚集片区、旅游度假休闲片区、海浪河居住片区、城南拓展片区）"的空间格局（图2-1、图2-2）。随着海林新的战略发展规划的实施，海林将形成一个生态优美、功能完善，具有鲜明特色的"山水林城相融、城水相映、城山相衬、人城

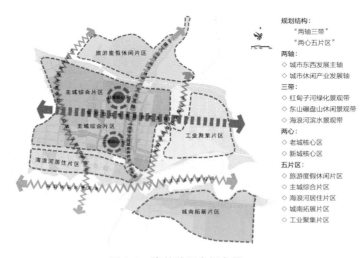

规划结构：
"两轴三带"
"两心五片区"
两轴：
◇ 城市东西发展主轴
◇ 城市休闲产业发展轴
三带：
◇ 红甸子河绿化景观带
◇ 东山碾盘山休闲景观带
◇ 海浪河滨水景观带
两心：
◇ 老城核心区
◇ 新城核心区
五片区：
◇ 旅游度假休闲片区
◇ 主城综合片区
◇ 海浪河居住片区
◇ 城南拓展片区
◇ 工业聚集片区

图2-1　海林城区空间布局

相宜"依山傍水的北方生态宜居城市，成为一颗璀璨的"北方生态明珠"。

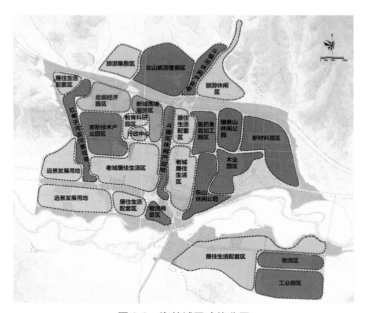

图 2-2　海林城区功能分区

（四）实践启示

海林国家级经济技术开发区"从无到有，从小到大，从弱到强"，其成功的关键是当地政府党员干部的实干，更重要的是与泛华集团的合作。泛华城市发展创新模式为当地带来了观念转变，从而有了思想体系支撑、平台支撑、环境支撑、产业支撑。泛华集团从战略发展规划的角度，对整个开发区进行区域发展战略定位，制定发展战略目标，确定实施路径和时序，进行战略规划、产业规划、空间规划、投融资规划和重大项目规划等，针对海林发展困境提供了系统解决方案。

1. 系统思维——解决开发前期的城市定位和产业布局

基于海林因林而立，因林而兴，充分考虑海林自然资源富集、生态环境优良、历史文明悠久、文化底蕴深厚等各种发展优势条件，泛华集团系统地整合了海林的城市战略规划、产业规划、空间规划、土地利用规划以及其他专项规划，编制了《海林新城概念性规划》《海林市旅游发展概念规划》《威虎山旅游概念规划》《黑龙江海林市生态农业开发区木业园区规划》等。规划采用了城市规划与项目策划相结合以及可实施性、可操作性的规划理念，推进了城市规划体系与城市建设的进一步融合，使城市发展愿景、阶段性目标和实施举措有机统一。结合泛华集团的系统规划，海林明确了自身的发展定位，完善了规划体系，按照规划进一步确立了建设牡丹江城市副中心、打造北方生态明珠城的战略目标，确定了海林的产业发展方向为旅游业及无污染新型工业如特色中药、绿色农产品加工、木材加工等，打造海林具有重要战略意义的木业加工基地、绿色食品加工基地、北药加工生产基地、对俄出口加工基地。

2. 金融思维——投融资服务解决资金瓶颈

海林经济技术开发区在建设之初，遇到了资金严重短缺的问题。为破解发展资金难题，泛华集团与海林市政府共同搭建一个投融资平台，将泛华集团和海林市政府双方的信用捆绑在一起，形成一个强有力的投融资平台，从根本上打破了由于单一模式，或者海林市独资操作而产生的信用额度不够、融资规模太小、资金运作比较困难的瓶颈，使得开发区的建设有了充分的资金保障。通过政府与泛华集团双方合作，使得资金渠道畅通、建设速度明显提升，同时在此基础上，加大了招商引资力度，充分发挥海林政府平台和泛华集团"以商招商"的双重优势，使得招商引资的进展非常顺利，原定 12 年运作完成的开发区建设，提前了 3～4 年，达到了很好的效果。海林开发区建设，带动了整个海林市经济的提升，财政收入在 5 年内翻了两番。

3. 多项措施促招商——解决招商引资难题

由于有了良好的规划和美好的前景，投资商和企业家愿意进入园区，再加上项目资金充足，使得基础设施配套能够不断改善。同时，泛华集团以商带商、以商引商的做法，也使得海林招商引资难的瓶颈得到有效解决，雪都、康宝、五环、林海雪原、北味等众多制药企业和农副食品加工企业落户园区。开发区建设带动了海林市经济的增长，海林城市面貌得到很大的改善，城市价值得到极大的提升，得到黑龙江省委省政府的高度重视，并在全省推广海林经验和"海林模式"。

二、江苏句容：国家农业公园样板

江苏句容"国家农业公园"的建设利用农村生态自然环境，在农业内涵中融入城市公园的元素，推动"以产业化为动力，以农业化为基础，以新型城镇化为载体，以信息化为手段"的"四化"高度融合，实现"生产、生活、生态"的"三生"空间的有机结合，践行绿水青山就是金山银山的发展理念，探索现代农业、现代村镇发展模式，打造江苏国家级新型城镇化发展示范区。

（一）基础条件

区位交通优势明显。句容市位于长三角地区沪宁沿线发展带上，紧邻区域性中心城市南京市，与南京同城效应明显，是南京对接长三角核心地区的节点城市。句容交通条件复合多样，铁路、高速公路交通发达，同时紧邻禄口国际机场和龙潭港，与周边联系便捷，具有良好的通达条件。

生态禀赋突出。句容属于丘陵地貌，紧邻长江，三山环绕，水系发达，十水镶嵌，六河穿越，"五山一水四分田"的山水生态资源是句容独特的绿色名片。土地资源充足、农业特色鲜明。

人文底蕴深厚。句容宗教文化资源源远流长，律宗第一名山宝华山隆昌寺位于境内；茅山被誉为道教文化第一福地、江南第一山。句容同时是全国六大山地抗日根据地之一，是全国爱国主义教育示范基地，是秦淮之源，孕育两岸丰富的文化积淀。

农业发展前景广阔。句容有多处农业科技园、生态农业园，还是国家商品粮基地、全国优质双低油菜生产基地，两次被原农业部授予"全国粮食生产先进市"称号。

（二）国家农业公园规划建设

句容国家农业公园通过生产功能型都市农业与观光休闲型都市农业相结合，共同打造具有句容特色的精品农业，以满足南京及周边城市居民休闲需求为导向，以应时鲜果、特色精品农产品为主要产品，以"绿色、生态、有机"为形象，以塑造品牌为手段，走品牌化、精品化路线，打造句容特色农产品生产基地。将农业与旅游业相结合，将观光休闲与农业景观、农业文化、农业体验、农业养生相结合，突出生态、观光、休闲、体验等主题，打造都市人的生态家园。

句容农业公园定位为国家级新型城镇化示范区，创新特色农业产业化与新型城镇化发展模式，融合线上线下互动的特色农业产品市场、服务市场和要素市场，重点发展特色农业、文创旅游、商贸物流、科技信息服务四大产业。

1. 产业功能业态

在现有产业和模式基础上，强化农业科技和人才支撑，提升农业生产科技化水平、提升产品附加值；健全金融、信息等服务体系，完善农业产业化相关薄弱环节；创新农业生产的经营方式和组织模式，促进农业生产专业化、标准化、规模化、集约化；发挥资源优势，以基地建设为基础，注重龙头企业和品牌的培育，提升农产品加工业，延伸产业链，实现产业联动发展，最大化现代农业的综合效益，创建独具竞争力和特色的农业产业基地。

2. 空间布局

句容国家农业公园是打造江苏新型城镇化发展实验区的重要抓手，形成"一心、两轴、四个支点"的空间结构，郭庄作为句容国家农业公园的一心，主要作为句容西部农业总部、文创旅游、物流集散中心；东西向的"郭庄—后白—茅山"文创旅游发展轴及南北向的"天王—后白—白兔"特色种植发展轴，两大发展轴交汇于句容后白镇；特色农业、文创旅游、商贸物流、科技信息服务作为国家农业公园产业发展的四大支点（图2-3、图2-4）。

 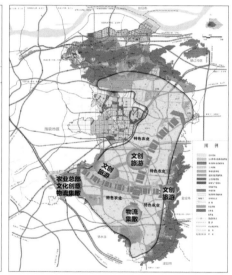

图 2-3　国家农业公园范围　　　　图 2-4　国家农业公园空间结构

（三）国家农业公园创新模式

1. 特色农业产业化提升现代农业发展

现有产业和模式基础上，强化农业科技和人才支撑，健全金融、信息等服务体系，发挥资源优势，以基地建设为基础，注重龙头企业和品牌的培育，延伸产业链、实现产业联动发展，最大化现代农业的综合效益。

2. 文化资源产业化牵引生态文化旅游发展

依托句容生态和文化资源，深度融合农业、乡村与资源，孵化提升文化资源的品牌价值，开发观光农业旅游基地、乡村旅游基地、贡品文化博览园、贡品奥特莱斯、私人农庄、高端会所、养生会馆、俱乐部、农谷儿童乐园、生态住宅等康养文化旅游产品，带动产业能级提升，集聚产业势能。

3. 城镇化带动新型城乡统筹发展

句容以现代农业规模化、集约化、现代化的产业化运营方式，以及高度融合的复合产业形态，打造村镇经济社会发展新格局，转变经济发展方式，改变农民生产生活方式，带动农民多元化就业和多渠道增收，进一步实现城乡统筹。

4. 信息化构建农业科技信息服务及农业现代物流平台

面向农业生产的农业信息服务和农产品流通的物联网应用，打通农田到餐桌信息链，科学生产有机健康放心食品与加强品牌辨识，构建现代农业生产和物流方式，催生农业现代化和物流产业在句容的发育和壮大，谋划农业科技发展与信息中心、农业专业市场智能管理中心、农业物流网运营服务中心、农业金融服务机构、农产品电子交易结算中心、农业生产信息智能管理服务中心等农业现代物流项目。

（四）实践启示

句容以"国家农业公园"的建设，探索现代农业、现代村镇发展模式，打造江苏新型城镇化发展试验区。国家农业公园的核心是通过土地利用集约化方式，提升区域的生态平衡性和生态水平，以现代农业与第三产业密切结合，使农业产业结构得到根本调整。句容通过国家农业公园建设，使得农业与旅游业融合发展、科技与生态相互结合，创造农业经营新模式、乡村振兴新动能，以项目做抓手，以产业发展联盟做平台，以产业做支点，以金融做翅膀，以信息化为手段，专业分工、产业联动，构筑特色经济产业化生态圈，打造更具句容地域特色的旅游产品，推动农村与城市互动，实现城乡统筹有效的发展（图 2-5）。

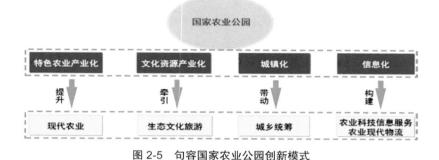

图 2-5　句容国家农业公园创新模式

三、黑龙江宁安：响水大米品牌化

为重振响水大米品牌声誉，拉动宁安乃至牡丹江地区稻米产业化步伐，宁安市认真开展调查研究，通过"以产业化推动城镇化，以城镇化促进产业化，以产业化支撑城镇化"的发展路径，加快改变城乡面貌，促进农民持续增收，推进响水农业产业化和新型城镇化建设。

（一）基础条件

黑龙江是世界三大黑土带之一，盛产多种经济农作物，是我国重要的粮库。黑龙江省著名特产响水大米，产于我国著名的"鱼米之乡"宁安市渤海镇响水乡，是我国地理标志保护产品之一。渤海镇素有"塞北江南"的美誉，且响水乡所处地理条件特殊，土质松软、肥沃，优于其他稻田，极利于水稻生长，因此响水大米早熟且饱满、优质。早在明清时期，响水大米就被誉为"皇粮""御米"，是向朝廷进贡的贡品。

区域交通便利。宁安市位于黑龙江东南部偏西，距哈尔滨320公里，距牡丹江23公里，地处绥芬河和珲春两个国家级开放口岸的中心地带，分别相距190公里，鹤大公路、牡图铁路纵贯全境，距牡丹江民航机场19公里，是东北亚经济技术交流中商贾往来、物资集散和信息传递的重要区域。

旅游资源丰富。宁安市拥有丰富的自然、人文旅游资源，被原农业部、国家旅游局授予"全国首批休闲农业与乡村旅游示范县"称号。市域内包含镜泊湖国家风景名胜区、火山口国家森林公园、唐代渤海国都城遗址等风景优美的风景名胜地。

响水大米享誉世界。宁安石板田稻米产量有限，极为珍贵。全市水田面积31万亩，其中石板田响水大米产区8万亩，总产量3.4亿斤，由191个村屯、3.4万户农民种植。2010年水稻总产量17.1万吨，经济效益2.1亿元，水稻总产值4.5亿元，约占农业总产值的8.4%。全市大米加工企业有100余家，年总加工能力为60万吨。

（二）大米产业化品牌化

依托石板田珍贵的资源优势、镜泊湖畔独特的生态环境优势和渤海国厚重的历史文化优势，以打造现代化小城镇、实现响水大米产业振兴、促进响水区域农民持续增收为目标，重点推进石板田集约化经营、壮大产业规模，实现"一业牵动、多业支撑"，构建具有区域特色的新型城镇发展格局。

1. 大米产业化

根据宁安渤海和东京城镇区域中的基础性特色产业，大米产业化发育和建设问题，确定稻米产业为引领经济发展的主导产业，特色种植、特色养殖、商贸流通、健康养生和文化旅游为起支撑作用的重点产业，采取"公司＋科研机构＋基地＋合作社＋农户"模式，通过集约化经营、合作化管理、机械化生产，最终形成"统一品牌、统一品种、统一技术、统一管理、统一收割、统一加工、统一包装、统一销售"。

2. 大米品牌化

加大品牌宣传推广，抢占大米市场品牌制高点。通过建立统一的商标标识，制定广告传播及媒介策略；发挥旅游带动作用，名品及名镇相互促进发展；创办国际大米文化节，提升大米品牌国际知名度；创新品牌营销手段，充分利用网络及科技力量。

提升响水大米品质，创新营销战略，以名品带动品牌。以优质产品为起点，牢固响水大米市场营销的基础；以物流配送为保障，建设与消费相协调的营销网络；以市场需求为导向，大力实施产品差异化营销策略；以外向开拓为动力，促进响水大米进入国际高端市场。

注重品牌保护与发展，积极维护品牌形象与信誉。通过坚决打击假冒产品，维护品牌权益和良好形象；不断提升品牌价值，大力实施品牌化营销策略，最终把响水大米打造为亚洲名优品牌、世界知名品牌，并成为高端、有机米的代言词，让"响水"品牌，从叫响全国走向世界。

（三）响水智慧农业谷

智慧农业谷承载具有高科技、高标准化、高质量、高投入和高附加值为特征的精致农业，实现土地利用集约化、生产环节规模化和产品加工现代化，通过农业生产要素的集聚，改善农业生产和流通环节的信息服务，并且在"一产"的三产化上实现农业休闲和文创旅游的结合。响水智慧农业谷通过特色农业——精品大米产业的规模化、集约化、现代化的产业化运营方式，转变了地区生产方式和产业组织形态，通过米产品与文化遗产的深度耦合，提升大米品牌价值。

响水智慧农业谷项目形态丰富，包括响水农业经济合作组织办公室、响水米原产地质检中心、响水米原产地认证管理中心、响水米业科技发展与信息中心、相关农业金融服务机构、响水地区特色农产品仓储物流集中区、响水精品高端米及农产品电子交易结算中心、响水农业品牌孵化中心、响水农业物联网运营服务中心、中国响水稻米博物馆、响水农业生产信息智能管理服务中心、响水玄武岩石板精品米文化遗产典型展示区等，将当地农业文化与农产品相结合，带动旅游经济发展，提升当地农产品价值。

四、陕西柞水：创新木耳产业发展路径

柞水木耳小镇田园综合体项目，利用木耳小镇的良好基础，以"柞水木耳"品牌为驱动，通过结算经济拉动"产业致富＋品牌赋能"的发展路径，建立现代化产业生态系统，建成集循环农业、创意农业、农事体验、旅居康养于一体的田园综合体，实现一二三产融合，有效提高地区发展质量、调整经济结构、高效推动精准脱贫工作，用实干诠释了"小木耳，大产业"。

（一）基础条件

区位条件优越。西安作为西部国家中心城市，具有强大的门户经济、枢纽经济、流动经济。柞水县距离西安仅 60 公里，已融入西安 1 小时经济圈和发展大格局中，便于为西安提供休闲服务和有机农产品。

生态环境秀丽。柞水县位于秦岭腹地山区，是一个"九山半水半分田"的国家扶贫开发重点县。生态资源优势比较明显、后发潜力巨大。全县植被覆盖率高达 78%、森林覆盖率达 65%，县内负氧离子含量比西安的四倍还高，素有"天然氧吧、城市之肺"之称，融"名山名镇名洞"于一体，被誉为"终南首邑，山水画廊"。

特色产品享誉全国。柞水种植木耳历史悠久，木耳品质优良享誉全国，已被认定为国家地理标志证明商标和农产品地理标志产品。为促进特色农业、生态旅游等产业融合发展，全力打赢特色农业攻坚战，柞水县坚持在区域联动上出实招、在精准脱贫上求成效、在产业融合上建样板、在农村改革上做示范，努力将西川建成以地栽木耳为主导产业的特色小镇。

柞水成为区域代言。陕西省有黑木耳优势县 9 个，集中在西南部，食用菌基地 12 个，覆盖整个陕西南部。背靠整个秦巴山陕西片区，依托柞水县现有的木耳产业基础，向产业示范化方向发展，强调交易和展示功能，培育品牌，使柞水木耳成为区域代言，带动整个陕西食用菌基地发展，并能够应对日益激烈的市场竞争，助力陕西南部诸县脱贫致富。

（二）柞水木耳小镇田园综合体

1."3—1—2"产业发展路径

依托良好发展基础，采取以结算经济带动的产业致富品牌战略下的"3—1—2"产业发展路径。通过建设品牌赋能平台综合体——陕西省木耳交易所，以研发—检测—交易—认证标准—形成资本化，以柞水木耳小镇田园综合体作为柞水木耳品牌发展示范区，以秦岭原生态、田园化作为柞水木耳的品牌保证，以绿色、生态、低碳作为宣传、展示、体验品牌卖点，撬动秦岭成片贫困区高效脱贫，形成可复制模式打造柞水木耳核心示范区，带动全县 40 多个贫困村精准脱贫（图 2-6）。

2. 构建现代农业产业体系

柞水县围绕木耳产业，做大做强，通过对木耳全要素产业链研究，"三产"联动发展，以木耳作为主导产业带动食用菌生产原料制作、绿色食品制作、农产品加工、生物技术基因工程、废弃菌袋循环利用等相关加工业发展，依托柞水优秀绿色生态资源，发展生态休闲、旅游度假、康养旅居、民宿文化等"三产"，拉动农业带动制造业及推动旅游业，推进农业由增产导向转向提质导向转变（图 2-7）。

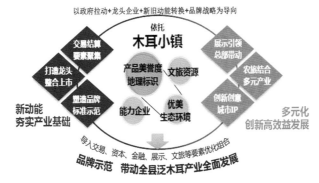

图 2-6　产业发展路径示意图

第二章　他山之石借智，顶层设计引领

主导产业：
- 木耳全要素产业链

辅助产业：
- 林下经济
- 红豆杉产业
- 科学教育
- 三产融合的大健康旅游
- 文化农事旅游

衍生产业：
- 农业物联网、互联网
- 农业交易博览
- 文化技术培训

图 2-7　三产联动示意图

"一产"壮大——做强木耳一支产业、整合龙头企业上市；做全木耳全产业链，以品牌化打造新旧动能转换带来的产业升级做强木耳全产业链，从生产型转变成生产服务型并整合龙头企业策划上市计划。

"二产"繁荣——通过木耳品牌、价格与需求量提升，从原先的生产型转变为生产服务型，带动"二产"加工类产业发展，可有效带动普通农民，通过各类形式就业、提高收入。带动全县及周边县域生产加工基地，以柞水木耳小镇田园综合体模式推进精准脱贫，带动全县木耳加工制造业提升，建设若干个木耳标准化生产及观光工厂；采用先进技术，建立若干个木耳标准化加工生产基地，以"健康食品"为目标，将木耳标准化的成果进行展示、宣传。同时拓展木耳相关产品，以观光体验策划营销手段，不断研发木耳相关产品如黑木耳粉、白木耳面膜、木耳脆片、黑木耳鱼油、黑木耳钙片、香菇木耳榨菜等产品，致力于打造柞水木耳品牌。

"三产"引领——通过四大关键要素打造世界级木耳小镇，一是通过打造结算经济、平台经济，让省级柞水木耳交易所落地于柞水；二是借势品牌赋能，通过品牌推广、宣传、建设，打造成为全省乃至全国的区域名片；三是通过高标准打造柞水木耳小镇田园综合体核心示范区，宣传、展示、体验基地；四是拓宽营销渠道，建立营销服务体系，实现资源、渠道、客户共享，立足地域优质农产品，线上线下全网络营销推广。

（三）实践启示

柞水木耳小镇田园综合体项目的实施是以"柞水木耳"品牌战略拉动地方主导产业，顺应消费升级和创新发展的时代步伐。在农业发展过程中，特色农业的创新发展应该借线上流量变革产业生态，发挥平台经济作为农产品供需连接器的作用和价值，借平台经济提升供应链管理，借品牌溯源认证塑造地方交易结算经济，加强特色农产品品牌溯源认证，重构现代农业产业生态，朝着智慧化、场景化等方向不断迭代升级，最终带动区域经济发展与精准扶贫。

五、河南温县：太极文化创意产业化

为了更好地保护、传承和利用太极拳的历史价值、人文价值，通过对太极拳历史文化资源的挖掘，将温县太极文化创意产业化发展，打造太极文化圣地——太极小镇，提升温县软实力和知名度。

（一）基本情况

地理位置优越。温县隶属于河南省焦作市，地处豫北平原西部，郑州、焦作、济源、洛阳四市"一小时经济圈"中心位置，距新郑国际机场仅1小时车程。

特色资源富集。在农业方面，温县是"四大怀药"的主产区和铁棍山药的原产区，特别是国家地理标志产品温县铁棍山药以其特有的食用、药用价值，在全国的影响不断扩大。在文化方面，温县本土历史资源文化积淀丰富，拥有太极文化、河洛文化、司马文化、古温文化等，历史文脉浓厚，名扬海外的太极拳发源于赵堡镇陈家沟村，陈氏太极拳被列入首批国家非物质文化遗产名录，陈家沟村被命名为"中国武术太极拳发源地""中国太极拳发源地"和"中国太极拳文化研究基地"。

（二）太极产业现状及问题

河南省各类武术产业分布广泛，但相互之间缺乏关联，有武术资源却无武术产业。河南省自古以来是兵家必争之地，拥有登封少林功夫、焦作陈氏太极拳、荥阳苌家拳等大量武术旅游资源，蕴藏着巨大的文化价值和经济价值。河南省武术文化旅游产业结构单一，发展不均衡，唯少林寺和太极颇具规模，但一直存在"少林寺过热，太极过冷"现象，太极品牌没有打响。温县太极拳具有一定知名度，但太极文化产业缺乏深度发掘，陈家沟旅游配套设施不完善，旅游产品比较单一，缺乏吸引力。

温县陈家沟是太极拳的发源地，区域内有着丰富的太极文化资源，形成了推动太极产业发展的资源优势基础。多年来，温县紧紧围绕打造太极圣地这一目标，大力发展太极文化产业，取得了众多的建设发展成果和荣誉称号。在名人资源方面，既有创造历史的太极拳创始人陈王廷，也有当今享誉全球的太极拳传人"四大金刚"。在拳师武馆资源方面，仅赵堡全镇就有太极拳拳师3000余人，武校11所，家庭武馆280余家，每年向外输出拳师1000余人。在古迹民居资源方面，有太极祖祠、杨露禅学拳处、陈长兴故居等古建筑文化资源（图2-8）。

图 2-8　太极产业发展成果示意图

作为太极拳的发源地，温县陈家沟在太极拳产业发展上也存在着明显的问题与不足。太极拳已经走向世界，但陈家沟并未走向世界。陈家沟乃至温县有很多与太极拳相关的资源，目前仍待深度开发（有产无化）。温县陈家沟太极拳在国内有一定的知名度，但很少有太极拳大师在温县发展。整体上太极拳宣传力度不够，多元化的宣传策略和文化氛围仍待加强。

（三）太极产业化谋划

1. 总体发展思路

以陈家沟太极文化产业为核心，重点围绕太极拳圈内、圈外两大客户人群，开发相关的太极系列主题产品，构建围绕两大人群的产业链体系，加快全域旅游和镇域经济发展。塑造推动太极产业发展的经济平台和产业动力，形成包含太极教育培训、健康养生、表演竞技、文化旅游等不同功能主题的太极产业集群。以陈家沟太极拳文化资源为依托，发挥太极拳发源地品牌优势，坚持"以太极拳文化为根，以太极拳教育培训为引擎，以太极拳文化旅游为核心"的发展策略，着力打造中国太极拳圣地和最具特色和魅力的文化休闲旅游胜地。

2. 重点产业项目

太极拳（线上）信息化平台可以增强陈家沟太极拳发源地品牌、满足太极拳市场需求、规避太极拳内门派无序竞争，以太极拳大数据为引领，重点建设太极拳信息化服务平台和国际太极拳互联网学院。其中，太极拳信息化服务平台依托现代化信息技术，以互联网、云计算以及三网融合作为应用支撑，融合全球太极拳武馆、武校、拳师、学员、赛事、公开课及衍生商品等相关资源；国际太极拳互联网学院整合太极拳各门派和相关系列产品，开展联合营销和线上销售，打造太极产业众创空间。

太极拳（线下）教育培训中心以吸引大师回归为首要任务，重点建设以太极拳"四大金刚"为代表的太极拳优秀传承人的培训基地、私家武馆、太极拳院校。其中，培训基地发挥太极拳大师的引领带动效应，与北京师范大学、郑州大学等院校开展合作，加快太极拳专业人才队伍建设。私家武馆以陈家沟为核心，致力于形成太极拳产业发展民间氛围，并以此吸引世界太极拳爱好者到此进行太极拳切磋交流。太极拳院校支持现有太极拳武校规模化、标准化发展，并加强与北京体育大学、上海体育学院、国家武馆中心、省武馆中心合作，建设适合不同年龄人群的太极拳大学、太极拳职业学院等一批院校。

太极拳竞技表演秀依托陈家沟演武厅、太极文化资源和已经承办的太极拳赛事，重点发展以太极拳演艺、赛事、影视动漫拍摄为核心的太极拳表演竞技类产业（图2-9）。

图 2-9　太极拳表演竞技类产业

太极产业与康养产业结合重点发展围绕太极的运动养生、食疗养生、生态养生。依托陈家沟太极大师、院校、武馆等人才优势，发挥太极拳健身功能，编制太极养生拳谱，创新发展养生太极拳，推动强身健体。依托太极与"四大怀药"养生功能，深入挖掘"食养"资源，积极开发太极系列配方餐饮，形成地域特色明显、品种繁多、生态保健的食养体系。积极开发东沟、黄河湿地森林氧吧功能，探索休闲养生模式，发展温泉养生功能，探索祛病疗养功效。

太极产业与文旅产业的结合：以陈家沟景区建设为核心，提升太极文化内涵，完善太极小镇旅游的吃、住、行、游、购、娱服务功能，着力打造中国国际特色旅游目的地。通过发展太极健康饮食文化、太极特色民俗住宿、太极绿色智能交通、太极特产服饰购物、太极休闲娱乐服务，加快太极文化资源开发，强化区域旅游资源联动，推动全域旅游发展。

太极产业与创意制造产业结合：重点推动对以太极拳为元素的服装、鞋类、玩偶、配饰、武术器械等太极文化创意衍生品的加工设计，打造太极加工制造业基地。太极加工制造业基地重点发展以太极剑、太极刀、太极球、太极扇为主的太极器械加工制造。

六、安徽萧县：系统创新乡村振兴模式

乡村振兴战略实施以来，萧县根据自身实际，搭乘淮海经济区发展顺风车，通过挖掘特色要素、盘活全域资源，深刻践行"产业兴旺、生态宜居、乡风文明、治理有效、生活富裕"的乡村振兴二十字方针，形成"萧县模式"乡村振兴发展思路，打造新时代乡村振兴的模范和标杆。

（一）现状基础

区位条件优越。萧县为安徽省宿州市辖县，地处苏、鲁、豫、皖四省之交，素有"四省通衢"之称，位于淮海生态经济发展带核心区域，是安徽对外发展的重要门户，也是徐州市都市圈内重要的节点。近年来，萧县不断增强与徐州和淮北的交通一体化对接，区域联动发展态势逐步显现，产业转移承接能力和高端要素聚集能力不断提升，发展潜力巨大。

生态资源多样。萧县全境呈"两山、三区、四河"分布，北部与西南部为平原，东南部分山地丘陵，河网水系众多，地貌多样，生态系统与结构功能完善，以沙河、黄河故道等为代表的生态资源丰厚，以万亩特色果林、现代蔬果农业基地为代表的活力田园景观丰裕，是推动生态文明建设和打造美丽生态宜居乡村绝美画布。

文化资源丰富。萧县历史文化源远流长，文脉清晰，文相众多，以皇藏峪、金寨遗址等为代表的文化遗存丰富。汉画像石、孟亏封萧、皇藏典故、革命旧址代表了萧县的历史风韵；龙城画派、"狮虎行动计划"、萧县

农民画、中国书画艺术之乡展示了萧县的书画笔墨；伏羊文化节、龙泉寺民俗文化节、黄河故道生态文化节、徐里采摘节展示了萧县的特色节日庆典；坠子戏、皮祆会、走亲戚、儒家孝善代表了萧县的乡土民俗。这些内容处处彰显着文化底蕴深厚、文化传承鲜活的萧县印象、萧县记忆、萧县名片和萧县软实力。

（二）乡村振兴战略重构

1. 产业集群战略重构

坚持聚焦特色，系统运用集群思维推动社农产业与乡村经济集群化发展的产业战略。从传统种植业、农产品初加工及收购贸易、采摘休闲旅游等既有产业基础出发，强化优势、补足短板。通过联动发展做实产业链，通过复合化发展做活创新链，通过平台化发展做通资金链。

将葡萄、水蜜桃、辣椒制种、水晶梨、有机芦笋、胡萝卜、白山羊等特色优势乡村产业做大做强、做精做优为支撑，植入科普教育、专业培训、文化创意、食品加工、检测溯源、健康养生、休闲旅游、认证赋牌、电子商务、共享配套等配套产业，打通科研、制种、种植、养殖、加工、物流、仓储、结算、服务等各专业环节。

构建一批特色鲜明、优势突出，专业分工、业务联动，共投共享、共创共赢的萧县乡村经济复合集群，以及复合集群下的相互支撑、循环配套、多元增值、彼此赋能、风险自愈的生态圈。发展一批质量上乘、规模领先的特色农产品，培养一批信誉天下、网通全国的特色商贸人才，打造一批影响行业、引领专业的特色示范基地，构建一批有行业话语权、定价权的交易结算平台，培育一批享誉全国、高附加值的地方标识品牌。

2. 生态系统战略重构

基于山水林田湖等优越的自然生态环境条件，通过流域治理和环湖提升，山体绿化与沟峪打造，美化"两山、三河、四库区、两片区"自然生态资源格局，营造"圣泉山前白鹭飞、桃花流水鲤鱼肥，白宣纸、黑墨汁，春夏秋冬不思归"的大美萧县印象。

坚持"三生"互动的理念，践行"两山"理论，依托生态优势，大力发展生态经济。谋划大沙河、黄河故道、倒流河沿岸打造三条百里生态发展长廊；修复辛庄水库，并实施系列环水库综合休闲旅游开发项目；贯通圣泉的"圣山"、刘套的"名画"、杨楼的"秀水"、沿途的林果花海，打造一条享誉全国的山水文化大画廊；振兴沟峪经济，把皇藏峪、天门山等景区打造成淮海生态发展带知名的深呼吸景区；发展美丽产业，面向徐州都市圈消费需求打造官桥美丽健康田园小镇；做优有机农业，以葡萄、芦笋、山杏等优势打造一批绿色有机的生态农业基地与生态绿色品牌。

3. 文化价值战略重构

充分彰显汉文化的民族文化自信、孝文化的地域民风淳朴、伏羊文化的养生民俗健康、朱陈之好的婚姻观念文明和书画之乡的民间艺术高雅。挖掘萧县特色文化积淀，引领文脉传承发展，激活文相记忆承载，进而创新节庆体验开发，植入品牌振兴重塑，带动萧县人民塑造新时代的新价值观，活化萧县文化印象。

4. 组织动力战略重构

以整合乡村振兴战略要素主体为核心，以强化基层党建、乡村自治、产业协作、文化宣传、科技创新、民生服务、风险自救为目标，以提振乡村两委能力、打造乡村振兴战略平台和培育乡村社团为抓手，构建多元乡村振兴组织体系。培育县级乡村振兴要素培育中心平台、乡镇级产业集群培育系列平台、村（社区）项目实施系列平台，并依托乡村振兴战略综合平台与龙头企业构建发展联盟、与家庭农庄共建产业基地、与合作社培育产业主体、与自治组织建设乡村社区，联合各级、各行、各类组织力量，为萧县乡村振兴提供投融资服务、项目孵化服务、人才建设服务。

5. 人才体系战略重构

建立和完善乡村振兴的育人、留人、引人、用人的配套机制和功能平台。大力发展乡村振兴学院、职业技术学院、乡村联盟组织、乡村双创空间、乡村特色产业基地等重要乡村振兴人才聚集载体。通过加强两委建设、大学生村干部、对口派驻等，把党员干部培养成乡村综合振兴的带头人；通过鼓励乡贤归回、返乡创业、返乡就业等，把创业能人打造成乡村经济振兴的生力军；通过职业教育、职业培训、技艺传承等，把职业农民提升为乡村服务振兴的专业骨干；通过创新校地合作、人才引进、市民下乡等，把外引人才塑造成乡村振兴的领军者。

（三）乡村振兴产业创新

乡村产业发展要不断创造新需求，推进产业创新升级，从产业要素融合、产业体系创新、产业业态创新等方面发力，打造乡村特色经济新引擎。

1. 产业要素融合

萧县各种资源丰富，充分开发和利用自然、人力、企业、技术、文化、市场等既有涉农产业资源，推进产业现代化、集约化、科技化、复合化、平台化、联动化、品牌化。围绕生态经济引领下的乡村振兴产业体系构建强化要素融合，通过规划引领空间布局整合土地资源、通过土地开发培育空间载体、通过高标准空间载体引导龙头企业入驻、通过龙头企业聚集专业人才、通过龙头企业合作创新机制体制、通过机制体制创新落地示范项目、通过示范项目带活乡村经济。

制度体系方面，重点创新生态保护与开发协同机制等；人才体系方面，重点培养现代农民、农技服务人员、农业经纪人、社区管理人员等；平台体系方面，加快建设县级产业要素中心平台、乡镇特色产业服务平台、村庄及社区合作社平台；龙头企业方面，积极吸引和培育智慧化农业种植企业、特色农产品加工企业、农村生产科技服务企业、田园综合体运营企业；产业载体方面，着力建设特色小镇、田园综合体、主题庄园、社区双创空间；项目示范方面，推动落地农技创新、生态农业、文旅融合、社区双创等。

2. 产业体系创新

综合利用涉农产业发展资源，构建生态经济引领下的乡村振兴产业体系。以现代化生态农业为方向，发展乡村第一产业，引导扶持高端林果种植、有机时蔬种植、特色农业制种等；以特色农产品加工业为方向，发展乡村第二产业，引进培育蔬果休闲食品加工、酱料与调味品加工、酒饮制品加工、蔬果罐头加工等；以现代乡村服务业为方向，发展乡村第三产业，集聚农业节庆与特产博览、农村电商、农产品冷链仓储等；以农文旅融合为方向，发展乡村第六产业，鼓励生态休闲观光、健康养生体验游、农村文化科技创意等。

3. 产业业态创新

以促进乡村经济和产业业态融合创新为目标，引导乡村业态特色化、主题化、综合化、多创化发展，规划一批特色小镇、田园综合体、双创空间、主题庄园等新型产业业态。重点打造官桥美丽健康科创小镇、圣泉伏羊文化小镇等特色小镇业态，谋划布局倒流河文旅项目体验带、沙河农业旅游休闲带等田园综合体业态，积极建设乡村创业工场、乡村传承工坊等多创社区业态，大力发展乡村美食文化庄园、美丽乡村风情民宿庄园等主题庄园业态。

（四）乡村振兴空间布局

综合萧县现状资源及发展基础，推进城乡空间格局重构，以全局全域思想对整体空间格局进行规划建设，构建"一心两环、三河四库、五门户、六片区、七干线"的城乡空间发展格局，实现萧县乡村振兴目标。

根据萧县城乡建设规划等，依托萧县县城建设现状，打造萧县县域要素集聚中心，依托现状国道、县道、乡道进行优化升级，打造西北、东南大小两个公路交通环。结合萧县地处淮河流域自然的地理位置、县域东南部潜山区的地理形态，形成了北部黄河故道、中部大沙河、新萧河（由倒流河、萧濉新河、新运河、洪碱河等河流组成）、永堌水库、马庄水库群、龙兴镇水库群、新庄水库的"三河四库"的生态水系大格局。

依据萧县乡村振兴战略产业发展空间布局，结合现状综合道路交通和区域综合交通规划，打造面向徐州开放门户、产业门户，面向南部淮北市农博门户，面向西部绿色门户，面向西北部农贸门户。根据乡村振兴战略空间统筹发展，在萧县全域规划西北部特色农工贸综合发展区、东北部生态文化融合发展区、东部城乡三生互动发展区、东南部农康旅联动发展区、中部高端农博复合发展区、西南部现代种养加结合发展区六大发展片区。同时，萧县依托其对外综合交通布局现状，结合内部资源要素空间分布，对外交通形成了陇海铁路、郑徐高铁、符夹铁路三条铁路干线以及连霍高速、两条国道（G310、G311）和一条省道（S302）四条公路交通干线，全域共形成了七条干线，为萧县乡村振兴实现产业兴旺，发展外向型经济奠定了坚实的基础。

七、昆明官渡："中心经济"引领区域发展

昆明官渡基于城市自身特征，以全要素思维和生态圈思维，构建"中心经济"发展模式。"中心经济"的搭建从"城经济"和"市经济"入手，导出影响城市发展的产业、金融、科技、人才、信息、生态、交通、土地、制度、品牌等要素，每个要素通过强化自身集聚辐射力，来整合区域优质资源要素，最终以全要素融合创新等路径，支撑地区"中心经济"新模式，创造出城市发展新引擎，带动区域经济同步发展。

（一）基础条件

区位优势凸显。官渡位于昆明市地理几何中心，是未来新昆明建设的主战场和区域发展的新焦点。不仅是商贸、会展、生活居住、旅游度假等城市功能集聚区，也是城市对外交通疏解的重要区域和滇池保护的重要组成部分，更是中国面向西南开放"国际门户"、扼守"滇中经济圈"的"空港咽喉"及现代新昆明建设的"主战场"和"制高点"。

交通网络健全。高密度、高通达、综合性的交通网络为官渡发展带来更为广阔的空间和腹地。拥有昆明长水国际机场、昆明铁路客（货）运站、昆明南部汽车客运站等交通门户枢纽，地铁1号线、2号线贯穿整个官渡区，二环快速路、彩云北路、广福路、环湖东路、关南大道、飞虎大道、昌宏路、珥季路等城市主干道四通八达，东、南绕城高速和机场高速、昆石高速、昆玉高速连接滇中城市圈。

社会经济发展良好。2016年，官渡区第一、二、三产业分别实现增加值8.46亿元、360.52亿元、633.09亿元，分别增长0.5%、10.9%、9.8%；其中实现非公经济增加值510.1亿元、增长10.6%，占GDP比重达50.9%。

产业发展势头强劲。官渡区围绕昆明市的"188"重点产业发展计划，结合自身实际制定"9+1"重点产业发展目标，形成了以商贸、旅游、会展和现代物流等为主体的发展要素较齐全的产业体系，着力推进产业转型升级，努力构建现代产业体系，坚持产城一体化，优化产业发展布局，推动楼宇、总部经济发展。工业方面拥有盐化、供电、大型铁路养护设备制造"三大支柱"产业。但官渡区还存在传统产业转型升级成效不够明显、新兴产业还需培育壮大的问题，经济发展新常态下，投资增速放缓、财政增收乏力，稳增长压力较大。

生态文化资源丰富。官渡区境内既有官渡古镇、小板桥集市、金马寺、巫家坝机场等历史文化资源，盘龙江、宝象河、滇池湿地等生态文化资源，滇戏、花灯、官渡小吃、云子、乌铜走银、乡土画等非物质文化遗产资源，还有滇池国际会展中心、昆明国际会展中心、新亚洲体育城等会展博览、康体运动资源，生态文化旅游资源丰富、开发价值较高。但官渡区城市承载发展能力不强，路网等基础设施仍然薄弱，且土地面积小、人口密度大、环境容量小，造成环境和生态发展的约束性仍然存在一定问题。

（二）构建产业要素支撑的中心经济

昆明市官渡区根据现代"中心经济"发展理念，围绕"大健康、大旅游、大文创、大数据"等复合型产业发展模式，确立以总部经济为动力、楼宇经济为载体，主导引领官渡区跨越式发展，打造现代服务业的核心竞争优势，继续巩固壮大金融业、商贸业和会展业的核心支撑作用，培育具有官渡特色的健康服务业、休闲旅游业、文化创意产业、信息服务业等新兴产业，整合文化、生态、品牌、科技、土地、政策、信息等各类资源要素，推动产业集群化发展打造产业生态圈。《官渡区战略驱动创新发展战略规划》确立了官渡区"144"开放型现代都市产业体系格局，即一个核心产业——总部经济，四个支撑产业——会展会议、金融服务、现代商贸、新型房地产，四个新兴产业——健康服务、文化创意、休闲旅游、信息服务。

1. 聚焦总部经济核心引擎作用

以巫家坝CBD建设为契机，围绕昆明市"188"重点产业，引入金融总部、商贸总部、工业总部、工程咨询总部等总部企业，推进官渡区产业发展高端化，逐步嵌入全球高端价值链体系，全面提升官渡区对大西南地区的产业聚集力和辐射力。通过总部经济的"产业聚集效应、产业关联效应、消费带动效应、税收供应效应、资本放大效应、就业乘数效应"，推动官渡区打造多元要素融合创新的新中心。

2. 重点发展四大支撑产业

整合线上和线下优势资源，积极引导传统批发市场运用电子商务转型升级，发展专业商贸、跨境电商等业务，支撑云南省自贸区建设；结合对外开放政策及现代商贸发展趋势，大力发展结算金融、绿色金融、离岸金融等金融业务；延伸"会展＋"发展水平，提升官渡会展国际品牌影响力；为现代产业作配套，创新发展模式，大力发展"商贸＋地产、总部＋文化＋地产、文化＋旅游＋地产、养老养生＋地产"等复合型地产。

3. 培育发展四大特色新兴产业

围绕"大健康、大旅游、大文创、大数据"培育四大复合型特色产业，其中健康服务着重承载昆明市大健康产业示范区建设要求，加快发展高端医疗服务、养生养老及高原健体等服务功能；休闲旅游重在打造"多元文化＋健康养生＋商务旅游"发展模式，加快发展古镇旅游、禅修度假、健康疗养、创意体验等功能；瞄准设计、营销、品牌等产业价值链高端环节，加快发展影视传媒、广告设计、民族文艺创作等文创产业；推进"互联网＋"战略，加快发展大数据应用领域的智慧服务产业。

（三）官渡中心经济发展空间布局

1. 空间规划策略

结合官渡区未来发展定位及产业发展方向，提出"引轴聚心、显韵展脉、理络筑园、修城塑颜"四大空间策略，进一步完善官渡区空间发展格局。依托广福路、飞虎大道等交通干线，打通与西山区、老城区的发展通道，辐射空港经济区、经开区等产业聚集区，完善昆明市中心城区空间格局。基于现状重点设施项目，沿着发展轴线，促进功能集聚、复合发展，形成多个中心。构筑多个新兴产业园区，产业集群化园区化，增强现有功能区的辐射带动作用。引入"城市双修"建设理念，更新改造老旧小区，对新建区域注重开展城市设计，从滨水界明、街道文明、核心功能区、标志性节点等不同维度重新塑造城市样貌，展示国际化都市魅力。

2. 重构空间结构

构建"一'T'多团、一廊四心"的官渡区城市空间架构，形成湖绿相连、城景交融的发展格局。沿着飞虎大道和广福路形成垂直相交的T形空间区域的现代都市产业聚集区，以总部办公、金融服务、会展会议、现代商贸、文化旅游、创意创业、交易结算等现代服务功能为主，规模化集聚，是官渡区未来极具活力的产业功能区。沿T形产业聚集区外围形成的多个配套功能组团，以生活居住功能为主的生态宜居组团，以农业休闲观光功能为主的田园综合体组团，以凤凰山生态资源为基底的影视休闲组团，还有郊野游憩组团、湖滨度假组团等，与产业聚集区相互联动，实现职住平衡。对接西山区和呈贡区，串联滇池沿岸滨水景观和生态隔离带的湖滨生态休闲绿廊，是展示城市魅力、提升城市品质的重要生态功能区。围绕巫家坝CBD、滇池国际会展中心、螺蛳湾商贸城、官渡古镇及其他重大公共服务设施，聚合关联功能，分别形成金融商务中心、国际会展中心、特色商贸中心、文化行政中心四大功能集聚中心。

3. 优化用地布局

以提高城市效率和节约空间资源为前提，充分尊重城市发展的客观规律，在组团发展的构架下，形成官渡区各板块联动发展的格局。基于官渡区产业布局散乱现状，面临严峻的"退二进三"发展任务，且产业集聚效应和规模效应尚未形成，在空间上需要进行重构，以推动产业差异化布局和集群化发展，增强产业聚集力、辐射力和城市可持续发展能力，形成产、城、人共兴的城市形态。统筹交通、空间、生态三大要素，优化产业布局和空间结构，着重打造"一区网带三集群"的产业空间格局，引领产业转型升级，形成产业集聚化、集群基地化、基地园区化发展。

（四）践行"中心经济"孵化推动重大项目落地

"中心经济"得以成功的关键在于整合全社会的资源，在统一的目标下整体运营，依据集聚力模型提高集成效应，通过资源集聚带来的巨大推力，以重大项目的落地实施作为重要抓手，撬动区域投资开发，形成区域投资热点，实现城市高速、跨越、可持续发展。"中心经济"发展模式作为未来城市实现成功转型的重要路径之一，最终着眼点在于具体项目上，以具体项目的开发建设来逐步构筑城市"中心经济"发展模式，打造成为地区经济发展新中心，而项目的孵化主要从"现状发展瓶颈、核心战略导向、产业体系支撑和重点空间载体"等方面，纵向上分层落实，横向上关联共生。

1. 以"产业项目"构筑要素融合创新中心

新时代城市发展需要强化城市对于先进要素的整合能力，通过打造各种要素交易平台、要素集聚平台和双创科技服务平台，增强城市整体集聚辐射能力，整合国内外优质资源要素，汇集区域内外人流、物流、信息流，在各类产业发展平台和载体上融合创新，逐步形成区域经济发展新中心，以点带面，带动区域经济协调发展。在官渡区，根据产业体系和产业发展重点，孵化出官渡总部经济促进中心、云南碳金融交易中心、名特优产品国际交易中心等重点引擎项目和国际医疗产业园、云南民族文化创意基地、官渡古镇风情街等平台型重大项目，承载战略性新兴产业发展。

2. 以"基础设施项目"打造区域交通枢纽

发展"中心经济"需要相应的基础设施作为支撑，以重大基础设施项目的建设作为主要抓手，在新时期基础设施项目主要从两方面进行包装设计，即为产业发展作配套和为构建中心经济要素自身需求来进行建设。通过推动"基础设施项目"落地实施，有望将城市打造成为国内外先进科技示范基地、大数据智慧运营中心和区域性综合交通枢纽。

3. 以"公共服务项目"建设人文交流中心

"中心经济"有助于快速营造城市品牌，具体路径就是以"公共服务项目"为抓手，建设成为本土特色文化展示平台和多元文化交流平台。通过挖掘地区深厚的文化底蕴，加强创新创意，融入现代都市建设过程中，打造都市型文化活力区，集聚文化创意人才，带动城市旅游业发展，充分对外彰显城市文化魅力。

（五）实践启示

官渡作为承载昆明面向南亚、东南亚区域性国际中心城市发展的重要载体，既面临着发展的时代机遇，同时面临着巨大的现实挑战。官渡区政府与泛华集团合作，通过准确地判断现有发展格局及其变化趋势，在存量优化的基础上创新增量，共同制定了《官渡区战略驱动及创新发展系统规划》，同时提出"中心经济"概念及其模式。"中心经济"是在"城经济"和"市经济"发展失衡的情况下，在供给侧结构性改革和新旧动能转换的背景下，在国家战略布局和经济运行模式不断优化升级的趋势下，找到符合中国国情并能够解决阶段性发展问题的有效实用模式和路径。在对官渡发展规划项目进行复盘后得出，发展"中心经济"不仅仅要符合打造中心城市的需要，对地级市和县域经济领域同样具有创新模式的普遍适用价值，是泛华提出的中国城市发展创新模式和聚集力理论在城市及新型城镇化发展方面的创新应用。

八、广东汕尾："飞地联姻"创建示范

深港产业新城的打造，是汕尾与深圳"飞地联姻"的成功示范，是区域合作形式的创新。通过与相距不到百公里的世界级都市圈——深圳共建

合作区，携手打造出了一座大珠三角新兴的滨海城市，在这种模式下创建了区域发展的示范，实现了汕尾从没落到繁华的跃升，进而吸引世界的目光。

（一）现状概况

地理位置优越。汕尾市位于广东省南部沿海，距深圳 130 公里，是粤东地区的重要城市，是广州、深圳等珠三角中心城市的东大门，也是广东省从区位上唯一能够既对接香港、台湾、深圳，又紧靠太平洋国际航道的城市。

历史人文悠久。汕尾历史悠久，据考证，新石器时代就有渔民在此渔猎种植，生息繁衍。汕尾也是革命老区，全国十三个红色根据地之一，我国第一个县级苏维埃政权诞生地。民间文化博大精深，被称作"中国民间文化艺术之乡"。潮汕文化、闽南文化、广府文化、疍家文化、畲族文化在此交汇，正字戏、西秦戏、白字戏三大稀有剧种与皮影戏、滚地金龙同被列入国家级非物质文化遗产。山海风光兼备，旅游景观颇具特色，被专家学者誉为"粤东旅游黄金海岸"。

产业基础薄弱。深汕合作区建设之前，汕尾在区域经济发展中长期处于落后的地位。2009 年，汕尾市 GDP 为 396 亿元，不足深圳市 GDP 的 1/20，在全省排名倒数第二位；总体经济规模较小，产业基础薄弱，相对于广州市、深圳市，甚至是广东省平均水平，产业结构及层次较低，产业竞争力弱，产品的档次、技术含量和附加值低，自主品牌和创新能力不足，中心城市首位度不高、带动力弱。

发展潜力巨大。深汕合作区建设之前，汕尾作为发展中城市和沿海港口城市外向型经济发展迅猛，民营经济异军突起，海岸经济发展潜力巨大，电子信息产业基地、电子能源工业基地、石油化工工业基地不断形成。以生产纺织服装、金银珠宝首饰加工、水产养殖加工、玩具工艺品制造特色产业为支柱产业的中心镇、专业镇快速崛起。海岸资源开发较少，是广东沿海经济发展待开发的最后一块宝地。

（二）谋划深港新城

1.深港新城之"新构想"

汕尾市受多种历史因素的影响，区域经济发展长期处于落后地位。珠三角的快速发展对汕尾市的边缘化和吸纳作用大于辐射和拉动，而在不到百公里的另一边是世界级的都市圈、全国最发达的地区之一——深圳。基于资源优势互补但发展差距巨大的两地，深圳、汕尾两地政府经过多次协商，在汕尾市海丰县域内共建深汕特别合作区。针对两地情况跨区域合作进行体制创新，GDP、管理、土地收入双方分，建设两个城市的体制创新示范区。

2.深港新城之"新价值"

深汕特别合作区港口条件优良、海洋资源优越、旅游资源丰富，与深圳海岸线相邻、与珠海对称地分布在珠三角的"穗深港"主轴两侧，是珠三角产业外溢第一圈层，深港产业转移第一腹地；享有政策叠加优势，后发优势明显，具有承接深港产业转移、延伸产业链、拓展城市功能的空间必然性。深汕合作不仅是解决深圳、汕尾的发展问题，是深汕两市科学发展、转型发展的坚实载体，更是落实《珠江三角洲地区改革发展规划纲要（2008—2020年）》和广东省统筹区域发展战略的重要举措，是广东加快转变经济发展方式、创新机制推进"双转移"的重要探索和实践。

3.深港新城之"新模式"

深汕特别合作区的建设与发展，必须充分认识并强化自身的三大战略角色，即"汕尾融入珠三角的战略支点""深汕全面合作的先导区、示范区"以及"深港产业延伸及功能拓展新空间"；以"助力深圳、联动港汕、撬动粤东、策应大珠三角"为发展使命，立足于"创新发展、先行先试"，依托自身的资源、环境特色，抢抓"新兴产业机会、深港产业转移及城市功能拓展机会"，接轨国际产业链、聚合港澳粤资源，将深汕特别合作区建设成为集"深港产业拓展区、科技创新转化区、体制改革试验区、现代滨海生活区"——"四区一体"的深港产业新城。

深汕特别合作区坚持高端定位、有所为有所不为的理念，正视现实、面向未来，积极推进特区战略、品牌战略、平台战略、创新战略落地。建立科学高效的行政体制和利益共享机制，采用"汕有、深治、共建、分享"的合作模式。建立一整套符合特别合作区发展的体制机制，采取政企分离的管理模式，即政府主导、三层管理（决策领导层、管理分工层、运营执行层）和四大职能体系（协调监督体系、行政执法体系、开发招商体系、参谋支持体系）。

（三）实践启示

深圳和汕尾是广东省"平衡之忧、升级之艰、资源之困"的典型区域，深汕特别合作区的建立，解决了区域发展不平衡的问题，促进了深汕合作的升级和园区战略地位的提升，对珠三角城市群结构优化和走向成熟具有重要意义。多年来，在深圳、汕尾两市的共同努力下，深港产业新城成为区域发展的"热点、亮点、高点"，国际一流的科技创新转化高地、全国区域合作及新型产业转移的示范、大珠三角重要的新兴滨海宜居宜业城市、深港科技创新的重要引擎。

当前中国经济正处于"保增长、调结构"的关键时期，沿海发达地区的许多城市都面临经济增长方式转变、产业升级换代的问题，对汕尾的研究具有很强的现实意义。汕尾的发展是借助独特的地缘优势，敢于尝试发展"飞地联姻"，突破行政区划限制，借势深圳市的优势资源和要素，紧抓机遇，通过理念创新和制度创新，实现产业转移、生产要素互补和高效利用，实现地区跨越式发展，摆脱落后局面。未来，区域发展可以借鉴"飞地经济"发展模式，探索发展"倒飞地"或"逆飞地"的发展模式，实现区域资源优势互补、基础设施共享、经济收益提升，打造互利共赢的区域经济发展新引擎，开辟经济发展新路径。

九、泛华县域经济新型城镇化发展创新模式

泛华集团基于 30 年来在 600 多个中小城市和县域的创新实践与理论集成，结合新型城镇化、数字经济、乡村振兴、生态文明建设等国家重大战略，不断丰富创新县域经济新型城镇化发展模式，以人为本、以民为重，将"富民、惠民、安民"作为基本原则，以系统规划理念、金融创新理念、区域开发理念和开发模式创新、城市运营与管理模式创新"四维驱动"，以市场化、个性化、产业化、信息化、生态化"五化引导"，以边缘开发引领发展模式、特色经济带动的动力模式，打造城乡联结体，以新区建设、市场建设、制度建设为抓手，以"产城融合、模式创新的工业园区建设""全国布局、信息化、电商化的商贸功能区建设""与文化园旅游同和的现代农业产业园区建设"为城乡融合发展的引擎，构建城镇化系统规划体系、城镇化建设运营体系、特色产业发展体系、新型农业经营体系，助力县域经济高质量发展。

（一）以顶层设计统一思想，统一县域作战蓝图

县域发展普遍存在着诸如与重大国家战略机遇存在一定偏差、总体定位不明晰、重点发展方向不确定、产业体系不完整、配套设施不完善等诸多问题，已编制完成的各层次规划在实施过程中，也存在着规划之间相互矛盾、实施困难、无法落地等实际问题，缺乏统筹、协调、系统性的规划统领。核心引领的缺失，也致使城市风貌特色不突出，重大项目建设品位低端，导致县域建设存在诸多部门联动不足，"九龙治水"现象严重，最后出现项目建设困难重重、难以有效落地的现实问题。需要系统谋划，以

战略视角、系统思维，研究地方各种资源禀赋，编制顶层设计，制定发展路径。

编制顶层设计的目的是站在发展和创新角度，统筹战略、产业、空间、重大项目、投融资、招商运营等系统性全过程与环节，为政府决策提供技术支撑，为地方政府制定一套可指导地方经济社会工作的发展蓝图与行动纲领，统一全县作战思想，以长远的目光看待城市建设，为未来的高质量发展厘清思路，导出近远期重大项目，明确近期建设重点，并做好金融实施路径，重塑发展动能、优化发展模式，构建具有地域特色的新型城镇化发展路径，引领县域经济的高质量、高水平发展。

（二）以系统规划服务城市建设，保障重大项目落地

发挥泛华集团平台优势和多专业技术集成优势，充分解放思想、创新思维，以全局性眼光、系统性思路，以问题和目标双导向，创新工作方法、转变工作思路，以"规划设计引领、项目落实为王"的路径，实现对"规划、建设、运营、治理"的全过程管控，系统性开展国土空间规划、城市设计、控制性详细规划、修建性详细规划、专项规划、乡村规划、重点建筑设计、景观设计、生态设计、可行性研究咨询等系统化专业技术服务，一张蓝图绘到底，一任接着一任干，持续性和长期性地为城市建设提供策划、规划、设计、施工、建设、金融、工程管理、运营等系统性全过程的菜单式技术咨询和设计服务，系统性指导重大项目快速落地，保证规划的高质量实施。

在统一思想认识，确定城市战略发展路径和目标，确定城市战略空间布局的基础上，深入挖掘和激活城市表内资源与表外资源，以城市经营理念，统筹重大项目前期策划、资源导入、方案设计、建设资源对接、项目管理（监理）等全过程技术咨询服务，统筹文化、生态、产业、空间等要素，系统谋划新业态、包装重大项目，打造具有地方特色、地方风貌的城市建设品牌，推动规划理念和政策的高度一致，增强规划主管部门对城市品质的整体把控，在保证城市整体风貌基础上，有序推进各类项目的落地实施。

从技术层面和城市总体发展设想层面保障重大项目快速落地。

（三）构建发展生态平台，助力县域经济生态重塑

泛华集团以系统化、全过程思维模式，在长期服务城市建设过程中，集聚行业、学术、产业、金融、政府等资源，搭建了行业组织、政府机构、产业机构、金融机构、技术机构、咨询机构、建设机构、国际组织等广泛的联盟平台，全面推动城市发展。

以设计为引领，充分挖掘和整合地方资源价值，发现新需求、对接新市场，进行资产打包，发挥平台资源优势，构建"甲乙丙丁＋政府"的创新生态体系，联动政府协同推进地方招商引资。以规划为引领，整合引入企业、金融等社会资源，共同推进项目的投资、建设及运营，制定切实可行的项目实施计划，分阶段有序推进项目的实施和管理，进行区域产业生态体系的搭建，形成多层次、多元化的主题投资品，为地方城市的投资融资、建设管理、运营与增值服务等方面提供系统解决方案。

（四）探索县域高质量发展模式，重构县域发展新格局

1. 构建"四生理念、四化融合、四层结构"的新型城镇化价值体系

将"生命、生产、生活、生态"的"四生"理念和"工业化为动力、农业化为基础、新型城镇化为载体、信息化为手段"的"新四化"高度融合，充分融入"县城—重点镇——一般镇—美丽乡村"县域四层结构的新型城镇化体系之中，推进新型城镇化的产业兴城、以城促产、产城一体、智慧生态、城乡统筹、创新驱动、文化提升和可持续发展，走一条集约型、内涵式和创新驱动的城镇化发展道路。以乡村振兴、城市更新、产业园区开发为载体，以重大项目为抓手，以资源整合、要素集聚为平台，以产业为支点，以金融创新为翅膀，以信息化为手段，系统创新、产业联动，重构县域城镇化发展政治、经济、人文生态系统。用系统思维的理念，带动新型

城镇化的智慧发展、智慧建设、智慧运营和管理。

2. 以 EOD 模式为抓手，将生态文明理念融入新型城镇化全过程

紧扣县域发展战略，围绕流域防洪治理、矿山生态修复等生态环境治理突出问题，结合县域特色产业、生态和文化旅游资源，将生态环境治理与产业发展有机融合，探索生态产品价值转换方式与途径，强化产业的绿色化低碳化转型，构建生态环境治理与产业发展的反哺机制和长效运营机制，形成生态产业化和产业生态化的县域产业体系，践行"生态治理产业化、产业发展绿色化"的 EOD 试点要求，树立以 EOD 模式为抓手的县域经济绿色转型发展示范。同时，构建生态导向的县城空间格局，形成山体、森林、水系、自然保护区、交通廊道、市政廊道融合的山水田园县城，从生态城镇规划、绿色空间设计、城市建设工程、产业选择到城镇绿色低碳生活，全生命周期建设绿色低碳城镇，构建和谐的区域创新生态体系。

3. 打通"312"或"321"产业路径，推动产业融合发展

聚焦地方特色优势单品，围绕单品的规模化、集约化、绿色化、标准化、品牌化发展，把小产品打造成为大产业。找准产业链关键环节和链主企业，组织科技研发、育种育苗、生产加工、保鲜仓储、冷链物流、品牌推广、交易结算等各类经营主体，联农带农，构建产业生态，带动全产业链协同发展。通过科创与品牌双轮驱动，围绕项目形成"点—线—面—体"的科技创新场景体系，挖掘文脉、打通商脉，通过创意设计塑造彰显地方文化 IP 的产品品牌，撬动全产业链全要素城乡贯通。充分发挥农业的食品保障功能、生态涵养功能、休闲体验功能、文化传承功能，需求侧与供给侧双向发力，推动产业链、供应链、创新链和价值链融合，整体拉升产业微笑曲线，推动地方经济高质量发展。

4. 创新产业育城模式，重塑区域发展新动能

围绕地方主导产业或特色产业，线上通过数字化产业育城平台为地方

导入数字经济、创意设计、职业教育、科技创新、供应链金融等创新要素，线下融合地方特色产业体系，构建区域发展产业生态，打造线上线下相结合的产业园区和产业集群；赋能中小企业，通过全过程溯源、检验检测、品牌认证、数字供应链、5G 场景应用等，用数字经济的思维构建"一品一网一平台多基地"的平台经济、总部经济和结算经济，实现特色主导产业场景化应用创新，实现数字经济和实体经济融合发展；以产育城，以城育产，形成产业集群化、集群基地化、基地园区化、园区社区化、社区数字化、数字产业化、产业数字化，重塑地方产业生态，为地方发展注入新动能，推动地方经济快速高质量发展。

5. 打造全要素智慧生态产业示范区，实现区域高质量发展

构建现代基础设施体系建设，加大 5G、大数据、云计算等"数字新基建"的建设，并对传统基础设施进行智能化升级，促进新旧基础设施的高效连接，叠加、集成和融合县域的地理信息数据、区域能源数据、生态环境数据及水、电、交通、综合管廊设施运行状况等数据，形成县域的全要素数据中台和"智慧大脑"，赋能县域智慧治理、智慧交通、能碳管理、智慧应急等建设，提升县城的管理效率，推动县域智慧发展。积极落实和承载国家和省市相关部署，以重点项目为抓手，聚集高端要素，绿色协同、智慧引领、城乡融合、多维联动、创新集成、合力打造"全要素智慧产业示范区"，形成新空间、新场景，为县域经济社会高质量发展提供可持续发展新载体。

第三章
改革创新引智，统一作战蓝图

　　泛华集团独特的城市发展创新模式吸引了兰考县政府的高度关注，2014年兰考县委领导到泛华集团考察交流。2016年，时任兰考县委书记蔡松涛带领兰考主要领导班子成员再次莅临泛华集团，就兰考县新型城镇化建设、特色产业打造等方面进行深入沟通交流并达成合作协议，泛华集团董事长杨天举、副总裁罗云兵、设计院副院长张峰等一同参加了会谈。同年，泛华集团杨天举董事长应兰考县委县政府邀请率队前往兰考，对兰考县情县貌做了全面的考察，并做客"兰考讲堂"，为来自全县中层以上干部约600人做了题为《中国新型城镇化发展创新模式研究与实践》的报告。兰考县政府与泛华集团建立长期的全面战略合作伙伴关系，借力泛华智库，共同推进兰考县新型城镇化建设，打造区域经济增长极及新型城镇化示范区。

　　2016年至今，泛华集团与兰考县政府及各部门密切配合、通力合作，以习近平总书记调研兰考时的重要讲话精神为指导思想，切实践行习近平总书记视察指导工作时提出的"把强县和富民统一起来，把改革和发展结合起来，把城镇和乡村贯通起来"的县域治理"三起来"工作要求，派出专业团队驻场兰考，深入参与兰考城市发展建设，完成谋划、设计成果百余项，重点EPC工程项目十余项，实现从顶层设计到产业规划、国土空间规划、城市设计、城市更新等专项规划、单体设计、工程项目实施的无缝衔接，为兰考县的发展提供了多元、有效、即时的支持及技术服务，为打造宜居宜业、绿色生态的新兰考贡献了泛华力量。

　　泛华集团从顶层设计入手，深入挖掘兰考资源禀赋、产业要素的经济价值、区域价值、战略价值，谋划兰考创新发展路径、寻找动力源、培育新载体、打造增长极，推动兰考将政策优势、资源优势变成产业优势、功能优势、价值优势，深入研究体制机制创新和示范创新，以设计为手段、创新为引领，引导兰考县各级职能部门解放思想、创新思想、统一思想，培育战略思维、系统思维、创新思维、在地思维、价值思维、项目思维，共谋高质量发展，完善兰考科学的发展路径和经济作战地图，为兰考县域发展提供了专业的系统化解决方案。

一、谋划战略势能

战略谋划强调从大局着眼、全局出发、立足长远，是总纲，是灵魂，通过分析国家战略、政策环境、发展格局，深入研究城市发展环境、资源、竞争、市场、产业、土地及发展空间等要素，创造性地利用外部环境机遇、自身比较优势及可整合的外部资源，以全球化的视角、严密的逻辑分析，形成具有前瞻性、高度科学、准确的发展定位与目标，并从政策、策略、产业、功能、项目、空间布局等多方面形成战略实施的支撑体系。

泛华集团依托中国城市发展创新模式，对兰考的发展提出了顶层设计和系统谋划，以兰考为立足点，理解城市发展使命、主动对接国家战略，以"跳出兰考看兰考、站在月球看地球"的视角深入分析兰考及其周边地区的政治、经济、民生、生态环境和市场竞争格局，结合兰考特色资源禀赋发挥比较优势，在"有中变优"的基础上创造"无中生有"的机会，找出适合兰考地方特色的全要素聚集的产业生态系统和产业发展路径，形成内生动力，通过结构化金融增强自身造血机能，实现兰考跨越式可持续发展。通过孵化具体的撬动性项目和制定资金支持方案，将产业、土地、项目和金融有机结合，"以点带面"有计划有步骤地促进城乡一体、和谐共生，形成区域经济发展的系统作战地图和实施操作方案。

（一）发展愿景

1. 创建党的治国理政、县域科学发展示范点

以系统规划实现顶层设计和制度创新，统一系统发展纲领与蓝图，将

兰考的城市发展愿景确定为创建党的治国理政、县域科学发展的示范点。从政治建设、经济建设、文化建设、社会建设和生态文明建设五个层面，共同推进兰考创建改革发展和党的建设综合试验示范县（图 3-1）。

图 3-1　兰考城市发展愿景

2. 城市名片点亮愿景画面

融合焦裕禄精神、黄河生态、文化传承等兰考特色元素，形成"焦桐花开、拼搏之城——开放的兰考欢迎您！"这张富有魅力的城市名片，对于提升城市形象、促进城市发展有着特殊意义。2016 年，兰考率先"摘帽"脱贫，兰考人民奋力拼搏，用创业、置业和兴业，创造兰考人民的美好生活，最终实现利益共享、各方共赢的兰考之美。黄河长歌，千年流淌，兰考有着丰富的帝王、领袖文化资源，作为习近平总书记的联系点，更拥有"海纳百川"的开放胸怀，通过开放的思想，创新的方法和模式，建设美丽兰考。

3. 打造郑东门户核心发展区

兰考县是河南省直管县，是焦裕禄精神发源地、全国知名红色文化名城和中原经济区新兴战略支点，是河南省"一极两圈三层"中"半小时交通圈"的重要组成部分，位于河南和山东两省交界处，是河南省向山东联系的重要的东西向交通通道。充分发挥兰考县区位交通优势和政治优势、区域比较优势及后发优势,借力郑汴同城化战略优势及郑州市向东辐射力,坚持以资源聚集力为基点、以产业聚集力为核心、以基础设施建设为支撑、以金融聚集为翅膀,形成集资源、产业、基础设施与空间的多层次聚合递进效应,形成热土现象、洼地效应,全面提升兰考城市聚集力,打造区域资源要素聚集高地,提升兰考县产业能级和品牌能级,打造郑州市东大门的发展核心区。

(二)战略定位

在兰考县域发展顶层设计中,战略定位是谋好局的重要开篇。本着"以人为本、联动内外、绿色创新、系统跨越"的发展原则,以总的治国理政方针——"一条主线、两个百年目标、三个价值引领、四个全面、五大发展理念"为引领,立足兰考区位优势、人文优势、政策优势、资源优势及生态优势等自身基础,通过要素驱动向战略驱动、创新驱动并举的战略模式转变,承载兰考建设"党的治国理政、县域科学发展的示范点"的发展愿景,提出兰考五大战略定位。

1. 中原特色产业示范区

围绕"强化主导、链群发展,突出功能、抢占高端"的产业发展理念,面向国际国内两个市场,主动承接东部发达地区产业转移,积极融入郑汴洛一体化,有效联动鲁西经济隆起带,做强新型木业、新型农业及战略性新兴产业三大主导产业,做优文化旅游、高端服务及基础性服务三大配套产业,实现产业链集群化、高端化、集约化发展,优化兰考产业结构、提升区域产业层级,创建中原特色产业示范区。

2. 城乡统筹协调示范区

紧密围绕"城乡贯通"指示,实施"生态引领"战略,按照"望得见山,看得见水，藏得住乡愁"原则，探索"城乡建设统筹化、城乡服务均衡化、城乡风貌和谐化"的发展路径，打造城乡统筹协调示范区，形成兰考城乡可持续发展模式。

3. 文化自信发展示范区

彰显区域人文特色，通过挖掘文脉，打通商脉，梳理文化，打造载体，加强对物质文化遗产的保护、修复和对非物质文化遗产的传承，增强区域文化身份认同，提升内在凝聚力和居民敬畏历史、认识自身、获得身份的认同和归属感。发挥文化经济和产业属性，推动文化从事业走向产业，拓展和延伸文化产业链条，创建文化自信发展示范区。

4. 生态文明建设示范区

遵循"山水林田湖是一个生命共同体"重要理念，构建以"水网、林地、农田"为依托的城乡生态安全格局，统一保护和修复，打造生态文明建设示范区；以"数字＋"为手段，将智慧服务渗透到城乡建设和管理的各个领域，建设绿色节能城市，塑造城乡特色风貌。

5. 体制模式创新示范区

作为党的群众路线教育实践活动联系点、省直管县和综合示范试验县，梳理挖掘中央、省级各项政策支持，坚持深化改革、先行先试的原则，推进法治建设，提高科技创新能力，创新投融资机制，改革农村产权机制，健全社会信用体系，优化县域发展环境，以制度、政策、平台作保障，将兰考县建设成为机制体制改革的先行者，体制模式创新示范区。

（三）战略举措

根据兰考未来五大发展定位，结合"创建党的治国理政、县域科学发展的示范点"的发展愿景，由资源驱动向战略驱动、创新驱动并举转变。

从重构动能架构、建设城乡载体及拉动体制创新三个战略举措，实现兰考跨越式可持续发展（图 3-2 ）。

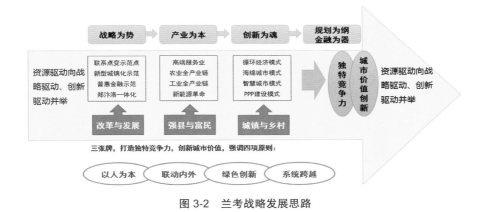

图 3-2 兰考战略发展思路

1. 资源驱动，重构动能架构——把强县与富民统一起来

以自然资源、农业资源、土地资源、政治资源等为驱动要素，凭借农业禀赋资源换取市场和技术，成为新型资源型工业高地，进而带动生产性服务业、生活性服务业、城镇化和农业发展，形成良性循环的产业体系，构建"2121"特色产业体系，打造区域全要素聚集平台，实现"四化同步的新型工业化之城、郑汴洛新兴经济增长极"的目标。形成以特色产业服务引领带动新型农业、新型木业、新能源产城融合发展的产业路径，以全产业链、循环经济、产城融合模式，构建兰考特色产业生态系统，打造中原特色产业示范、文化自信发展示范和城乡统筹发展示范。

2. 战略驱动，建设城乡载体——把城镇与乡村贯通起来

以国家层面、区域层面、省域层面的战略、政策、制度等为驱动要素，借势国家"一带一路"、中部崛起发展规划、中原经济区规划，打造开放型政策与制度高地，推动全域统筹协调发展、建设生态绿色新型城市，实现"区域要素聚集中心，区域副中心城市"的目标。以"统筹协调，生态智慧"为引领，建设城乡发展载体。实施"生态引领"战略，按照"望得见山，

看得见水，藏得住乡愁"的原则，探索"城乡建设统筹化、城乡服务均衡化、城乡风貌和谐化"的发展路径，形成具有兰考特色的城乡可持续发展模式。

3. 创新驱动，拉动体制创新——把改革与发展结合起来

以资本、市场、产品、服务、科技、人文等为驱动要素，以兰考为中心，形成产品、服务及市场等生产要素集聚，推动展示、交易、结算、物流、旅游、商业、商务等服务全面提升，大力推进科技创新及文化自信，发挥创新对经济的核心拉动作用，强化城市建设运营效能、创新县域治理体制机制，实现"普惠金融改革试验区、郑汴洛产业创新中心"的目标。把改革与发展结合起来，创建改革、开放的兰考标准，在新常态、供给侧结构性改革的大背景下，创新驱动，净化政治生态，全面推进依法治国，解决体制机制模式问题，进行路径创新和系统制度保障，推进开发、建设、运营、金融等创新式发展、蓝图式发展。

二、重塑动能架构

产业是支撑城市发展的核心要素，产业发展是当前县域经济最紧迫最艰巨的任务。重塑兰考发展动能架构，把强县和富民结合起来，把产业的宏观、中观、微观联系起来，深入研究产业价值、产业引力、集群构建、产业政策、产业关联、产业组织、龙头企业、带动性项目等重要节点，促进产业经济高质量发展，实现地区新旧发展动能的转变。

（一）构建特色产业体系

兰考产业发展和我国大多数县域的产业发展现状类似，产业层次较低，链条较短，支撑力不强、品牌效益不大，三次产业结构不优。基于兰考县在家居制造及木制品加工、食品及农副产品深加工、乐器制造、

畜牧养殖等产业方面具有一定优势，提出针对性发展思路，塑造兰考产业发展新动能。

1. 以"321"产业发展路径重塑兰考动能架构

摆脱被动地接受东南沿海高能耗、高污染等产业梯度转移的发展思路，兰考产业发展充分依托和融入中原城市群，实施"服务引领"战略，建设产业创新发展中心和全要素集聚平台，以区域畜牧业、高端木制品的品牌打造为基础，打造区域的要素市场，构建地方的结算经济，实现买全国、卖全国的交易结算，形成区域的交易中心、品牌中心、认证中心、检测溯源中心、价格形成中心，推动农产品加工、家居制造等第二产业发展，带动第一产业规模化经营和效率的提升，走一条以特色产业服务引领带动新型农业、新型木业、新能源产业，以全产业链、循环经济、产城融合模式的"321"产业发展路径，构建兰考特色产业生态系统，打造中原特色产业示范、文化自信发展示范和城乡统筹示范（图 3-3）。

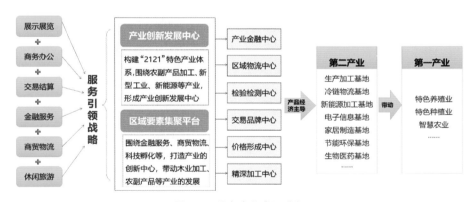

图 3-3　兰考产业发展路径

2. 优体系、调结构，构建"2121"特色产业体系

兰考在产业体系构建上，通过优体系、调结构，围绕"强化主导、链群发展；突出功能、抢占高端"的产业发展理念，以开放与跨区域合作的理念，推动工业发展走上产业链集群、城乡统筹、区域联动的产业发展路

径，构建科技研发创新、产业基金、人才交流与招商服务四大产业发展平台，推动产业发展与科技创新、互联网加速融合，拓展兰考产业发展新空间。面向国际国内两个市场，主动承接东部发达地区产业转移，积极融入郑汴洛一体化，有效联动鲁西经济隆起带，做强新型工业、新型农业及战略性新兴产业三大主导产业，做优文化旅游、高端服务及基础性服务三大配套产业，实现产业链条化、集群化、高端化、集约化发展，优化兰考产业结构、提升区域产业层级。

以全产业链模式、智慧城市发展模式、循环经济发展模式贯穿"2+1"主导产业，以"融合+"模式，楼宇经济模式贯穿"2+1"配套产业，构建"2121"特色产业体系（图3-4）。

图 3-4　兰考产业体系

（二）做强"2+1"主导产业

从特色循环经济带动新型农业发展、木业全产业链带动新型工业发展及以新能源革命引领战略性新兴产业发展三个方面，做强"2+1"主导产业。

1. 特色循环经济带动新型农业发展

构建农林牧渔复合经营＋畜牧业全产业链的循环经济模式，以畜牧业全产业链（饲料生产—鸡鸭牛羊驴养殖—屠宰—加工—冷链物流—产品销售交易）带动兰考全域范围内实现农、林、牧、渔有机融合。

统筹农业全域空间布局，以核心龙头企业带动，形成生态种养基地、加工基地、农产品贸易基地，构建农副产品加工全产业链体系，实现农业产业集群化，集群基地化，基地园区化，园区社区化，以农业现代化支撑兰考新型城镇化发展。

构建"县城电子商务平台—乡镇专业市场—村庄农业合作社"三级智慧农业服务体系。重点建设特色农产品专业市场和特色农产品市场信息平台，搞好特色农产品产销衔接，促进特色农产品流通，实现产品增值和产业增效。

加强特色农业品牌建设，提升附加值。通过自主创新、品牌经营、创建地理标志、商标注册、专利申请等手段促进资源优势转化品牌优势。

打造以"物联网、流通网、综合服务网"三网覆盖，以科研、创业、商务、培训、金融等为核心功能，以商贸展示、休闲农业、现代农业示范区、农产品加工为功能配套，多个特色农业种殖养殖基地为支撑的"一核四片区、多基地"体系。

2. 木业全产业链带动新型工业发展

焦裕禄在兰考县用泡桐治沙、防风，重建了兰考县的生态环境，带给了兰考人民幸福生活的生态环境基础，同时也留下了泡桐这一宝贵的生态资源。充分挖掘泡桐生态资源价值，推动生态资源变资产、资产变资本、资本产业化，构建兰考现代绿色低碳循环工业体系，以泡桐为资源本底，有中生优，围绕家居制造及木制品加工，延伸以钢结构为主的现代装配式建筑产业，积极发展制造、施工厂房钢结构，多、高层钢结构，大跨度空间钢结构，钢结构住宅，绿色建材等钢结构产品；响应国家乡村振兴号召，积极引入以乡村建筑、乡村公共服务设施等为主的多层钢结构产品生产企业，坚持房建产业系统化建设规模化、集群化、链条化、精深化、高端化、品牌化的发展方向，融入区域产业发展大格局。

创新发展路径，推动产业转型升级、提质增效发展。兰考工业发展必须围绕主导产业延链、补链的集群化发展需要，推动工业走上产业链集群化、城乡统筹、区域联动、大园区撬动、大企业拉动、大项目带动的良性发展轨道。

做好"延链、补链"工程，构建新型木业全产业链体系。以产业融合发展为引领，着力构建从木制品原材料种植、上游中低端加工、中高端制造，到物流集散、展示展览、结算交易的家居制造及木制品加工全产业链，实现产业链条式、集群化发展。

3. 以新能源革命引领战略性新兴产业发展

业态上快速突破、技术上先进引领，以平台优势对接资源，无中生有打造中国新能源产业发展示范基地。遵循能源发展"四个革命、一个合作"的战略思想，顺应能源发展趋势，结合兰考能源资源实际情况，满足兰考经济社会发展和民生需求。

多措并举、示范牵引建设中国农村新能源革命示范县。以智慧能源系统和分布式能源建设为抓手，构建"生物天然气+"的三级网络体系，实施"光伏+""风电+""地热+"系列工程，推进城乡垃圾无害化，强化低碳、零碳社区（乡村）示范。

紧紧把握全球新一轮科技革命和产业变革重大机遇，培育发展新动能，加快区域合作，积极推进生物医药、节能环保、电子信息等其他战略性新兴产业，着力培育龙头企业打造产业集群，为兰考率先全面建成小康社会提供强力支撑。

（三）做优 "2+1" 配套产业

以文化自信、精品线路、多业融合引领全域文化旅游发展、创新业态，多样化、特色化发展高端服务业及以人为本，精细化、品质化生活服务业三个方面，做优 "2+1" 配套产业。

1. 以文化自信、精品线路、多业融合引领全域文化旅游发展

以区域资源为基础、以文化自信为引领、以生态承载为本底、以旅游＋融合为主线，打造黄河生态休闲体验高地、中国红色文化与乡村旅游目的地。优化"一心一轴、两廊四组团"空间布局，构建以景区为核心吸引力、县城为旅游服务中心、乡镇村为旅游业态安放地的三级全域旅游体系。

建立旅游产业合作圈，积极加入区域旅游网络，重点连接河南省域精品游线。加强兰考县域"红、黄、绿"三级游线组织，即焦裕禄精神红色旅游线＋黄河主题游线＋绿色生态游线。推进文化旅游"融合＋"模式，形成"四大复合产业集群"，即提升红色文化产业、重点壮大休闲度假产业、提升兰考教育培训、鼓励发展乡村旅游产业。

2. 创新业态，多样化、特色化发展高端服务业

创新"融合＋"及楼宇经济等服务业发展模式，构建核心突出、结构合理、功能全面的现代服务业体系，重点加快金融服务、科技服务、智慧物流、高铁商务及电子商务五大领域发展。以促进兰考县产业转型升级的需求为导向，坚持创新、集群、升级的发展方向，围绕"两区"建设，推动生产性服务业向专业化和价值链高端延伸、生活性服务业向精细和高品质升级，增强兰考在豫东跨行政区域配置要素资源、服务生产生活功能。加快服务产品和服务模式创新，促进现代服务业与制造业、现代农业融合发展。

以普惠金融改革试验区为引领，打造豫东普惠金融服务中心。以国家级普惠金融改革试验区为引领，引进和培育各类金融机构，加强银企合作、政银合作，加快推动银行、证券等机构在兰考设立下沉服务中心，重点打造数字普惠金融小镇，大力发展互联网金融、普惠金融、农村互助金融、村镇银行、绿色金融、融资租赁、物流金融、非银金融等新业态，提升兰考融资能力。

创新驱动，培育创新主体，打造区域科技服务高地。围绕兰考县产业

结构调整和经济发展方式转变的重大需求，以兰考三农学院为龙头，引进知名高校与科研机构，打造科技创新平台，健全县域创新孵化体系，重点建设科技服务业示范基地、示范项目和示范企业的体系。重点发展科技研发设计业、科技成果转化业、创新创业服务业、科技信息服务业、科技金融服务业。

高铁＋互联网＋物流，依托高铁交通设施，建设智慧物流港，打造区域物流集散中心。借力郑州航空港、郑徐高铁、菏兰高铁（谋划建设），加强与郑州、商丘、菏泽、徐州等周边城市的物流业务合作，建设区域物流集散中心。推进大数据、物联网等技术在物流智能化管理中的应用，构建产业集聚区智慧物流平台，实现"互联网＋"与物流业的融合。重点发展物流总部、电商物流、保税仓储、跨境物流、综合贸易物流，规划建设智慧物流园区等。

以总部经济与商务为核心，打造中原经济区新兴商务中心。发挥区位、交通、政策、产业比较优势，适应兰考城市功能提升和旅游升级的需求，依托高铁站、焦裕禄学院、黄河文化等，重点发展商务服务、金融服务、区域中小企业总部、展示展览经济、休闲娱乐、咨询服务等以高铁为核心的商务服务业，打造中原经济区新兴区域商务中心。

以农特产品、木制品、新能源类为重点，形成线上线下互动发展格局，建设兰考电子商务体系。顺应"互联网＋"趋势，借势广和慧云总部搬迁至兰考，以电子商务创意创业园为龙头，打造兰考本地电子商务平台，形成"交易在兰考、结算在兰考"的兰考电子商务体系。重点发展农特产品电子商务、木制品电子商务、民族乐器电商平台等，形成线上线下互动发展格局。

3. 以人为本，精细化、品质化生活服务业

特色发展、高端发展，打造豫东地区的商业商贸服务中心。围绕支柱和优势产业，积极培育消费市场，发展城市核心商业区、城郊商业和乡镇商业中心，争取更多的新兴业态和知名品牌进驻兰考。深化电子商务应用，

改造提升传统商贸企业和专业化批发市场，不断完善时尚消费、文化娱乐、特色餐饮的服务功能。建设面向豫东地区的商业商贸服务中心，重点发展农村和农产品电子商务、大型购物中心、特色商业步行街、高铁站点商贸、社区商业等，积极发展连锁便利店、专业店等，创建代表兰考形象的集精品百货、专卖店、餐饮娱乐等于一体的购物天堂。建设专业市场，如农产品市场、家居商贸城等。

社区服务以人为本，打造兰考"15分钟居家生活圈"。以满足城乡社区居民多层次、多样化、个性化需求为根本出发点，把解决社区居民群众的基本物质文化需求作为首要任务，通过"互联网+"、新一代信息技术、物联网等，打造社区服务平台，重点发展社区保障服务、社区家庭服务、社区商贸服务、社区娱乐文体服务等，构建兰考一刻钟居家生活圈。

三、推进城乡融合

城市的空间形态、结构和资源既是战略的关键影响要素，也是战略分解和产业发展的载体。县域乡村振兴的载体建设是贯通城市与乡村发展的关键，城乡载体的建设应以促进社会资源和生产要素优化配置为重点，形成特色鲜明、错位发展、相互协调的城乡统筹发展格局。

（一）全域空间统筹

兰考县是城乡二元结构突出的地区，构建城乡载体要以基础设施、公共设施、特色小镇融会贯通全域城乡协调发展，通过全域空间布局优化，城镇体系构建，将基础设施、公共服务、特色小镇贯穿到城乡五级体系中，分类指导不同级别城镇发展，以破除"城乡二元"壁垒，推进城乡一体化发展，打造城乡统筹协调示范区。

1. 构建五级城乡体系，形成区域一体均衡发展

按照"产城（镇、村）相融、产业联动、一体发展"的理念，构建以县城为中心的"中心城区—副中心城区—重点乡镇——般乡镇—特色村"的五级"1—2—4—7—N"城乡体系，形成不同节点城镇错位发展、大基础设施逐级辐射、产业联动、城乡统筹的发展格局。通过中心城市带动全域发展，重点乡镇引领示范和提升聚集，带动一般乡镇发展，特色村作为体系的重点支撑（图 3-5）。

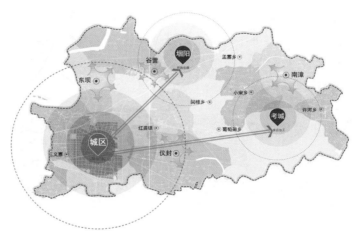

图 3-5　兰考"1—2—4—7—N"五级城乡体系辐射图

兰考中心城区是县域政治经济文化中心，主要发展装备制造、家居家具、纺织服装、农副产品深加工、商贸和旅游产业，通过中心城区带动全县经济社会的发展。考城、堌阳两个副中心城区是区域发展的平衡点及增长极，带动本镇和周边乡镇的发展。重点镇注重推进生态环境建设，加快完善路网、水网、电网，加强供气、供热、通信、排水、污水和垃圾处理等基础设施建设，推进镇域基础设施和环卫管理一体化，发掘和弘扬当地民居建筑风格，突出小城镇地域文化特色鼓励城乡推广应用"新技术、新材料、新能源、新工艺"，辐射一般镇，建设美丽乡村。

2. 打造全要素聚集的"县城—乡镇—村"结构布局

通过不同节点增长极培育，形成集聚带动效应，实现兰考以点串线、以线织面的聚集发展，点线面结合，提出在兰考打造全要素聚集的"县城—乡镇—村"结构布局。中心城区重点做好产业园区和服务中心规划建设，打造谷营民俗小镇、城区金融小镇、堌阳音乐小镇、考城玫瑰小镇、仪封国学小镇、三义寨兰仪小镇、南漳木业小镇、红庙养生小镇等特色产业小镇，推进考城镇宋集村、东坝头乡张庄村、孟寨乡孟寨村、焦裕禄"四面红旗"村（双杨树、秦寨、韩村、赵垛楼）等美丽乡村建设。

（二）基础设施一体化

以不断改善农民生产生活条件、提高农民生活质量为目标，加大对农村基础设施建设的投入，不断完善农村基础设施功能，加快推进城镇基础设施向农村延伸和覆盖，建成覆盖城乡的基础设施网络，实现兰考基础设施城乡共建、城乡联网、城乡共享。规划先行有序推进，统筹协调缩小差距，以点带面重点突破，政府主导创新机制，建立覆盖城乡、有机衔接的城乡基础设施规划系统；覆盖城乡、方便快捷的城乡道路交通系统；覆盖城乡、功能完备的城乡市政公用设施及管网系统；覆盖城乡、智慧高效的城乡信息化服务系统；覆盖城乡、规范专业的城乡环境管理系统。

1. 建设多层次一体化的城乡道路交通体系

坚持"全面小康、交通先行"的服务宗旨，建设整体性、通达性和共享性良好的"区域—县—镇—村"多层次一体化的城乡道路交通体系，将兰考建成河南省通往鲁西南地区的区域性交通枢纽。

重点推进县域"四横六纵"骨干道路网建设，推进国省干线调整、农村公路建设、智慧交通服务。构建"区域—县—镇—村"四级交通一体化集散系统，实施"交通＋商业＋景观＋信息"新型交通枢纽模式。构建以"干线公交＋支线公交"为骨架的公共交通网络，建立"城区公交枢纽＋城乡换乘枢纽"的完整体系（图3-6）。

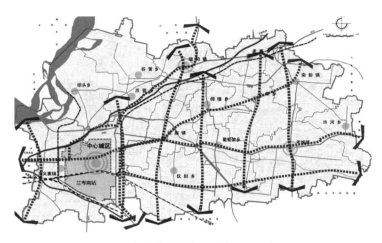

图 3-6　全域城乡道路交通体系规划布局图

2. 建设城乡一体功能完备的市政基础设施体系

高标准编制全域规划，完善覆盖城乡全域的市政公用设施及管网建设规划；重点加强乡镇基础设施规划建设，不断提高基础设施的承载能力和覆盖率，建设城乡一体、功能完备的市政基础设施体系（图3-7）。

水资源配置与供排水一体化。积极推进引黄调蓄、城镇供水保障、农村饮用水安全、再生水利用等建设，完善中心城区排水防涝工程设施，加大村镇排水防涝设施建设力度。

能源开发与市政建设一体化。坚持"因地制宜、多能互补、综合利用、讲求实效"，加快农村电网升级改造，大力发展可再生资源，保障城乡能源供给。

智慧城市建设与通信设施一体化。以"三融四化、智慧搭建、覆盖城乡"为指导路径，建设通信、邮政、电视、政务等一体化的信息网，构建数字化、宽带化、智能化、综合化的信息化基础设施，以促进电信、广电、计算机网三网融合。

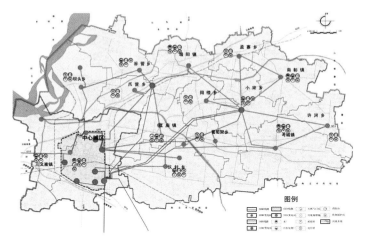

图 3-7　全域重要的基础设施规划布局图

环境保护与环卫设施一体化。以村庄"四改两集中"为主加强村庄人居环境治理，加快生活垃圾处理场建设和升级改造，加强环卫新技术、新工艺、新设备推广应用。

（三）公共服务一体化

构建分布合理、功能完善、城乡全覆盖的基本公共服务体系，促进基本类公共服务均等化，创造"兰考特色"公共服务品牌。统筹基本教育、医疗卫生、基本养老、文化体育等基本类和健康养老、教育培训、文化服务等延伸类公共服务，实现公共服务一体化（图 3-8）。

1. 推进建设覆盖城乡、服务均等的城乡基本公共服务系统

以"完善结构、构筑网络；分级布置、合理利用；缩小差距、城乡一体；以人为本、服务三圈（健康、休闲、生活）"为发展原则，推进建设覆盖城乡、服务均等的城乡基本公共服务系统。

"办好每一所家门口的学校"，推进城乡基础教育均衡发展。以服务半径和服务人口为依据，完善基层基础医疗服务网络，优化城乡医疗卫生资

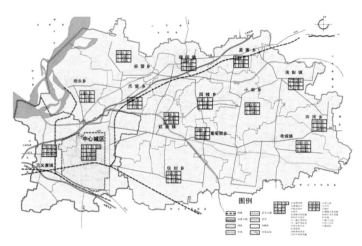

图 3-8　全域公共服务设施规划布局图

源合理布局。提倡涵盖养老服务供给体系、保障体系、政策支撑体系、需求评估体系、行业监管体系"五位一体"的社会养老服务体系，提高农村养老服务水平。城乡公益性文化信息服务全面有效均等覆盖，构建城乡一体的现代公共文化体育服务体系。

2. 依托兰考文化、结合特色产业，发展延伸类公共服务体系

以"因地制宜，凸显特色，产城融合，服务升级"为理念，依托兰考文化，结合特色产业，利用兰考教育资源，发展"医养结合、产教融合、文旅融合"的延伸类公共服务体系，创造"兰考特色"公共服务品牌，提升城市品质。

医养结合，打造"县—镇—村"总分健康服务中心体系；推动慢性病综合防治试点及健康养老社区建设，发展特色医疗与养老；建立智慧医疗服务试点，发展智慧医疗服务。

产教融合，围绕党性教育、职能培训和双创培训，打造以开放式的全新现代职业教育理念为核心、以文化为魂、以产业为本的集职业教育、技能培训、党的教育、创新创业为一体的兰考现代职业教育改革创新示范基地。

文旅融合，以焦裕禄求真务实、真抓实干精神文化为核心，打造"兰

考文化交流中心",构筑兰考文化品牌。推进特色小镇和美丽乡村文化建设,加强农村非物质文化遗产的挖掘、传承和利用。

四、创新体制模式

在推进改革与发展的进程中,最大难点在县域,重点和着力点也在县域。因此,县域是中国改革与发展的主战场,推进县域发展和改革高度融合,通过改革为发展提供强劲的动力,关键在于体制模式的创新。在兰考顶层设计中,泛华提出在县域治理、行政管理、人才、金融、土地、户籍、城乡一体和公共保障的一系列机制体制的创新,形成促进兰考产业发展的体制模式创新,释放生产力,坚持用发展的成果促改革,让全县人民共享改革发展成果(图 3-9)。

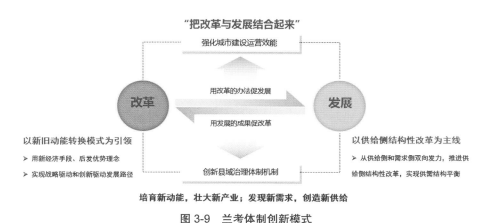

图 3-9 兰考体制创新模式

(一)强化城市建设运营效能

创新驱动、效能升级,强化城市建设运营效能。在开发运营、招商引资、投融资体系、产业基金、科技平台方面重点突破,以"惠民"为根本,以"兴业"为核心,以"强政"为手段,搭建更加精细化、智能化和人性化的管理模式，推进城市建设运营可持续发展（图 3-10）。

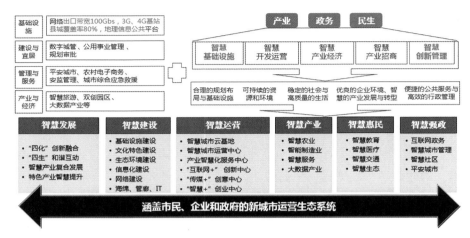

图 3-10　城市智慧运营系统

1. 创新城市运营体系，强化战略运营及产品运营

以"文化搭台、产业唱戏、金融支撑、项目落地、土地增值"为主线，由兰考政府引入开发性金融主导城市战略运营，由市场（企业）引入商业性金融主导城市产品运营，共同推进城市创新服务，通过完善规划体系和开发性金融体系，提升兰考综合竞争力，提高城市空间绩效，共享兰考城市发展红利（图 3-11）。

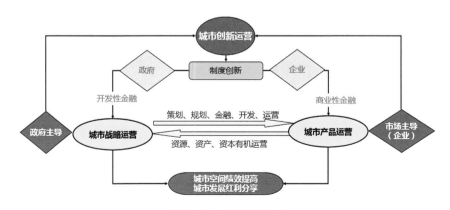

图 3-11　城市运营体系

2. 引入完善信用体系，创新开展产城融合 PPP 模式

衔接政府和市场信用，以战略、产业、空间、重点项目为引导，充分结合城市资源，构建以开发性金融为主导的产城融合投融资创新模式，通过产业金融创新推动特色产业发展，完善城市投融资体系，重点完善农投、城投、文投、水投等融资平台，并解决区域的基础设施配套建设及产业基地建设，通过开发建设、运营与管理，进而提升城市运营价值。运作兰考黄河铜瓦厢旅游度假区、零碳乡村、玫瑰小镇、音乐小镇、家居小镇、金融小镇部分基础设施 PPP 项目试点。

3. 放大搞活产业基金，推动各类资源要素集聚发展

围绕兰考"2+1"主导产业，创建兰考特色产业基金，通过产业基金不同层面的参与实现对特色产业的投资、生产、运营、交易等核心环节的撬动和把控，推动产业发展的金融破题。围绕"2121"特色产业体系，探索建立以"产业基金管理公司 + 政府先导投资 + 产业投资人 + 金融机构"的产业基金机构，积极开展以"特色产业孵化、行业资源整合、要素中心投资"为核心的产业基金投资运营，加快建立木业、农业、新能源、旅游、教育培训五大特色产业基金。

4. 建设科技创新载体，打造兰考协同创新体系

围绕"打通四层科技创新结构（以企业为主体的技术创新载体、以园区为主体的科技研发载体、以产业集聚区为核心的科技孵化载体及以产学研合作为依托的科技转化应用载体），打造六大科技创新平台（科技研发平台、科技合作平台、科技孵化平台、科技服务平台、科技金融平台、科技人才平台），构建三大产业（循环、家居、农业）创新体系"，为推动兰考主导产业转型升级、战略性新兴产业做大做强和"创新兰考"建设提供强力支持。在科技创新层面大力推动智慧城市发展,建设智慧兰考体验馆,打造云服务兰考区域中心。

5. 构建"双创"支撑平台，增强城市运营新动能

以构建创业创新结构体系、优化创业创新孵化环境、强化创业创新人才保障为重点，兰考着力打造"一中心（兰考创新中心）、四大基地（兰考创业实训基地、兰考创业孵化基地、兰考返乡创业基地、兰考创业教育实践基地）"，推动兰考县域经济转型发展，增强城市运营新动能。政府出台鼓励"双创"的政策举措、社会打造支持"双创"的文化氛围、企业搭建发展"双创"的共享平台、校园营造培育"双创"的教育摇篮、劳动者萌发勇于创业的干劲。推进行政改革，优化创业政务环境；完善市场机制，优化创业市场环境；强化政策扶持，优化创业政策环境；健全服务体系，优化创业服务环境；增强文化认同，优化创业文化环境。培养自主创新能力的青年人才、建设基层专业技术人才队伍、建立兰考优秀企业家培养制度、建立鼓励创新的人才政策、完善创新性技能人才评价制度。

（二）创新县域治理体制机制

作为党的群众路线教育实践活动联系点、省直管县和综合示范试验县，梳理挖掘中央、省级各项政策支持，坚持深化改革、先行先试的原则，推进法治建设，创新投融资机制，改革农村产权机制，健全社会信用体系，优化县域发展环境，以制度、政策、平台做保障，将兰考县建设成为机制体制改革的先行者（图 3-12）。

1. 加大协调对接力度，积极争取上级支持

积极争取中央和省级在政策、资金和项目上加大对兰考的支持，对推动兰考率先脱贫奔小康和加快综合改革示范县建设有着积极的意义。争取大别山革命老区振兴、中部崛起等相关政策，争取特色小镇建设政策、国家交通＋特色产业扶贫政策支持及国家林业和草原局 PPP 项目政策等。争取国家预算资金、开发银行资金等；列入省市重点项目资金扶持；本级

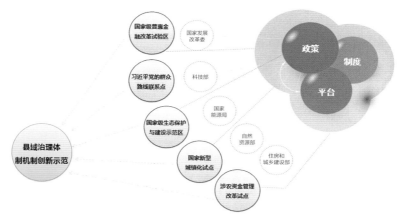

图 3-12 县域治理体制机制创新示范

财政优先保障资金及 PPP 项目入库资金配套。申报国家特色小镇、特色产业创新发展示范区、国家级普惠金融改革试验示范区、农业现代化投资综合试点、生态文明建设示范县、国家可持续发展示范区、新型工业化产业示范基地、循环经济示范城市（县）。

2. 节约集约用地，创新城乡建设用地空间配置

落实最严格的耕地保护制度和集约节约用地制度，发挥市场配置的决定性作用，按照"管住总量、严控增量、盘活存量"的原则，以协调资源保护、空间保障和人地和谐为目标，创新土地管理制度。

完善城乡建设用地空间配置新机制。积极推进城乡建设用地增减挂钩试点，扩大增减挂钩范围，探索跨区域的省域范围内用地增减挂钩试点，促进城乡用地结构更合理、布局更优化。加强农村土地综合整治，统筹安排新农村建设各项指标。完善新增建设用地保障机制，将年度新增建设用地计划指标确定一定比例用于支持特色小镇、田园综合体、新能源、文化旅游、高端服务业的发展。

健全节约集约用地制度。适当提高产业集聚区、木业加工区等产业园区项目土地产出率和容积率门槛，探索实行长期租赁、先租后让、租让结合的产业用地供应制度，强化工程建设项目用地标准控制。研究制定盘活

利用现有城镇存量建设用地和低效利用地再开发的鼓励政策，在特色小镇建设过程中，建立健全规划统筹、政府引导、市场运作、公众参与、利益分享的城镇低效用地再开发激励约束机制。

深化国有建设用地有偿使用制度改革。扩大国有土地有偿使用范围，逐步对经营性基础设施和社会事业用地，如医养结合疗养院、职业教育培训等实行有偿使用，逐步减少非公益性项目用地划拨。探索农林用地与城乡建设统筹协调和利益共享机制，鼓励企业以租赁方式使用国有建设用地。实行分期供地制度，对分期建设的大中型工业项目，实行整体规划、总量控制、分期供地、限期开发。

3. 深化集体产权制度改革，做好农村土地工作

深化农村集体产权制度改革，探索建立农业农村发展用地保障机制，积极支持土地入股、宅基换房、股份合作等多种土地流转方式盘活利用空闲农房和宅基地，尊重农民意愿，发展农村产业，增加农民收入，推进农业供给侧结构性改革。

深化集体产权制度改革。落实农村土地集体所有权、农户承包权、土地经营权"三权分置"办法。统筹协调推进农村土地征收、集体经营性建设用地入市、宅基地制度改革试点。大力推广"考城模式"，探索农村集体组织以出租、合作等方式盘活利用空闲农房及宅基地，增加农民财产性收入。

对开展农村土地制度改革试点、社会主义新农村建设、新型农村社区建设、土地整治和特色景观旅游名镇名村保护的地方，如考城玫瑰小镇、赵垛楼、黄河铜瓦厢旅游度假区等地，编制村土地利用规划，统筹安排各项土地利用活动，通过加强农村土地利用供给的精细化管理，推进农业供给侧结构性改革。

盘活集体建设用地和产业发展相结合。加大力度盘活存量建设用地，通过村庄整治、宅基地整理等节约的建设用地，采取入股、联营等方式，让农民充分参与和受益，探索"资源变资产、资产变股金、农民变股东"

模式。支持乡村休闲旅游养老等产业和农村三产融合发展，积极支持农产品冷链、初加工、休闲采摘、仓储等设施建设。

4. 促进人才引进，吸引人口集聚

全面放开中心城区、建制镇落户限制，逐步取消城乡户籍。加快推进"撤镇设街"，实行城市行政管理体制，以自愿、分类、有序，充分尊重农民意愿，推进城乡居民身份转变。建立健全农业转移人口市民化机制，实施居住证制度，推进农业转移人口享有城镇基本公共服务，积极探索解决留守老人与儿童之困。

通过建立引进高层次人才专项补助制度、创业创新人才资助制度、生活补助制度、住房保障制度、市政府特殊津贴专家制度、良好的人才激励机制及保障等机制，促进高层次人才引进。完善公共就业创业服务体系，建立促进就业长效机制，健全政策扶持、创业服务、创业培训三位一体的工作机制。大力支持兰考中心城区及考城、堌阳两个副中心城区创业型城镇建设，建立健全财税、金融、信贷、政府投资、重大项目、产业规划促进就业的机制。建立符合实际统一劳动力培训的就业机构和服务体系建设，实现中心城区、副中心城区、重点镇、一般乡镇（街道）、村（社区）五级人力资源市场信息网络互联。完善就业援助制度，建立动态援助、规范管理的长效机制，加强对城乡零就业家庭的就业援助。

5. 扩大社会保障覆盖面

着重推进农村社会保障体系。在推进农村社会养老保险工作中，重点由保费征缴及其宣传向加强受益宣传转变，从根本上提升农民投保意愿，提高县财政对农村社会养老保险参保人的年度补贴标准，并通过补贴标准与个人年度投保额的"捆绑"，形成鼓励选择高档缴费的激励机制，缩小新农合乡镇卫生院与县级医院医疗费用报销比例差距，使更多农民享受到相对优质的医疗资源和服务。拓宽城镇住房保障体系，建立覆盖全体城镇居民的住房保障体系。

第四章
脱贫攻坚战役，乡村振兴建设

打赢脱贫攻坚战，是乡村振兴的重要基础，是全面建成小康社会的底线任务。国家级贫困县兰考在这场战役中，以焦裕禄精神为指引，集聚特色产业精准扶贫，多维度的金融业务应用，不仅实现了当地精神扶贫和物质扶贫的双重收获，更为积极推动"乡村振兴战略"实施、解决中国"三农"问题进行了创新探索和实践。

乡村，是脱贫攻坚的主战场。兰考在乡村振兴的实践中，组合多种扶贫手段，展现了全新的风貌。兰考大力挖掘乡村文化，让悠久的兰考历史在新时期大放异彩，兴建大量乡村文化设施，并打造了全国著名的乡贤文化范本；兰考全力振兴乡村产业，提升了农业的生产能力，创造了"兰考三宝"特产品牌，开创了"三产"融合发展的创新模式；在文化和产业发展基础上，兰考推进乡村环境美化，建设美丽乡村，改善农民生活环境，让乡村与城市生产生活环境互联互通，开创绿色农业发展模式，引导绿色产业服务于绿色乡村环境建设。在脱贫攻坚胜利之后，兰考成为文化灿烂、产业兴旺、环境秀丽的美好家园！

一、脱贫攻坚

1966 年 2 月，由于时任新华社记者穆青的一篇长篇报道，兰考一跃成为中国最著名的县城之一，不是因为这里的富庶，而是因为这里的贫穷。2002 年，兰考就被确定为国家级扶贫开发工作重点县，2014 年全面启动脱贫攻坚时，全县还有贫困人口 77350 人，贫困发生率为 10.2%。2017 年，兰考的贫困发生率降至 1.27%，达到了 "2% 以下" 的脱贫要求。2017 年 3 月，兰考成为全国首批摘帽的两个国家级贫困县之一。作为首批摘帽的贫困县，兰考不仅走出了"贫困县"的范围，并且在脱贫过程中形成了很有价值的脱贫经验。

（一）思想转变

如何认识贫困？习近平总书记曾在福建宁德工作时指出，地方贫困，观念不能"贫困"。也就是说首先要扫荡观念上的贫困。"穷自在""等、靠、要"，怨天尤人等，这些观念全应在扫荡之列。在对待目前普遍存在的"贫困意识"时，首先要意识到脱贫是一项长期艰巨的任务，要有打持久战的思想准备。扶贫先要扶志，要从思想上淡化"贫困意识"。

人民日报社甘肃分社社长林治波在《兰考为什么还是那样穷？》的文章结尾写道："一个地方的发展，受制于多方面的客观条件，但人的主观能动性，特别是干部队伍的精神状态，对一个地方的发展同样至关重要。一种精神的弘扬，有赖于一种氛围的普及。通过党的群众路线教育实践活动，可给人以内心的触动。解答'兰考之问'更根本的办法，是树立正确的用人导向：把那些背离焦裕禄精神的人拿下，让愿意弘扬焦裕禄精神的人上来。对于兰考如此，对于全国亦复如此。"

"切实关心贫困群众，带领群众艰苦奋斗，早日脱贫致富"，2014 年习近平总书记在兰考调研时的殷殷嘱托，重新点燃了兰考人的希望，更激荡起兰考决战贫穷、改变命运的决心和干劲。有习近平总书记的关心，有全国人民的关注，压力、动力汇聚成了一股合力，在脱贫攻坚的苦干实干中，迸发出强大的内生动力。

2014 年，兰考县委斗志昂扬、自我加压、信心满满，作出"三年脱贫、七年小康"的庄严承诺，一如 1963 年 3 月焦裕禄在河南省委第二书记何伟面前立下的军令状："我们设想 3 年改变兰考面貌。3 年是宽限，3 年改变不了，我死不瞑目！"

1. 发挥焦裕禄精神在兰考的引领作用

"贫穷不可怕，可怕的是被贫穷磨颓了斗志，安于贫穷"。不敢干、不会干、不愿干曾是兰考贫困群众的"通病"，一些领导干部反映，扶贫难，难就难在了群众"精神贫困"，总觉得看不到希望，提不起干劲，政府再努力也"扶不起来、拉不动"。

思想是行动的先导，要脱贫首先要解放思想，思想扶贫是脱贫攻坚的第一步。习近平总书记深刻地指出"解放思想是摆脱贫困的关键"，在兰考扶贫的思想革命中，焦裕禄精神始终是一把光辉火炬，一面伟大旗帜，焦裕禄精神不断地具象化，用焦裕禄精神指引广大干部群众排除万难，让焦裕禄精神成为兰考思想扶贫的工具和武器[1]。

2. 焦裕禄精神激励干部引导群众走出贫困

兰考通过思想动员不断加强党建扶贫精神引领建设，凝聚贫困治理共识的过程中，切实对焦裕禄精神学习落实，为开展扶贫工作奠定了思想基础。将党中央关于精准扶贫系列讲话精神和焦裕禄同志先进事迹与崇高精神相结合，凝聚共识，鼓舞士气，形成全民上下一心共助脱贫攻坚的良好局面。

兰考加强基层党组织干部队伍建设，用焦裕禄精神高度的使命感、责任感、荣誉感教育全体党员干部，使得整个兰考的干部精神饱满、士气高昂，在焦裕禄精神的引领下深入乡村，积极开展精准扶贫脱贫工作，成为焦裕禄精神直接的践行者。

兰考大规模进行党员干部培训，对农村基层干部进行能力素质培训，倡导"做焦裕禄式的好干部"，并付诸扶贫实践中，选派具有较高素质的党员干部队伍下乡，不仅全面提升了基层党员干部的扶贫工作能力与水平，同时也完善了基层党组织的基层治理体制，改善了基层治理状况，确保扶

---

[1] 李传哲："焦裕禄精神"引领下的兰考脱贫攻坚。

贫机制构建有方、运行有序，更进一步促进扶贫工作的全面展开。

在脱贫攻坚工作引领下，当地党员干部的思想作风发生了重大转变。为了打赢脱贫攻坚战，兰考县全体党员干部以身作则，夜以继日地奋战在扶贫前线。当地通过实行包乡驻村制度，确立了党员干部联络贫困村的规定，督促党员干部走访贫困户，研究脱贫政策，并召开相关座谈会深入了解群众所需。

群众的事情大家一起办。兰考县以"三捐"活动为载体，以政府为主导，群众为主体，号召全县广大群众开展捐款、捐物、捐劳力的活动，充分调动群众参与乡村振兴的积极性，强力助推美丽乡村建设，取得了良好效果。活动开展后，相继有 146 个村开展了"三捐"活动，捐款达 1591 万元，捐物折资 728 万元，捐工 4.8 万余个，极大激发了群众参与热情，为乡村振兴注入了强大的内生动力（图 4-1）。

图 4-1　兰考县乡村振兴"三捐"活动

3. 拆墙透绿重建群众路线，紧密团结大干一场

仅仅靠干部的热情和努力不能改变兰考贫困落后的面貌，兰考必须要以脱贫攻坚统揽经济社会发展全局，汇全民之智、举全县之力实施脱贫攻坚，尽早甩掉贫困县的帽子。

2015 年，时任兰考县委书记的蔡松涛作出"实施拆墙透绿增绿工作，打破各个单位封闭的格局，构建大型开放空间环境和绿色活动空间，让市民与单位共享园中景色"的重大决策。最初的决策不被县里各部门理解，一些机关怕群众闹访，担心有安全隐患，不利于政府办公场所安全和稳定，不愿轻易打开大门。蔡松涛认为，群众是因为有事情才会到政府办公场所寻求帮助和解决途径，党政机关应发挥示范带头和正面引导作用，不忘初心，始终把党的领导贯穿基层治理的全过程、各方面，群众的事情需要一件一件解决，而不是用一堵墙将之一隔了之。

2015 年 9 月 8 日，兰考县人民政府将存在 30 多年的政府大门、围墙及西侧的临街楼房——拆除，随后种上绿化树，昔日"神秘"的政府大院变得一览无余。随后几月，兰考依法依规拆除所有乡镇近 500 个文化站、村级文化中心的围墙，并将院内硬化、绿化，将挡在干部与群众中间的有形之墙拆除，给群众更多的文化活动场地和空间，进而消除挡在干部与群众心中的"围墙"。

实践证明，这一简单的拆墙举动深受广大群众欢迎。时任兰考副县长王彦涛回忆，刚拆除围墙的前两个月，到政府集聚的群众特别多，都是因为一些未解决的群众问题，但是围墙的拆除也反向督导政府提高效率，切实解决民生问题。随着群众问题的逐步解决，到政府寻求解决问题的群众越来越少。

拆墙透绿工程，不仅仅是一项城市提升工程，更重要的是，重新树立了党的群众路线，拉近了干群关系，凝聚了民心，树立了政府公信力，为脱贫攻坚工作打下了牢靠的群众基础。同时，围墙拆除给群众以亲切感，也进一步吸引外出务工人员回乡创业。

（二）产业扶贫

1. 产业扶贫是精准扶贫的根基和关键举措

习近平总书记指出："产业扶贫是最直接、最有效的办法，也是增强贫困地区造血功能、帮助群众就地就业的长远之计。"近些年的扶贫过程中，各地始终把产业扶贫作为针对贫困村、贫困户的治本之策，不断创新产业扶贫的思路和方法，积极发挥主体能动性，实现产业扶贫的功能和效益。产业扶贫将"输血式扶贫"转变为"造血式扶贫"，对于提升贫困户的可持续性收入具有重要意义。

产业扶贫解决的是没有产业、没有收益的问题，主要集中在农业产业扶贫。兰考县立足本地优势，招大引强、延链强链，引进国内外龙头企业，培育壮大品牌家居制造、绿色畜牧、循环经济三个特色产业体系，城乡统筹、一二三产融合发展的产业布局基本形成，活力日益突显，强县和富民的基础逐步夯实。同时，健全农业社会化、电子商务进农村、农业技术服务体系，围绕"三品一标"，打造名优品牌，培育一批特色鲜明、质量稳定、信誉良好的本地知名农产品品牌，增强特色产业的核心竞争力。

2. 将产业扶贫和充分就业结合

兰考县紧抓发展产业和充分就业两个重点，采取了"企业＋村集体（合作社）＋贫困户"等形式，建立了"龙头企业做两端、贫困群众干中间，金融扶贫惠全链"的产业带动、金融参与的产业扶贫模式，选择贫困群众参与性强、投入少、产出稳定、盈利性强的特色产业，通过村组织和各级干部带动，对于贫困群众进行定点帮扶、积极带动，形成五种订单农业型产业（优质花生、优质红薯、苗木种植、养鸡、青贮玉米）和五种能人带动型产业（瓜菜、乐器、经济林、食用菌、养羊养驴），以订单式回购促销，构建自主创业型产业，搭建了五种就业模式（外出务工、产业体系就业、乡镇产业园就近就业、居家灵活就业、公益性岗位就业），为贫困企业定期提供就业信息和就业培训，千方百计促就业。产业扶贫和充分就业相结合，让兰考产业扶贫落到实处、做到实务、发挥实效、产生实际作用。

兰考县人民政府各个部门为促进就业献策献计，贡献力量。人社部门定期为贫困群众推送就业信息，对贫困户进行针对性培训；县妇联灵活组织设置巧媳妇就业点，不断优化乡村布局，以小型加工车间吸引贫困户就近就业。产业扶贫可以促进就业，让贫困户有稳定的工资收入，提早脱贫。

3. 设计引领下的特色产业高效扶贫

为有效推动兰考县乡镇产业发展，泛华集团结合兰考县资源优势和企业特色，对兰考县企业进行专项的设计帮扶工作。兰考县泡桐是焦裕禄同志留给兰考人民的宝贵财富，不仅仅是宝贵的生态资源，也是焦裕禄同志留给后世取之不尽，用之不竭的物质资源财富！

悦音乐器有限公司是兰考县闫楼乡郭西村返乡创业人员创立的，其由以制作古筝为主要产品的乐器作坊逐步发展而来，其琴音拙朴历久弥纯，该企业勇于革新却籍籍无名，偏居豫东北乡村一隅 10 年，截至 2017 年，悦音乐器有限公司年产值约 1000 万元，员工人数不到 50 人。

2017 年，泛华集团首次接触了解悦音乐器有限公司发展状况后，认为可通过系统性规划设计，将文化与艺术的要素结合融入到古筝的产业链条中，以文化和艺术要素拉长乐器的产业链条，树立品牌和行业核心竞争力，大力推动音乐特色小镇建设。

2017 年 10 月，泛华集团组织公司美学艺术专业人员，对琴体和结构进行方案设计，在与木工大师傅多次进行工艺试验、防火试验、受力试验后，共同研发设计出重型木构榫卯装置——古筝之冠（图 4-2）。同时，积极推动悦音乐器有限公司参加 2017 年 10 月中国（上海）国际乐器展览会，以专业设计技术，免费协助设计上海展厅，上海展厅建筑与古筝之冠既体现了焦裕禄发源地黄河故道的地域文化特征，也提炼了大巧若拙、厚德载物的企业文化，在展览会期间受到各方认可和高度好评，为当地乐器企业争取到大量订单。

2017 年中国（上海）国际乐器展览会奠定了悦音乐器有限公司在行业内的口碑和文化品牌形象，2018 年，泛华集团组织专业人员驻场指导设计，对悦音乐器有限公司厂区更新建设、产品设计、运营培训进行系统化设计，孵化和培育了乐器制作、教学培训、文化旅游、泡桐种植等产业链

重型榫卯、古筝之冠

图 4-2　琴昇——重型木构榫卯装置、古筝之冠

条。2019 年，双方合作建成泛华小院与兰考民族乐器文化中心，整合文化艺术资源，携国内艺术界大师、教授、专家等名人以艺术之光为企业进行品牌赋能，为琴昇立足中高端市场奠定了坚实的硬件基础，同时也树立了品牌文化自信（图 4-3）。

　　截至 2020 年，悦音乐器有限公司产值达到约 5000 万元，员工人数200 余人。完成了从卖木头到卖手艺，从卖手艺到卖艺术，助力"悦音人"从农民到老师，从乡村到殿堂的华丽转变。同时，在发展壮大的过程中，引导公司积极承担社会责任，吸纳周边贫困和残疾人口 50 余人，为当地脱贫攻坚和乡村振兴做出了大量贡献。

图 4-3　兰考民族乐器文化中心（新建）

4. 持续探索共同富裕路线

截至 2022 年，兰考县已发展各类民族乐器及配套企业 200 余家，其中规模以上企业 19 家，产品主要有古筝、古琴、琵琶等 20 多个品种 30 多个系列，产品产量约占全国的 33%，其中桐木音板占 90%。年产销各种民族乐器 70 万台（把），音板及配件 600 万套，年产值 30 亿元，从业人员 1.8 万余人。有中州、焦桐、君谊、琴昇等 30 多个知名品牌，不仅畅销全国，还出口到日本、新加坡、美国、英国等国家，成为名副其实的"民族乐器之乡"，1.8 万人吃上了"泡桐饭"。但兰考县缺乏相关音乐艺术人才，缺乏以音乐艺术为高质量引领的乐器制作、科技、研发、生产、展示、艺术文旅等服务业态。

为有效解决兰考县乐器产业高质量发展问题，推动兰考县音乐产业做大做强，实现共同富裕目标。泛华集团发挥平台优势，将兰考县资源与河南艺术职业学院人才资源进行有效衔接。河南艺术职业学院是经省政府批准，教育部备案的公办高等艺术职业院校，也是河南省规模最大的专门培养艺术类人才的高职院校，师资实力雄厚、专业门类齐全、发展态势良好。学校设置戏曲、戏剧、音乐、美术、舞蹈、影视艺术、艺术设计、新闻传媒、文化传播、幼儿教育、文化科技产业、中专部、公共教学部 13 个二级院（部）54 个专业，有着近 70 年的办学历史和丰富的教学经验，为社会培养了大量优秀艺术人才。但艺术学院缺乏音乐艺术展示和实习的载体，缺乏大量的就业渠道，缺乏社会实践和服务社会的平台和品牌推广路径。

在泛华集团的有力推动下，兰考县人民政府与河南艺术职业学院仅用15天即签订了战略合作协议，并快速启动河南艺术职业学院兰考产业分院（以下简称"兰考产业分院"）建设，由河南艺术职业学院发挥师资优势和专业技能优势，对兰考产业分院进行专业运营，创作民族文化优秀产品，培育专业艺术人才，带动区域高质量发展；兰考县为河南艺术职业学院发展提供展示平台、实践基地、就业路径和产学研发展新生态。通过校地企共建，拉长"一二三产"融合发展产业链条，共同推动音乐小镇的高质量发展，深入贯彻落实党的二十大精神，探索兰考县乡村振兴和共同富裕示范样板，将兰考县打造成以音乐、艺术、文化、乐器制造为特色的对外展示的省级窗口乃至国际窗口，提高中原艺术国际品牌影响力！让艺术讲述河南的声音，唤醒民族精神，不断增强人民精神力量，为河南省文化强省建设，中国文化强国战略不断贡献力量。

（三）金融扶贫

1. 金融扶贫是脱贫攻坚的重要支持力量

产业扶贫是脱贫攻坚的重要方式，作为产业扶贫的重要支持力量，金融扶贫创造了产业扶贫的全新渠道。金融扶贫，可以推动贫困地区形成政府主导、市场引导、贫困户响应、相互促进、共同参与的贫困治理机制，帮助贫困地区和贫困户树立市场意识和责任意识，变被动扶贫为主动扶贫[1]。金融部门参与资金分配和发放过程，加强了资金的使用和监管，能够更好地支持贫困地区的基础设施建设、发展优势产业和特色产品，在产业扶持上可以更好地与扶贫经济相结合，促进扶贫产业的发展，一改单纯发放贷款或者政府大包大揽的形式，引入注重市场规律的金融贷款形式。

---

[1] 刘刚.兰考脱贫的经验与启示[N].河南日报，2017-03-19（4）.

由于有金融部门的参与，加强了对贷款主体的审核，以及贷款用途的跟踪和评定，从资金层面上深化了精准扶贫的精细化工作理念。资金的投资和引入紧跟产业项目走，紧密地跟着贫困户本人走，金融扶贫的过程促进了资金使用的优良管理，有助于建立完善的征信体系；对贫困户和扶贫项目进行全过程跟踪、全流程管理，有助于在贫困地区建立完善的征信系统和贫困户个人征信档案。通过金融扶贫，不仅提高了产业扶贫效益，而且可以在贫困地区建立群众的征信档案，让群众加强自我管理和自我教育，扶贫实现了从外部扶贫到思想教育扶贫的有机统一，对于贫困地区的文明和法治建设也大有益处。

2. 金融扶贫协助产业扶贫在兰考取得更大成就

金融扶贫在兰考扶贫中通过普惠金融制度发挥了巨大作用。习近平总书记 2014 年两次到兰考调研，要求兰考准确把握县域治理特点和规律，在县域改革中走出一条好路子。为有效破解传统金融服务不足、服务效率低、融资难、信用缺失等突出问题，2016 年 12 月，经国务院同意，中国人民银行、原银监会等部门联合河南省人民政府印发《河南省兰考县普惠金融改革试验区总体方案》，兰考成为全国首个国家级普惠金融改革试验区。

兰考试验区针对普惠金融在农村使用所面临的各种难题，围绕着脱贫攻坚、乡村振兴和县域发展的三大主题，探索了一条可持续发展的金融扶贫的创新路径 [1]。通过线上线下双轮驱动，做到"五个结合"——普惠金融与金融扶贫相结合、普惠金融与产业发展相结合、普惠金融与基层党建相结合、普惠金融与激励政策相结合、普惠金融与信用建设相结合，探索形成了以数字普惠金融综合服务平台为核心，金融服务体系、普惠授信体系、信用建设体系、风险防控体系为主要内容的"一平台四体系"的兰考模式，有效发挥普惠金融的支持力量，也创造了普惠金融在县域扶贫中最佳范例

---

[1] 孙璐璐. 普惠金融助推乡村振兴路径研究 [J]. 金融天地，2019（2）：297-299.

的双赢局面。

3. 普惠金融作为金融扶贫重点，在兰考发挥了多重作用

精准化的产品与服务供给。一方面，中国人民银行兰考县支行积极下沉公共金融服务，首创"公共金融服务大厅"，将发行货币、经营国库、账户核算、征信评级等与群众密切相关的业务进行整合办理，并单独设立县级再贴现窗口，方便与县域金融机构及时进行需求融通。另一方面，着力丰富普惠信贷产品，如引导国家开发银行与省农业农村厅合作，搭建"四台一会"。截至2019年7月末，河南省国家开发银行在助推兰考县脱贫攻坚过程中已实现融资105亿元，支持了棚户区改造，农村人居环境整治，教育、产业发展等重点领域；中国农业发展银行河南省分行围绕黄河下游滩区治理以及新型城镇化，为兰考县提供了17.7亿元的资金支持；同时各商业银行依托各自专业特色和比较优势，向试验区推出了近30种多层次、广覆盖的特色普惠信贷产品。截至2018年末，兰考县扶贫贷款已达3586笔，共计贷款金额4.82亿元 [①]。

构建多层次县域金融市场。在发展股权市场方面，兰考县鼓励合格企业面向市场直接融资，支持涉农中小微企业在新三板、中原股权交易中心挂牌。在债务融资方面，试验区加强对涉农企业发债业务的培训和辅导，支持合规项目通过银行间债务融资工具、企业债、公司债等方式进行融资。同时，兰考县积极推动证券期货等金融机构不断完善对当地的服务，如华信期货在兰考县开展鸡蛋、玉米等农产品的"保险＋期货"模式试点；中原农业保险针对兰考县7.74万贫困户提供了15个险种共计84亿元的保险保障，其中，农村小额人身保险只需10～50元的保费便可实现3～5万元额度的意外伤害保障。

健全基础设施与支付平台。除大力拓展央行县域信息数据系统外，兰考试验区动员县乡村三级力量，采集农户、新型农业经营主体和中小企业

---

① 曹复兴.精准扶贫"兰考模式"的实践与思考 [N].金融时报，2017-11-06.

的信用信息，建立非官方信用档案并进行资质评级，实现了由识别难到信息全的转变 ①。2018 年，兰考试验区推出"一城一街三个点"移动支付示范工程。通过对线下商户移动支付的推广，在示范点实行"先约后享、先享后付、多付多享"的机制，用线下活动进一步培养本地居民的支付习惯，高效带动全县的移动支付发展。另外，兰考县实现了无线网络对 115 个贫困村的全覆盖，这为数字普惠金融的基础设施建设夯实了基础。

（四）社会扶贫

传统的扶贫工作，首先是解决群众的生活问题，以让贫困户吃饱饭、吃好饭、好好吃饭作为首要的目标。因而一般对于贫困户的捐助是米面粮油这类生活基本品，但是在贫困户吃饭问题解决之后，生活改善就是一个迫切需要解决的问题，兰考在社会扶贫过程中创新性地提出了"1+3"模式。

1. 建设一个爱心超市

社会扶贫模式，由企业出物资、乡镇出场地、民政来管理，整合各类社会救济、救助资源，建设"爱心美德公益超市"，在兰考全面铺设开来。迄今，兰考全县 16 个乡镇共建设了 18 家爱心美德公益超市。

爱心美德公益超市与一般的超市不同，在这个超市里面购买生活物资，结算方式并不是货币金钱，而是通过爱心积分。爱心积分不能购买，只能通过兰考贫困户的各项贡献和工作获得，将物质奖励改变为精神鼓励，而通过爱心公益超市，将精神奖励体现在具体货品，每个贫困户又能够选择不同货品满足各家所需，"爱心公益超市"+"爱心积分"将精准扶贫实现在具体实践之中。

---

① 葛延青. 县域政府在普惠金融发展中角色与职能探讨 ——以河南省兰考县普惠金融改革试验区为例 [J]. 区域金融研究，2020，2 : 66-72.

兰考本地的"兜底户"每月可以领取 50 分爱心积分。除了直接领取，爱心积分还需要通过付出才能获得。兰考县指派专人制定了完善而科学的积分评价体系和积分管理办法，将积分管理和扶贫深度融合，让困难群众能够有尊严地获得帮助。

2. 三种具体支持举措

巧媳妇工程。2017 年以来，兰考县积极引导，发挥社会各方面力量，整合闲置厂房、院落、学校等，发挥能人效应，大力实施"巧媳妇工程"，让留守妇女利用闲暇时间实现家门口增收，做到挣钱、顾家两不误。如今，兰考县共建立"巧媳妇工程"工作点 126 个，促进 5500 多名留守妇女实现就业，其中建档立卡贫困户 259 人。"留住妈，守住家，看住娃，乐开花"成为当下兰考"巧媳妇工程"的最生动写照。

人居环境扶贫。针对贫困户家居环境差、缺乏精气神等问题，该县积极发挥工商联联系服务企业的优势，鼓励企业参与到贫困群众人居环境改善中来，并严格按照"四议两公开"工作法，确定了 1715 户人居环境改善帮扶对象。创新使用"互联网＋社会扶贫"众筹模式，154 家爱心企业主动提供资金和工人，按照自愿结对原则，就地取材，利用贫困户家里旧砖、旧瓦、旧木材，通过开展"改厨改厕改水改电，改房改院改习惯"的"七改"工作，达到了"五净一规范"，进一步改善贫困群众的居住环境。同时，该县建立积分考核制度，由驻村工作队每周对人居环境改造户的日常保洁和个人卫生情况进行检查，对保洁情况好的奖励 10 分。贫困群众凭积分券，到"爱心美德公益超市"兑换所需物品。

助学扶贫。兰考县充分发挥共青团在青年学生中的积极影响，通过"一听二户三公四库五助六互"的六步工作法来建立 1200 人的贫困生信息库。创新成立"三帮一"帮扶机制，即 1 名副科级以上干部、1 名优秀教师、1 名爱心人士 3 名志愿者共同帮扶 1 名贫孤儿童。干部负责孩子家庭事务的协调解决，教师负责学习教育辅导，爱心人士提供资金救助，解决孩子的生活难题。

（五）设计技术扶贫

2016 年兰考县启动县域乡村规划全覆盖的编制工作，对乡村发展起到了一定的指导意义和参考价值，2017 年兰考县针对美丽乡村工程建设实施的指导性不强、实用性不强等问题，颁布《兰考县稳定脱贫全面小康美丽村庄建设实施方案》《兰考县人居环境改善美丽乡村建设三年行动计划》，以"八有八化"的建设标准，分类推进美丽乡村建设工作（图4-4）。

八有	八化
·有村庄规划	·道路硬化
·有文化广场	·街道亮化
·有休闲游园	·村庄绿化
·有卫生公厕	·庭院美化
·有生态水系	·线杆规范化
·有污水处理	·安全智能化
·有便民中心	·立面一致化
·有集体经济	·管理长效化

图 4-4 "八有八化"建设标准

2017 年下半年，兰考县人民政府组织开展了代庄、毛古等十余个村庄的美丽乡村建设实施工作，初步探索出了一条由设计师驻场指导、村民广泛参与、政府部门及施工单位密切配合的美丽乡村建设之路，并积累了一定经验（图4-5、图4-6）。

随着乡村振兴建设的深入开展，兰考县建立了规划设计、建筑设计、风景园林、市政等不同专业的美丽乡村建设优质企业库；由农村农业局、金融局、规划中心、设计团队成立工作组，审定各个试点村工程总量，同时结合标准段与工程预算单价，并以此为依据进行公开招标；由县、乡、村联合成立监督委员会现场监督协调，行政监督管理部门对工程质量进行监管和验收；成立村级劳务合作社，深入参与兰考县美丽乡村建设，培养了一批经验丰富、技术扎实、有能工巧匠的乡建团队。

同时，兰考县城乡规划局组织各乡镇村工作人员召开城乡规划业务

图 4-5　兰考县与设计院深度合作，助力美丽乡村建设

图 4-6　设计师驻场服务常态化

知识培训会，深入各乡镇开展乡村规划宣讲活动，使基层干部基本树立起"先规划后建设，无规划不建设"的理念，使其对乡村规划能够看懂会用（图 4-7 ）。

图 4-7　兰考县乡镇规划培训会

二、复兴乡村文化

彰显区域人文特色，通过挖掘文脉，打通商脉，梳理文化，打造载体，加强对物质文化遗产的保护、修复和对非物质文化遗产的传承，增强区域文化身份认同，提升内在凝聚力和居民敬畏历史、认识自身、获得身份的认同和归属感。发挥文化的经济和产业属性，推动文化从事业走向产业。

（一）弘扬优秀特色文化

兰考作为"中原文化"起源之地、文荟之乡，文化积淀深厚，历史上曾涌现许多在此为官做事的外地贤达名人，他们不但留下了謇声遐迩的政绩，也写下了很多名篇佳作。同时历代还留下了许多名胜古迹和传说典故，构成了兰考自古至今悠久的历史文化脉络，形成了兰考的特色文化基底，至今依然熠熠生辉，照耀今人。

历史文化悠久。历史上的兰考县崇尚文化、重视教育，一直存在广布讲学的习惯。春秋列国时期，孔子周游列国，就曾经途经兰考；后至汉代，史弼讲学，有学生数百人；杨伦讲学，学生上千之多；清正廉明张伯行，政声显赫，著述丰赡……由于兰考尊师重教的历史传统，历代培养了众多文人志士，据统计，兰考历史上科举中举人数多达1400多人，其中进士、举人有319人之多，而且文武状元都赫然在列。

名书佳作众多。兰考本地的历史文化传统古籍众多，名著佳作，通古鉴今。历史上，文人志士的著作很多，据不完全统计约有301种。这些著作由于受社会时代的局限，带有很强的阶级性。有不少著作宣扬忠君思想，为封建统治阶级树碑立传，但也不乏对劳动人民受苦受难的同情和呐喊。如：封人请见（论法、八佾）、上治河蔬（明潘季训）、谕屠牛文、催租吏、座右铭等。

文化遗产丰富。兰考拥有从麒麟舞等国家级到盆窑村土陶烧造、许氏彩塑等县级各类非物质文化遗产共 9 种，从文化遗产数量和等级上，充分体现了兰考独特的文化禀赋和深厚的历史文化沉淀。

（二）配建乡村文化设施

乡村文化设施是乡村文化的载体和依托。优秀的乡村文化设施承载了乡村文化的建设和发展，是提升乡村文化建设的重要标志。兰考在文化提振乡村振兴的过程中，通过丰富乡村文化配套，完善各类乡村文化场馆建设，做出了很多有益尝试。

兰考建设了多种多样的乡村文化设施，不断完善、提升图书馆、文化馆和县礼堂建设，投资建设了人民广场、文化交流中心等共同文化活动场地。积极打造"15 公里文化圈"，在县城 15 公里范围内打造一批具有示范性的村级文化服务中心，在硬件基础设施完善的街区建设 24 小时书屋，健全了县、乡、村三级公共文化服务网络，满足了各类群众的文化需要。

建设了若干文化馆、文化广场，充分发挥人才和场地优势，精心组织、主动作为，免费提供培训场地、引进专业教师、吸纳文化志愿者、创新运行机制、拓宽参与渠道，引进社会力量，联合参与办学，让文化真正为百姓服务，让普通百姓成为文化活动的参与者与受益者。向群众免费提供书法、美术、铜管乐器、电子琴、古筝、民族舞、拉丁舞、吉他等艺术培训。开展"春满中原"系列文化活动和文化广场演出活动，把"送文化下乡""戏曲进校园"真正送到基层一线。

（三）发展新乡贤文化

1. 悠久的乡贤文化传统

兰考的悠久历史、璀璨文化脉络构成了兰考乡村振兴的根基，各地乡贤回归构成了兰考乡村振兴的枝条，为兰考的乡村振兴不断贡献力量，政府为提升乡贤回归投资的吸引力，充分发挥工业强镇优势、营造良好的营商环境，吸引大量乡贤回归家乡，为经济发展注入新动力。

兰考县委把握"大团结大联合"主题，以乡情为纽带，打造一个民间文化智囊团，一座家乡游子连心桥，一副乡村治理好药方，围绕"凝聚乡贤力量，助推乡村振兴"，开展了一系列"乡贤+"活动，充分发挥了乡贤示范引领作用，为实现兰考乡村振兴提供广泛持久的力量支持。新乡贤参与"三捐"（捐款、捐物、捐劳力）、"1+3"社会扶贫、乡风文明等社会公益活动，为兰考的乡村振兴、产业扶贫贡献了很重要的力量。

2. 乡贤助力乡村振兴 ①

兰考县逐步探索"乡贤+"新格局，把乡村打造成人才回归、信息回馈、企业回迁、资金回流等"归雁经济"的凹地，为乡村振兴注入新的活力。完善乡贤数据库，建立乡贤热心公益榜，传颂古贤、挖掘今贤、培育新贤。通过表彰"最美乡贤""乡贤典范"，讲好乡贤故事，发挥乡贤榜样示范作用，弘扬乡贤文化，营造人人学习乡贤、争做乡贤的氛围。截至2019年，已打造完成14家统战创新实践基地——"乡贤之家"。

乡贤力量"聚"起来。兰考县委统战部指导各乡镇、街道办事处成立乡贤联谊会，与基层商会充分融合，为乡贤提供了一个参与家乡建设和社会治理的平台，进一步聚合和激活了乡贤资源，为推动兰考稳定脱贫奔小康发挥了乡贤力量。禾丰集团兰考天地鸭业董事长张贵山积极响应兰考县委、县政府"三年脱贫、七年小康"的号召，根据自身发展和市场规律，于2015年投资建设了禾丰集团兰考天地肉鸭一条龙项目，实行"公司＋农户＋保利回收"的扶贫模式，在68个贫困村建设60个标准小区及1053座扶贫养鸭大棚，带动贫困农户通过养鸭脱贫致富。兰考天地鸭业

---

① 河南兰考：凝聚乡贤新力量助力乡村振兴 [EB/OL]. [2020-09-09]. http：//henan. china.com.cn/m2020-09/09/content_41290648.html.

也被评为河南省畜牧产业扶贫突出贡献企业、产业扶贫先进企业、扶贫帮困优秀企业、社会扶贫先进企业。

乡贤优势"发"出来。兰考县委统战部积极探索挖掘和使用乡贤资源途径与方法，打造"乡贤＋"品牌。搭建乡贤助力家乡发展平台，引导乡贤助力"快乐星期天·孝老爱亲爱心饺子宴"活动；搭建基层协商民主平台，开展"乡贤＋协商民主"，利用春节、清明等期间组织召开乡贤恳谈会，引导乡贤积极参政议政、建言献策；开展"兰考乡贤看兰考""请老乡、回故乡、建家乡"等乡贤助力兰考出彩活动，充分发挥新乡贤在招商引资、光彩事业、建言献策、社会治理等方面的作用，努力把新乡贤打造成为乡村建设的推动者、乡村文明的传承者、乡村治理的维护者和社会公益的参与者。海马集团董事长景柱是兰考县闫楼乡新乡贤，始终情系家乡发展，多年来不断通过各种方式回报家乡，先后为家乡捐资 50 万元建成一所希望小学，捐资 130 余万元改建了闫楼乡大李西村委会，并为村里捐建了200 盏路灯，使村容村貌焕然一新。

乡贤文化"创"起来。兰考县各乡镇（街道）每年评选"最美乡贤"10名，县委县政府每年召开大会表彰"乡贤典范"，激发新乡贤服务家乡发展的积极性和主动性，营造人人学习乡贤、争当乡贤的良好氛围。一大批外出务工、致富能手、企业能人返乡创办企业，助力稳定脱贫奔小康，截至 2020 年，在兰考由新乡贤创办的企业达 650 余家。全县共评选出不忘党恩、热爱家乡、致富思源的乡贤典范 4 人，最美乡贤 160 人。

代玉建，兰考县代庄的一名普通共产党员。在党的群众路线教育实践活动中，受乡亲期盼，2014 年 5 月放弃郑州生意，毅然返乡带领群众脱贫致富就任兰考县仪封乡代庄村支部书记。当年，他个人捐资 96 万元新盖了村两委 530 平方米的办公楼并配备了现代化办公家具。回村七年时间其个人共捐资 280 余万元，引导本村在外务工青年 60 多人返乡创业、并给返乡创业青年协调贷款累计发放 3136 万元，实现代庄群众的收入由 2014 年人均 4600 元到目前人均 22000 元、村集体经济由 0 到 60 万元转变，用一年时间把一个基层党建软涣散村转变成全县基层党建红旗村。在美丽村庄建设中，扩路共拆除房屋、围墙 56 户 5000 余平方米，没有伸手向上级政府要一分钱，并且没有一户上访户，在全县 450 个美丽村庄建设评比中代庄村获得第一名。由于干群工作人员共同努力，个人的工作成绩也尤为突出，在 2016 年 5 月党委换届时被提拔为仪封乡党委委员兼代庄村支部书记，代庄村的基层党建工作突出，成为兰考党建学习基地。

河南省委省政府领导多次到代庄村调研基层党建工作，中组部领导到兰考视察时，代玉建受到接见并参加座谈。在助力乡村发展过程中，代玉建及其家庭陆续获得全国文明家庭、全国优秀人民调解员、河南省优秀共产党员、河南省青年五四奖章、河南省十大"三农"新闻人物、河南省最美村干部、河南省文明家庭、开封市焦裕禄式好干部好党员、开封市十佳优秀党组书记、兰考县焦裕禄精神好干部、兰考县人大代表、兰考县党代表等荣誉称号，是兰考县近年涌现出来的优秀青年农村基层党员代表。

在村支书代玉建的带领下，代庄目前支柱产业有水产养殖 200 亩、大棚葡萄 150 亩、绿化苗圃 400 亩、陆地水果 300 亩，肉鸡养殖 12 户存栏 14 万只，企业有已经投产的投资 6000 万元的洁净煤厂和投资 3000 万的瑞野灯饰，投资 3.6 亿元的正大集团 300 万只蛋鸡养殖基地土地已流转好，巧媳妇工程正在建设中。代庄村两委自主创新了一拖四模式（一个党员或群众代表分包自己周围四户邻居，负责传达上级精神和收集群众给上级提的建议），针对不同年龄阶段的党员给村委做不同的事，各个年龄段的党员、群众代表都能发挥好自己的作用，充分利用党员做好村委的信息员、侦察兵、和事佬，并成立了以组为单位的矛盾调解小组，在代庄村党群共同努力下实现了小事不出组、大事不出村、矛盾不出乡、困难不上交的局面。2021 年，代庄村获得了全国先进基层党组织，代玉建到北京参加了庆祝中国共产党成立 100 周年大会并受到了习近平总书记亲自接见。

三、振兴乡村产业

乡村振兴，产业兴旺是基础。乡村产业兴旺靠的是地区特色品牌培育，通过品牌塑造，嫁接绿色生态和文化旅游、体验博览、健康养生，打通认证、品牌、溯源、质检、经纪、订单、会员、消费体系；引入"互联网＋"科技创新和生活模式创新、场景创新，结合绿色金融、普惠金融和供应链金融、消费金融创新，充分发挥订单经济、共享经济、体验经济的优势，实现育种基地、传承基地、生态种植基地、体验基地、加工基地、仓储基地、商贸物流基地、交易结算基地等基地聚焦、特色聚集、联动发展。

（一）农业生产能力提升

河南是农业大省，农业也是兰考的重点产业之一。兰考通过建设高标准农田、开展化肥减量增效行动、加强农田水利设施建设等措施提升农业的生产水平和生产技术，提高农业产业规模，推动农业发展质量变革、效率变革、动力变革，持续提高农业创新力、竞争力和全要素生产率。

1. 建设高标准农田 ①

高标准农田建设可以有效提高土地利用率，改善农业生产条件，巩固和提高粮食作物生产能力，夯实农业基础设施，增强防灾抗灾减灾能

---

① 程丹丹，赵红星 . 兰考县坚持模式创新高质量建设高标准农田 [J]. 乡村振兴，2021，6：45-46.

力，是实施乡村振兴战略的关键举措。2019 年以来，兰考县围绕实施"藏粮于地、藏粮于技"战略，大力推进高标准农田建设，着力提高农业综合生产能力和水资源利用效率。2019 年高标准农田建设项目共有 4 个项目区，建设面积 6 万亩，项目总投资 6951.48 万元；2020 年建设高标准农田 12.5 万亩，其中高效节水示范区 1 万亩，项目总投资 19762.64 万元；2021 年建设高标准农田 12.5 万亩，其中高效节水示范区 4 万亩，项目总投资 16253.79 万元。在项目组织实施过程中，通过模式创新，使高标准农田建设质量、效率和效益都得到新的提升。

兰考县高标准农田示范区建设创新了投融资模式。以本级财政投入、上级专项债权资金和吸纳社会资金三种形式完善高标农田的融资模式，并且在建设中采用 EPC 项目总承包模式进行，加快示范区的项目建设。

兰考县纪委监委会同县委县政府督查局和县农业农村局成立联合督导组，实行"周报告"制度，每周进行督导巡查，确保按期有序推进。并且通过施工监理，质量检测，以及群众监督的形式，结合项目建设的奖惩制度，提高施工过程的质量管理，加强施工质量的全过程监管和督促。

示范区创建采用 EPC 模式，实现了综合配套、装备现代化和智能化应用。示范区的维护模式实行"县负总责、乡镇监管、村为主体"的建后管护机制，各司其职，齐抓共管。

示范区农田林网建设以元宝枫、核桃树等为主，林下栽种连翘、麦冬等药材，发展林下经济。在东坝头镇高标准农田项目区推广种植苜蓿、构树等畜草，发展高效循环生态农业。将高标准农田建设与绿色食品原料标准化生产基地创建相结合，通过土地集中托管，进行标准化生产，实现规模化种植、现代化管理。

2. 开展化肥减量增效行动

为了突出绿色产业发展特色，提升农业生产能力，有效保证农田土壤肥力，降低农业化肥使用量及使用范围，兰考县从 2021 年开始进行农业化肥使用减量行动。

兰考重点实施"化肥农药使用量零增长"行动，推进减量替代、减量控害、综合利用、防治并举。在优质小麦、优质花生、优质林果产区，大力开展测土配方施肥，推广化肥减量增效技术模式，示范带动化肥减量增效；以水果、蔬菜、菊花等园艺作物为重点，开展有机肥替代化肥试点示范，加速有机肥推广使用。通过示范区培育发展专业化统防统治服务组织，推广高效低风险农药。

兰考县农业农村局与兰考县科学技术协会通过研究，创新了行间生草技术。行间生草技术可以有效改善土壤理化性质，有效调节土壤固相、气相和液相三相的比例，活化土壤养分，提高土壤有机质含量，驱动有益微生物的繁殖，提高果实品质。每亩每年可产鲜草 5～6 吨，相当于施入商品有机肥 1.5～2 吨。

瓜果根域与土壤快速改良技术针对兰考土壤的偏砂、偏碱、不易改良等问题，采用蛋白质含量高的有机肥和瓜果专用小分子配方增效肥对根域土壤进行快速改良，刺激并促进局部根系生长，提高养分吸收和瓜果品质，同时，与常规施肥相比，用工少、节省成本。

3. 加强农田水利设施建设

农田水利设施建设以建设社会主义新农村为目标，以实施水利富民工程为动力，以增强水利工程设施对各种水文水利自然灾害的防御能力为要点，以民生水利工程、生态水利工程为要点。从 2012 年开始，兰考每年将农田水利设施建设作为农业工作重点，兴建各类农田水利设施，改造原有各类河道和灌溉沟渠，提高农田水利设施对农业生产生态的辅助功能，提高农田旱涝保收能力，让水利设施成为农业建设的工程和支撑。

兰考县在 2021 年投入资金 4231 万元，挖沟 306 条，新建机井 1784 眼，建设和重建各类水利工程 958 座。通过这些农田水利设施建设，兰考县不仅新增良田 1.5 万亩、有效灌溉面积 3.5 万亩、防洪面积 2 万亩，还改造中低产田 1.5 万亩。

同时，兰考县探索以政府购买服务的方式，将商业保险引入农田水利设施维修养护领域，破解了以往农田水利设施重建轻管、管护资金不到位、维修效率低等问题，逐步建立起"政府引导、农民参与、市场运作"的管护长效机制，确保农田水利设施持续稳定高效运行。农田水利设施商业保险涉及点多面广，是保险新领域，兰考县通过创新投保模式，有效分散风险。

4. 增强现代科技对农业支撑水平

近年来，兰考与中国农业科学院、河南省农业科学院和河南农业大学等科研机构、高等院校签订合作协议，建设河南省农业科学院兰考分院，积极培育壮大特色农业龙头创新企业，做好政产研学用衔接，提升产业核心竞争力；依托国家农业科技园区建设，积极推动农业产业龙头企业创新升级。

2021年，兰考县着重培育引导首农、中羊牧业等建设创新平台，发挥带动作用，推动建设国家级生物育种创新中心试验基地、超级小麦种质资源库、牛羊产业育种实验室、优质饲草研究中心、食用菌育种中心等农业企业创新平台，推动建设国省级创新项目；发挥中原学者工作站引领作用，同河南农科院、西北农业大学、河南大学等高校及科研院所合作，深入推进产学研用，2021年，至少培育一个优质泡桐新品种，逐步扩大泡桐种源，打造泡桐繁育基地。

兰考县还针对兰考特色农产业，派驻科技特派员覆盖县域内主导产业示范园区，特别是兰考蜜瓜、红薯、花生产业，促进主导产业发展，推动建成一批科技示范园区，为培育壮大特色产业提供智力支持，充分发挥科技支撑作用。计划到2025年，实现农业技术人员和科技特派员所有行政村全覆盖，推动建成一批科技示范村，切实为培育壮大特色产业提供智力支持，促进产业发展，充分发挥科技引领作用。

5. 推进农业全面机械化

为了提高农业生产力水平，兰考大力推进粮食作物生产全程机械化，加快果菜、畜牧、水产、设施农业和农产品加工等设施装备发展。促进农机装备、农机作业和信息技术融合发展。积极培育专业化、综合性的农机服务组织，探索完善全程托管、"互联网＋农机作业"等农机服务模式。2021 年，兰考县的主要农作物耕、种、管、收综合机械化率达到 92% 以上，计划到 2025 年达到 95% 以上。

（二）特色农业品牌战略

兰考县紧抓河南省农业农村厅开展品牌扶贫的契机，充分释放特色农业资源优势，挖掘文脉，连通商脉，通过创意设计、品牌 IP 导入，实施特色农业品牌战略计划，通过农产品地理标志＋绿色食品＋特色产业的"一标一品一产业"发展模式、"龙头企业做两端，农民群众干中间，普惠金融惠全链"的产业带贫模式，打造了以"兰考蜜瓜""兰考红薯"和"兰考花生"为代表的"兰考新三宝"特色农业品牌，塑造了兰考高质量发展新名片。

1. 兰考蜜瓜，小蜜瓜带动大产业

围绕推进蜜瓜产业发展和打造"兰考蜜瓜"特色产业品牌，兰考县在政策支持、产业扶持和完善产业链条三个方面做了大量的协助工作。

出台蜜瓜支持发展政策。凡成方连片新建的钢架大棚每座补贴 6000 元，温室大棚每座补贴 3 万元。凡蜜瓜种植农户，均可利用普惠金融政策，通过授信的方式获得贷款，贫困户还享受政府贴息。对规模以上产业园区，采用先建后补的方式，对井、路、渠、桥等基础设施进行奖补。从 2017 年起，县政府出资对全县塑料大棚和日光温室统一购买了农业保险，确保生产主体遇到重大自然灾害时能够迅速恢复生产。

建设蜜瓜产业服务体系。兰考县农业农村局成立了蜜瓜产业办公室，四组成员分包乡镇到园区指导种植，积极解决种植户蜜瓜种植存在的问题。建立健全蜜瓜种植三级技术服务体系，省级层面，依托省农业科学院技术

优势，聘请省农业科学院园艺研究所专家，为兰考蜜瓜种植提供技术支持；县级层面，充分利用农业部门技术力量，打造一支懂蜜瓜种植，热爱"三农"工作的技术队伍；乡村层面，聘请一批有实践经验的农民专家，积极开展蜜瓜种植培训。依托县农业农村局技术展示棚和新发地技术展示棚，在蜜瓜种植定苗、授粉、定瓜、上纹、成熟及病虫害防治等生产关键节点，根据蜜瓜生产情况定期开展蜜瓜种植技术指导观摩。通过微信群、组织开展培训班、开通12316支农热线等方式，拓宽技术培训渠道，迅速普及蜜瓜种植技术，解答群众在蜜瓜种植中遇到的难题。同时，兰考县蜜瓜协会为协会成员提供农资配套服务，直接对接厂家或经销商，以最低的价格统一采购化肥、农膜、种子等农用物资，降低蜜瓜种植户的生产成本。

健全完善蜜瓜产业发展链条，逐步形成蜜瓜育苗—种植—管理—加工—销售—服务等完整的产业链条。筹资 3000 余万元高标准建设 3 个兰考蜜瓜育苗基地，切实解决蜜瓜产业发展中品种、种苗质量和病虫害等关键技术问题，并通过育苗基地内标准化种植示范，引导蜜瓜种植户更新品种、推广先进生产技术，为兰考蜜瓜产业的规模化、标准化、品牌化发展创造条件。通过整合项目资源，支持种植户建设农产品冷鲜库，已累计建成冷鲜库 199 座，冷鲜库储藏能力 9500 吨，储存蜜瓜能力可达 4750 吨。延长产业链促进蜜瓜深加工，依托五农好食品有限公司、润野食品有限公司和鑫合食品有限公司对蜜瓜生产中的二级瓜、三级瓜加工成蜜瓜醋、蜜瓜罐头、蜜瓜饼干和蜜瓜饮料等。建设北京新发地兰考农产品批发大市场，建立"果蔬价格"微信公众号，打造兰考农产品产供销信息平台，不断拓展蜜瓜销售渠道。

2. 兰考红薯，甜香糯远近闻名

兰考在红薯产业发展方面有着独特的优势。红薯种植面积大，全县种植红薯 5 万亩；红薯种植前景广阔，红薯已经从传统的"低端口粮"到了现代"优质主食"的身份转变，市场需求量越来越大；红薯种植经济效益可观，每亩收益比较玉米可增收 800～1000 元，种植红薯有助于提高农民综合收入，助力富民和乡村振兴。

兰考红薯主产区主要分布在堌阳、考城、南彰、红庙、谷营、坝头、孟寨、葡萄架、闫楼、小宋、仪封、许河 12 个乡（镇），涉及台棚、方店、董庄、长胜、大胡庄、万土山、郝场等 250 个行政村。

兰考县出台了一系列优惠政策，助推红薯产业发展。出台育苗设施农业奖补政策，按建棚投资额的 30% 补贴，即新建的育苗钢架大棚每座补贴 6000 元，温室大棚每座补贴 3 万元。对红薯种植过程中需要购置的农机以及节水灌溉设施按照国家相关规定进行补贴，包括排种机、剪苗机、起垄机、移栽机、割蔓机、收获机及相关水井设备等。对在兰考建设的大型红薯保鲜储存窖采取政策性金融资金支持和补贴，按照储存窖建设投资的 2/3 补贴。

开发多种附加产品，产业化经营。兰考县针对红薯产品，除了传统的红薯之外，积极开发了红薯叶、红薯梗等各种附属产品，形成红薯叶肉馅饺子、蒸红薯叶、凉拌红薯梗、红薯叶馍等特色产品。为了发展红薯产业，兰考县以"企业 + 合作社 + 农户"或"合作社 / 种植大户 + 农户"的产业化经营模式，大力发展订单农业，全产业链打造红薯产业，确保种植的红薯能够全部销售，逐步形成独特的红薯生产带。

动员多种力量支持红薯产业发展。为了大力发展红薯产业，兰考县农业农村局专门编写了红薯种植的栽培要点技术说明，对农民种植技术进行专业指导。同时，兰考县科学技术协会也经常组织下乡考察及实践活动，走访红薯种植户，了解种植户在红薯种植方面遇到的各种问题，为种植户提供技术支持和产业指导，与桐乡街道合作举办"红薯节"，举办红薯种植技术培训、红薯种植经验分享，以及红薯食品品尝等活动。兰考县还积极发展群众力量，组织志愿者帮助农户采摘红薯叶、红薯梗，及时帮助红薯种植户解决各项困难。

3. 兰考花生，兰考香飘香四海

兰考花生种植面积广，2020 年已达 25 万亩，而且食用方式多样，花生可以榨油，油脂含量非常高；榨油之外，还可以直接食用，生吃香甜，炒制吃浓香，多种食用方式都深受消费者热爱。

兰考花生主要是作为食用油加工使用，在兰考的张庄村，有很多农户经营花生油油料作坊，自己压榨花生油。而且已经有来自广东等发达地区的投资商，在兰考本地投资花生油加工厂，利用兰考本地的优良花生，生产花生油，并远销海内外。

兰考花生及兰考花生油，成为在兰考蜜瓜、兰考红薯之后兰考对外宣传和对外展示的最新名片。"兰考新三宝"将成为兰考对外宣传和对外展示的最佳形象。

（三）三产融合发展模式

兰考县围绕优势特色农业，以规模化种养为基础，以产业兴旺和农民增收为目标，进行"生产＋加工＋科技＋营销"全产业链开发，创新体制机制，实现绿色发展和农业一二三产融合发展。

1. 创新"3—1—2"产业发展路径

兰考围绕蜜瓜等地方特色农业，聚焦新产业新业态，导入数字经济、创意设计、职业教育、科技创新、供应链金融等创新要素，从需求端入手，通过网红经济、新零售等新场景新模式，先解决产品卖出去的问题，从而倒逼前端科技创新、种植与生产加工等环节整体提升，走出一条通过三产创新发展带动一产规模化、现代化发展，推动二产绿色化生产、智能化转型，通过构建要素集聚、资源转换的动力支持体系，构建起全产业链条，打通三产带动一产推动二产的"3—1—2"产业创新发展路径。

2. 成立农业发展公司合作社，发挥龙头企业的带动作用

兰考县以促进一二三产业融合发展、形成坚实的农业综合生产能力和高质量农业供给体系为目标，持续培育完善特色产业体系。通过健全

农业社会化服务体系、电子商务进农村综合服务体系和农业技术服务体系，成立农业产业发展有限公司和合作社，帮助群众实现保增收稳脱贫。兰考积极吸引行业龙头企业入驻，在产业链顶端抓研发、育种和繁育，助推产业带贫模式；在产业链终端抓市场销售，塑造兰考产业品牌；在产业链中端充分吸纳农民参与种植养殖业环节，实现产业稳定发展和群众增收。

3. 数字新零售赋能，拓宽农产品销售渠道

充分发挥电商时代的"互联网+"模式，兰考与京东、淘宝、拼多多等电商平台合作，建立了兰考特产农产馆或者兰考农产品品牌店铺，积极发挥移动端的品牌宣传和营销功能。同时针对这两年火爆的直播电商，兰考县也积极与直播电商进行合作，与专做农村电商的新农堂合作，在阿里巴巴淘宝直播官方平台、看点直播官方号、侠侣优选平台进行直播，展示销售兰考蜜瓜，同时向直播间粉丝介绍兰考县蜜瓜发展历史和产业发展概况，直观展示了兰考县盛产的蜜瓜、桑叶面条、香油、辣酱、桐花蜜、芝麻酱、大蒜、南马庄大米等名优产品，吸引了众多观众网友下单购买。

4. 建设"国家级电子商务进农村综合示范项目"

兰考县还成为"国家级电子商务进农村工程"的第一批示范项目，除了国家的相应支持之外，兰考县投入近900万元，建设"国家级电子商务进农村综合示范项目"，包含：

兰考县电子商务进农村公共服务体系建设。完善兰考县特色产品展销中心、公共品牌设计中心、电商人才培育中心、小微企业孵化中心、电商数据展示中心等，提供电子商务服务解决方案，提供电子商务服务资源与当地各种业态对接，为当地电子商务发展提供一站式服务。

兰考县区域公共品牌营销与本地品牌培育服务体系建设。加强与阿里、京东、苏宁等知名电商平台合作，开设兰考特色馆等线上店铺不低于2个，

拍摄兰考电商宣传片、企业品牌宣传片进行媒体宣传投放，对企业品牌形象进行升级，拓宽兰考农产品网上销售渠道。

兰考县农产品供应链服务体系建设。在现有物流园的基础上改造升级不低于2000平方米的"兰考县电商仓储物流服务中心"，整合邮政、圆通、中通、韵达、百世等快递物流企业不低于4家，建设满足农产品发货的仓储中心，畅通县、乡、村农产品上下行通道，解决农产品供应链"最后一公里"难题。

兰考县电子商务人才培训体系建设。建立培训团队或引入专业的第三方电子商务培训机构，依托电商人才培育中心功能，面向全县政府机关、企业、农民合作社、电商协会、建档立卡贫困户、大学生、创业青年、特殊人群及电子商务进农村三级服务体系工作人员，开展电商知识普及和专业技能培训。

四、重构乡村环境

牢固树立和践行绿水青山就是金山银山的理念，坚持尊重自然、顺应自然、保护自然，兰考积极建设美丽乡村、改善村居环境、加强农业绿色发展，不断推动乡村生态振兴。

（一）建设美丽乡村

创建"美丽乡村"是落实党的十九大精神，推进生态文明建设的需要，也是改善农村人居环境，提升社会主义新农村建设水平的需要。推进生态人居、生态环境、生态经济和生态文化建设，创建宜居宜业的"美丽乡村"，是新农村建设理念、内容和水平的全面提升，是贯彻落实城乡一体化发展战略的实际步骤，也是促进城乡协调发展的重要组成部分。建设美丽乡村不仅满足农村居民的需要，也满足城市居民的需要，是整个社会的需要。

1. 美丽乡村张庄村 [①]

张庄村位于九曲黄河最后一弯东 4 公里处，曾是兰考县最大风口，沙丘遍布，贫困凋敝，是远近闻名的贫困村。张庄村依托诞生于这片沙土地的"焦裕禄精神"建设体验基地，启动"梦里张庄"乡村旅游模式。2016年 5 月，村党支部委员会、村民委员会（以下简称"村两委"）将 6 户空心户打造成的第一个农家乐"梦里张庄"开业，由此，村两委开始引导村民围绕"梦里张庄"发展产业。"梦里张庄"成为张庄村形象名片，进行对外宣传推广。

2017 年脱贫之后，张庄村启动"美丽乡村"建设项目。彼时，素有中国乡建实战派专家之称的鲍国志，带领其工作室成员，陆续承接了环境整治、传统民居修缮、基础设施改造、美丽庭院建设、村民素质文化教育、"漂亮的院子"公益活动等保护实施工作。普通村民家逐渐实现"一院一景"，村民崔影家，几十株翠绿的竹子成为天然的院墙，原木色的窗棂让院落"乡土味儿"十足；村民闫春光家，原本一人多高的院墙被改造成搭配有花砖的通透低矮墙，院落更显精致；张庄戏院门前的老屋子，摒弃原有的小格子窗户，取而代之的是四四方方的棕色大窗棂，韵味油然而生。张庄村建设了中国乡村第一个院落式图书馆——桐花书馆。桐花书馆已成为张庄村网红打卡地；除此以外新建的张庄戏院、黄河湾书画院、民俗馆等场所，不仅将空心院子复活，也为开展移风易俗活动提供了场地。

2. 乐器之乡徐场村 [②]

堌阳镇徐场村是全国闻名的乐器之乡，已经成为美丽乡村的示范村。

① 张雯. 从环境设计视角探究美丽乡村建设 [J]. 赤峰学院学报（汉文哲学社会科学版），2019（2）：89-91.

② 张海珍. 一个民族乐器村的美丽嬗变——河南省兰考县徐场村调研报告 [J]. 乡村振兴，2021（10）：71-73.

徐场村的美丽，主要在于以下几个方面：

规划布局美。徐场村按照"一村一品"理念，突出中国民族乐器文化底蕴，以北方民居为主基调，参考悬山、舒山设计，融合民族音乐元素规划设计了"宫、商、角、徵、羽"五个游园。村道硬化率 100%，强弱电入地率 100%；村口及主要道路设置"中国民族乐器村"标识等指示牌，村内主干道两侧乐器作坊林立，坊前均设有简介、门牌，乐器文化村氛围浓厚；村内实施绿化提升工程项目，沿街道路栽植绿化苗木，村内林草覆盖率 50% 以上，绿化景观树占林木的 70% 左右。

人居环境美。徐场村自然风景优美，周围有千亩桐林环绕，形成了一座天然氧吧。近年来，徐场村持续抓好环境整治这项基础性工作，积极推行"五分钱工程"，将筹集的资金全部用于环境卫生整治、村容村貌改善等方面，资金使用期间由监委会全程监督。村里环卫设备、设施齐全，并配备保洁员，确保村内垃圾及时转运不过夜。此外，徐场村创新设立了垃圾分类兑奖点，规定每周三为兑换奖品日，极大地调动了群众参与环境整治的积极性和主动性。同时，改厕、建院也是徐场村环境整治的重要一环。截至 2019 年底，徐场村改厕率已达 95% 以上，美丽庭院建成率达 67%，安装路灯等照明设施 60 多盏，对主次街道沿街墙体刷白 9000 多平方米，修建污水排放管道 7 公里，并投资 150 万元建设 1 处一体化污水处理设施。

文化特色美。徐场村自 1985 年办起第一家民族乐器厂，至今已有 30 多年的乐器制造发展史，民族乐器文化底蕴深厚。徐场村拥有生产古筝、古琴、琵琶、扬琴等 20 多个品种、30 多个系列的民族乐器家庭作坊 85 家。近年来，全国各地音乐院校的老师和学生纷至沓来，一些大型的乐器文化活动也常在徐场村举行。徐场村不仅是乐器加工厂，还是音乐家的天堂，独特的音乐文化魅力吸引了越来越多的民族音乐爱好者来到徐场村，感受民族乐器文化的魅力。徐场村用民族乐器的振兴奏响乡村振兴"幸福曲"，已成为焦裕禄干部学院的现场教学点之一，正逐步成为乡村振兴的建设典范。

3. 村落更新蔡岗村

蔡岗村地处豫东黄河流域平原地区，呈现出黄河下游平原区域传统聚落的典型形式外，又显露出区别于一般村落的较为稀疏的营造排布形式。

村庄内部空置率大，村集体经济收入形式单一，村庄空间稀疏的排布，与村庄欠缺的内部向心力，影响了村落的外观，会加速村落的生命退化和生态退化。为此，泛华集团从发展的角度思考村镇营造，引入新的业态，构建复合产业。在村落有机更新的过程中，设计者从设计的角度引导村民基本审美的提升，从原住民的角度更新村落的硬件配置，从传承的角度思考地方性元素的延续和创新。

利用现有空心院落，引入民宿网红业态，营造具有重要地域特色和生态优势的改良型民居作为民宿经营的同时，也能够作为改造示范引导村民对自宅进行更新改造。

深入了解村庄的痛点，进行路网排水系统的改造，让村庄享受到社会发展的红利，比如街道美化，院墙升级，厕所革命等。尤其是在排水系统规划上匠心独用，按照海绵城市和低影响开发设计理念，雨水尽量就地消纳，以减少径流量，既能节约工程造价，又能实现较好的有组织雨水排放目标。在充分利用现状地面标高的前提下，按现状道路坡度组织雨水的排放。雨水经由村内雨水花园、下沉绿地、植草沟、盖板沟，排放至村外。各院落雨水出水口均接入盖板沟（图 4-8）。

采用砖砌合院的传统建筑营造手法，利用砖这一种建筑材料，用新的外观和砌法赋予这古老材料新的意义。同时，利用农村废弃材料、农具等，把它们装饰在景观小品和建筑外立面上，使建筑效果优美、典雅，不失乡村风格（图 4-9）。

在蔡岗村的乡村建设过程中，泛华设计团队常驻现场，聘用当地农民作为基础工人，解决当地农民的就业问题，引导"我的家乡我来建"的创新工作模式。在建设过程中，进行面传身授的技术指导，逐步形成一批能

图 4-8　复合式路缘石

图 4-9　砖砌合院的传统建筑营造手法

够做乡村建设工程的农民队伍，在长期磨合中，不断完善农村建设场景，建设自己心中的美丽家乡！

（二）改善村居环境

1. 农村垃圾治理

兰考为了治理农村垃圾环境，坚持日常保洁和集中整治相结合，加大投入，完善机制，实现农村人居环境的长治久洁。在每年的"三夏""三秋"和国庆、春节的关键节点，分别开展为期一月的人居环境集中"清零"行动，推动村内全域环境达到"十无一规范一眼净"。加快保洁设施配备建设，投资 2.2 亿元，在每个乡镇新建垃圾中转站 2 个以上，实现户有垃圾桶、村有垃圾箱、乡有中转站、县有处理设施。并引入上市公司北控集团，年投入 4700 万元，对全县所有行政村实现市场化保洁，建立"户投放、保洁员收集、保洁公司运输、县处理"的农村垃圾治理模式，实现村内村外保洁全覆盖。

破解垃圾"出口"难题。针对生活垃圾，投资 3.1 亿元建成光大环保静脉产业园并投入运营；针对农作物废弃秸秆，投资 2.2 亿元建成瑞华生物质发电项目；针对畜禽粪污，全县 169 家规模化养殖场，144 家配备了粪污处理设备；针对废旧农膜，推进废旧农膜二次利用和无害化处置。

实现垃圾分类减量。开展"小手牵大手，垃圾不乱丢"行动，通过学生影响家长转变观念实施垃圾分类。各村相继开展"沤制农家肥"行动、建筑垃圾"堆山造景搞绿化"行动、"收集破旧衣物换钱"行动。

2. 推进"厕所革命"[1]

随着美丽乡村建设不断推进和全域旅游热兴起，农村厕所改造问题已经成为乡村振兴道路上不得不跨过的一道坎。厕所不仅是日常生活的必备设施，还体现了区域的文明程度。美丽乡村必须要进行"厕所革命"。

兰考县将农村改厕作为一项重要的民生工程来抓，并提出两年时间让兰考县群众用上安全卫生厕所的整体目标。兰考合理选择改厕模式，采取试点先行，梯次推进，统一规范改厕施工标准的做法；以奖促改，加大财政奖补力度，每户改厕奖补 1000 元，并加强技术培训和宣传，强化质量监管和后期服务。此外，全县新建乡村公厕 500 座，对所有学校、卫生院（室）、敬老院、幼儿园、村委会等公共场所厕所进行了无害化改造，实现所有村庄全覆盖。越来越多的群众通过改造厕所改变居住环境。

---

3. 农林污水综合利用

针对农村污水清洁化处理和利用方面的工作，兰考县将镇区污水纳入污水管网处理，与河南城发签订协议，对红庙镇、谷营镇等14处污水处理厂提升改造，新配套建设管网28千米；投资约8000万元完成了16千米的引污分流工程和污水处理厂中水回用工程。针对村庄污水，有条件的村建设小型污水处理终端，全县共有建设污水处理终端的村48个。全面推行"河长制"，对全县18条河道321个入河排污口进行封堵，拆除临河养殖场233个。

兰考县秉承乡村"三水同治"理念：黑水（厕所粪污）、灰水（洗浴水、厨房等生活污水）、白水（雨水）三水分离，白水收集、灰水处理、黑水利用。针对白水建设储水池，雨天收集贮存水源，旱季供农民抽水浇地，平时抽水用于乡村道路洒水降尘；针对灰水建设大三格化粪池，铺设管道收集农户"灰水"，通过三级沉淀和生态处理，从而达到无害化处理和资源化利用，有效减轻农民及财政负担。

4. 农林废弃物再利用

针对农业种植及林业生产产生的大量废弃物，不但对乡村环境造成很大的干扰，也会对村民健康形成很大的隐患。兰考县依托瑞华环保电力，进行农林废弃物燃烧发电。项目年处理秸秆7万吨、年处理林业"三剩物"23万吨，年发电量1.6亿千瓦时，辐射半径150公里。兰考依托鼎丰木业、三环人造板对林业"三剩物"进行深加工和综合利用，制成刨花板等新型板材。鼎丰木业年处理能力达40万立方米，辐射半径150公里；三环人造板年处理能力达22万吨。引进的中电建兰考仪封生物天然气项目，采用"政府＋合作社＋农户"模式进行收储运，建成后年处理秸秆可达3万吨。

（三）加强农业绿色发展

1. 大力发展农业清洁生产

农业清洁生产是一种实用型农业技术和科学生产管理方式，既可以满足农业生产需要，又可以合理利用资源、保护环境。作为清洁生产的主要推广方案，兰考按照"强基础、重生态、促循环、育特色、全链条、拓功能"的总体思路把种植业、养殖业、加工业紧密衔接，积极打造生态循环农业建立大农业循环体系，加快实现农业废弃物资源化循环利用，重点布局循环农业发展示范区，包括建设粮食种植业—畜牧养殖业—草腐食用菌循环农业发展示范区、林果种植业—木材加工业—木腐食用菌循环农业发展示范区、林果种植业—木材加工业—木腐食用菌—光伏发电循环农业发展示范区，通过示范区建设，探索创新发展模式，引领兰考县循环农业发展。

2. 大力推进农业能源改革

2018 年 7 月，河南兰考成为全国首个农村能源革命试点建设示范县。兰考县位于九曲黄河最后一弯，化石能源资源匮乏，但作为典型的农业大县，风、光、热、农林废弃物、畜禽养殖废弃物等能源资源丰富，预估兰考太阳能经济可开发量为 27 亿千瓦时 / 年；兰考县地形平坦，在目前国内低风速风机迅速发展的背景下，具有良好的开发潜力；地热能较为丰富，全县每年可开采资源量约为 68 亿千焦，出水温度可以达到 72 摄氏度。经济发展需要能源的保障，结合兰考现状，通过进行风能、太阳能、生物质能等农村可再生能源开发，广泛在农村开展"风力机组""光伏大棚"等农村新能源设施建设，推动兰考县从"能源消费前端"变为"能源生产前端"。

2022 年底，兰考县可再生能源发电并网装机容量达 116.8 万千瓦，可再生能源发电量占全社会用电量比例已经从 2016 年的 21% 提高到 95%。昔日的"风口袋"成了名副其实的"绿宝盆"，丰富的风能、太阳能、生物质能等资源转化为电能，托起了百姓的致富梦 ①。

3. 开展农业生产污染防治

兰考主要通过地膜回收、秸秆综合化利用及畜禽废料污染防治，开展农业污染防治和污染产品的综合利用，以保证农业生产过程低碳环保低废，促进农业绿色化、清洁化和生态化发展。

地膜科学使用回收。地膜覆盖是一种非常成熟的农业生产技术，有效促进了粮食、蔬菜等农作物的产量与品质的提高。但是种植结束之后，覆盖地膜留存在田间，会破坏耕地土壤结构，损坏农业生态，污染农村的人居环境。为此，兰考对地膜使用和回收进行专项推广。兰考县农业农村局针对农民进行宣传，倡导农民科学使用和回收地膜，促进农业清洁生产。鼓励和支持使用符合国家标准的全生物可降解地膜。

秸秆综合利用。兰考秸秆资源丰富，2020 年秸秆可收集量达到 66.3 万吨（表 4-1），兰考通过现代科技手段，将秸秆进行综合利用，实现了秸秆"五化"综合利用方式。

兰考县 2020 年秸秆相关数据 表 4-1

作物	面积（万亩）	产量（万吨）	草谷比	秸秆理论量（万吨）	可收集系数	秸秆可收集量（万吨）
小麦	89.0	35.7	1.28	45.7	0.77	35.2
玉米	56.1	19.9	1.04	20.7	0.93	19.2
花生	24.5	7.9	1.27	10.0	0.98	9.8
红薯	3.6	1.9	0.22	0.4	0.98	0.4
其他	4.5	\	\	1.9	\	1.7
合计	177.7	65.4	\	78.7	\	66.3

秸秆肥料化。将秸秆还田作为主要的秸秆利用方式。连续两年以上实施秸秆还田的农田，土壤团粒结构明显改善，有机质明显增加，土壤肥力

---

① 王宇. 乡村"蝶变"——河南兰考推进能源革命试点纪实 [EB/OL]. 中国新闻网，（2023-04-11）. https：//www.chinanews.com.cn/cj/2023/04-11/9987770.shtml.

和蓄水保墒能力显著提高。据统计，2020 年，兰考秸秆肥料化利用量计 51 万吨，秸秆肥料化利用率为 76.9%。

秸秆饲料化。秸秆饲料化是指通过青贮、黄贮、干贮等技术，增加秸秆饲料的营养价值，提高秸秆转化率，是发展节粮型畜牧业的有效途径。兰考近两年要打造为畜牧强县，秸秆饲料化利用量也是不断增大。据统计，兰考在 2020 年秸秆饲料化利用量为 12.9 万吨，利用率为 19.5%。

秸秆能源化。秸秆能源化利用技术主要有秸秆固化成型燃料、秸秆发电、秸秆沼气三种方式。据统计，2020 年，兰考秸秆能源化利用量为 2 万吨，能源化利用率为 3.0%。2021 年兰考引进的中电建兰考生物质制气有限公司已开始运行。2021 年秸秆能源化利用量达 3.5 万吨，利用率为 5.2%。

秸秆基料化。兰考县秸秆基料化利用的方式主要是把秸秆制成食用菌培养基料生产食用菌。据统计，2020 年，兰考全县秸秆基料化利用小麦秸秆、玉米芯计 0.4 万吨，利用率为 0.6%。2021 年，全县秸秆基料化利用量增至 1 万吨，利用率为 1.5%。

秸秆原料化。兰考秸秆原料化利用的方式主要是将秸秆制成生态板和板材饰面，利用企业主要是万华禾香板业（兰考）有限责任公司。2020 年 10 月该企业一期已基本建成，2021 年开始运营，2021 年全年秸秆原料化利用量为 0.6 万吨，利用率为 0.9%。

绿色畜牧业发展。兰考县畜牧业发展迅速，"5+1+3"绿色畜牧产业体系基本形成，本地畜牧企业规模不断扩大，带动全县畜牧业向规模化、标准化、产业化方向发展，形成不同畜种的生产基地。以生态畜牧业示范场创建为重点，支持规模化养殖场（小区）开展标准化改造和建设，发展标准化、规模化、生态化养殖，大力推广种养一体的生态循环养殖模式。兰考县畜牧局基于综合利用，制定了《兰考县畜禽养殖户污染防治技术要求》，并印发《畜禽规模养殖场粪污资源化利用设施建设规范》，通过举办专题培训班 12 余期、印发宣传资料 3000 余份、组织现场观摩、进场入户指导等方式，宣传推广畜禽养殖废弃物资源化利用的技术模式、经验做法，切实增强畜禽养殖场的主体责任意识和绿色发展意识，不断提高畜禽养殖粪污资源化利用和污染防治水平。兰考按照源头减量化、过程无害化控制、末端资源化利用等原则，应用节约用水、固液分离、雨污分离、浓稀分离、堆肥发酵、生物菌种快速发酵等手段对畜禽粪污进行资源化利用。兰考还开展畜禽养殖废弃物技术集成示范，推广应用有机肥、水肥一体化等关键技术。多次开展畜禽粪污资源化利用培训及观摩，为全县规模养殖场粪污资源化利用工作开展打下坚实的基础。

第五章
治理生态空间，建设绿水青山

党的十八大把生态文明建设纳入中国特色社会主义事业"五位一体"总体布局，明确提出大力推进生态文明建设，努力建设美丽中国，实现中华民族永续发展。习近平总书记也多次在不同场合强调保护生态环境，绿水青山就是金山银山；强调坚持绿色发展理念，不断推进生态文明建设实践，促进人与自然和谐共生的生态理念。为了更好地推进生态文明建设，党中央、国务院和各部委相继提出了"海绵城市""城市双修""碳达峰和碳中和""黄河流域生态保护和高质量发展""EOD"等一系列的发展理念和国家战略，为新阶段推动高质量发展提出了明确指引。

兰考县全县土质大部分由冲积和淤积的粉土、细砂及部分淤土组成。加上多次黄河决口留下的黄河故道形成天然风道，造成兰考县风沙大、土地盐碱化严重。因此，以防风固沙为核心的生态治理是兰考建设发展的核心要务。纵观兰考县的生态治理历程，无一不是践行了国家的政策理念要求，从 20 世纪 50 年代焦裕禄同志带领兰考人民种泡桐、治理盐碱地、防风治沙开始，兰考就一直坚持不懈地进行着生态治理工作，将兰考县的大量荒地、害地、废地，转化为绿水青山、沃土良田！

为彻底根除"三害"危害，20 世纪 80 年代以来，我国在"三北"建立了大面积的防护林带，兰考是其中最密集的地方之一。1982 年至 1986 年，伴随全国性的绿化运动，兰考掀起了以植树造林为中心的除"三害"高潮，5 年内造林面积超过前 32 年的总和。1987—1989 年，兰考大兴农田水利建设，开挖河渠 633 条、新打机井 2800 多眼，灌溉面积增加到 60 万亩，为全县农业高产稳产奠定了基础。1989 年，兰考全县种植泡桐达到 700 多万株，农桐间作 52 万亩，防护林带上百条，林木总量达到 2400 多万株，全县林木覆盖率达 18.8%，跨入全国平原绿化先进县行列。兰考县生态环境的改善，为兰考县发展经济提供了重要保障。

特别是在近些年，兰考人民在县委县政府的领导下，树立和贯彻落实创新、协调、绿色、开放、共享的新发展理念，以提升生态服务功能、保障生态安全为根本，确立生态环境为基础、生态经济为核心、生态人居为目标、生态文化为灵魂、生态文明制度为保障的建设方略，构建科学合理的生态空间格局，打造高效生态经济示范县、生态环境优化示范区、生态生活践行示范区、生态制度创新示范区、生态文化弘扬示范区，形成以"全域生态、六个示范"为特征的兰考县生态文明建设模式。2015年，兰考县被行业推荐入选首批国家级生态保护与建设示范区名单；2016年，兰考县创建成省级生态县。

泛华集团在服务兰考的建设过程中，在总体发展理念指引下，结合兰考县城资源禀赋特征和生态建设现状情况，将"生态+"的理念融入城乡发展建设中，统筹生态与产业发展、生态与环境保护、生态与人文、生态与民生改善、生态与乡村发展，构建"大生态"体系，以生态理念引领全县城乡一体化建设，将焦裕禄精神引领下治理好的绿水青山真正转化成金山银山！重点从黄河生态治理、城市生态治理、乡村生态治理三大方面着手，从水系建设、海绵改造、环境提升、乡村特色、绿色建筑、绿色生活等多方面系统推进兰考县生态环境建设。

一、黄河生态治理

（一）兰考县内黄河概况

黄河，属世界长河之一，是中国第二长河，也是中华民族的母亲河，全长约5464公里，流域总面积79.5万平方公里。兰考县位于黄河下游"九曲十八弯"的最后一弯，随黄河之变而变。在长久的历史中，黄河孕育了多彩的兰考地域文明，也铸就了一座名扬千古的焦裕禄精神丰碑！

虽然兰考黄河段只有25公里，却是决口最多的区段。据《兰考县志》

记载，从 1171 年到 1949 年的近 800 年间，兰考决口达 143 次之多。1855 年 6 月 19 日，黄河在铜瓦厢北大堤冲开了一道 200 多米的大口子，整个铜瓦厢坍塌河内，仅存东坝头村这一历史的遗迹。铜瓦厢决口，彻底改变了黄河的走向，不仅夺淮入海 700 多年的河道再次北归，借大清河入渤海，更形成了九曲黄河上的素有"豆腐腰"之称的最后一道弯——兰考东坝头（图 5-1）。

图 5-1　兰考东坝头

由于黄河多次改道，故道、故堤和沙丘、村庄结合形成了上百个风口，加上兰考地势低、地下水位高、含碱量大，风沙、内涝、盐碱就成了兰考数百年来的"三害"，历史上的多次决口改道，在兰考境内留下了三条故堤两条故道，形成临黄滩地、黄河故道和背河洼地三种主要地貌。黄沙遍野，碱滩遍地，深重的历史苦难，得到历任国家领导的高度重视（图 5-2）。

（二）沿黄区域发展战略构想

黄河给兰考带来灾难的同时也带来机遇，全县一半以上优质土壤都是黄河泛滥留下的。在长期与黄河相处的过程中，兰考人民发明清水灌溉，淤泥沉淀的"引黄灌淤"办法，到 1980 年兰考引黄灌淤形成新地达 17.27 万亩。

图 5-2 兰考县内黄河概况图

毛主席纪念亭　兰坝铁路　安澜石

铜瓦厢　古渡口 浮桥　老河务局旧址

2019 年 9 月 17 日，习近平总书记在郑州黄河国家地质公园视察，9月 18 日，黄河流域生态保护和高质量发展座谈会在郑州召开，明确黄河生态保护与高质量发展的重大战略部署，黄河流域城市发展迎来新的发展机遇。

结合习近平总书记提出"宜水则水、宜山则山，宜粮则粮、宜农则农，宜工则工、宜商则商"24 字路线方针，泛华集团提出从全局角度综合考虑兰考县沿黄区域发展，结合新时期城市发展新需求，制定建立以生态为基础、以文化为特色、以乡镇为载体、以旅游为主题的战略发展构想，联动开封、郑州，发挥区域优势，打造区域性文化生态廊道的战略构想（图 5-3）。

（三）高标准建设沿黄绿色生态高质量发展示范区

结合兰考县沿黄现状建设条件，以"红色 + 绿色"作为两大地域特色，高标准建设沿黄绿色生态高质量发展示范区。聚焦生态保护、文化资源、农耕传统等优势要素，打造国家级红色研学游传承体验区、国家级水利风景展示区、沿黄生态保护和乡村振兴示范区，实现高质量发展沿黄绿色生态发展示范区的战略发展目标。

图 5-3　兰考县沿黄区域发展战略构想示意图

　　针对大堤内外空间管制差异性，提出黄河大堤以内、黄河大堤以外两类空间管制标准。以整个开封市域内沿黄区域为研究对象，堤内主要在保障黄河安澜的基础上，探索生态、农牧、文旅等综合利用模式，探索滩区内生态、经济发展的综合效益最大化；堤外以保农业生产性空间和特色养殖产业发展空间为主，巩固脱贫攻坚成果，提升农业经济价值和沿线居民生活水平，推进沿黄区域乡村振兴（图 5-4）。

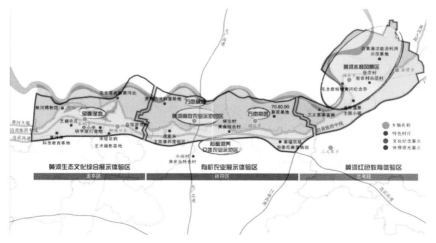

图 5-4　兰考县沿黄区域乡村振兴发展空间示意图

为有效推进沿黄区域高质量发展和高标准建设，从产业发展、空间利用、生态要素选择、村庄建设等方面着手，统筹生态、生活、生产关系，进行系统性研究，提出十大建设措施和路径。

建设沿黄大堤绿色廊道。结合沿线黄河大堤建设情况，建议沿黄河大堤两侧预留建设100～500米林地廊道（图5-5）。此项目的建设不仅作为开封市北部绿廊，与大都市区联动发展；还是落实国家碳中和战略的未来都市区"绿色银行"战略地。整体提升黄河生态效益，为沿线城镇发展和乡村振兴做好战略预留。

图 5-5　沿黄河大堤两侧林地廊道效果图示意

对沿黄河大堤建设提出合理化的空间利用方案。充分利用大堤空间，突出观赏价值和经济价值综合效益，是践行习近平总书记理念的有益尝试，产生了较大的生态效益和经济效益。沿线绿植选择本地树种——泡桐树（图5-6），其生长周期较快，对沿线用地不产生破坏，且可作为家居、乐器等产业的生产基地，产生经济效益。同时，结合内堤和外堤的空间特征，沿黄河大堤构建拓展训练、赛马、黄河马拉松等多层次的户外赛事活动，以赛事流量带动乡村发展。

探索滩区湿地、草场、农田用地的综合利用模式。选择合适物种，发挥湿地的综合生态效益。就滩区湿地植物种类的选择，泛华集团做出了大量研究和实践，沿黄河划定一块试验田种植相关植物，探索最优化方案，

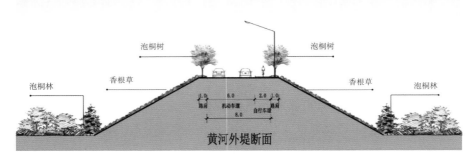

图 5-6　黄河外堤断面设计示意

最终选择以香根草和万寿菊两种为主，既具备观赏价值，又具有成本低廉、管理简易特征，具备一定的经济价值，可形成持续性收益产品，同时对改善水质、改良土壤具有一定的修复治理作用（图 5-7）。至 2022 年，兰考县依托 10 多万亩黄河滩区土地，在黄河滩区种植紫花苜蓿等优质饲草 10 万亩。同时，充分发挥地理优势和生态优势，构建摄影活动流量体系，建设黄河主题摄影基地；结合滩区沙滩优势，建立以亲子活动为主的滩区沙滩乐场，策划沙地足球、沙坑挖掘机、泥滑等儿童型项目，提升沿线村民收入。

　　利用滩区优越的光照条件发展光伏新能源产业，解决沿黄村庄能源问

水利部黄河水利委员会专家领导　　　领导在兰考黄河边查看　　　专家教授在兰考黄河边检查香
肯定香根草的护堤效果　　　　　香根草固沙护堤　　　　　　根草根系

专家领导在兰考黄河边查看香根草种植　黄河岸边香根草的生长高度　专家领导查看用香根草生产香草香菇

图 5-7　专家领导在兰考视察生态建设情况

题（图 5-8）。兰考县滩区具有得天独厚的风能、太阳能等清洁能源。结合优势能源资源，在黄河湾谷营镇北部发展光伏发电园区，同时开展光伏发电教育体验，在光伏电站下种植薄荷、薰衣草、金银花等具有较强观赏价值的喜阴香料作物，带动沿线村庄加工提纯小微工业，同时搭配相应的风车屋，供游客观赏和休憩使用，使游客在参观过程中了解黄河周边清洁能源及利用情况。

图 5-8　利用滩区优越的光照条件发展光伏新能源产业

结合滩区特点，建设黄河滩区绿色畜牧种植基地。滩区以协调生态和农业关系为发展重点，在明确优先保证生态效益、避免黄河水质污染、满足产业发展需求的发展原则下，在保证 5.14 万亩柳园口湿地自然保护区生态安全的基础上，提升综合效益。构建以紫花苜蓿、杂交构树、香根草、万寿菊（以上四种植物均有较好的生态效益和水土保持效益，耐旱，根系对土壤不构成破坏）为主的绿色畜牧种植作为滩区的农业主导方向，构建以绿色畜牧种植为导向的绿色产业链，追求生态效益和经济效益的双赢格局（图 5-9）。

紫花苜蓿　　　　杂交构树　　　　香根草　　　　万寿菊

图 5-9　绿色畜牧种植

大堤外结合村庄建设适当发展以绿色原产饲料（畜牧、杂交构树等）为主的绿色养殖业（图5-10）。重点养殖羊、牛、驴、马等畜牧经济，同时结合原有池塘、养殖场发展绿色混养产业，打造旅、产、学、工一体的混养教育基地。如兰考沿黄三义寨南马庄养殖水稻，号称"兰考小江南"，在稻田内养殖"稻香鲫"品牌的鲫鱼，大力发展鱼稻混养；三义寨西马庄、老文村大力发展2000亩水产养殖基地，发展荷塘混养产业，带动藕产业"种植—加工—观光休闲"三产融合的莲藕产业。同时，结合牧草种植，发展以谷营镇村庄为载体，以兔、猫、鱼、马等动物种类为重点建设宠物乐园，构建宠物养殖、售卖、观赏、比赛、宠物饲料、宠物家居、代养系统化的宠物产业链条，以宠物经济带动沿线村庄发展，提升沿线村民收益。

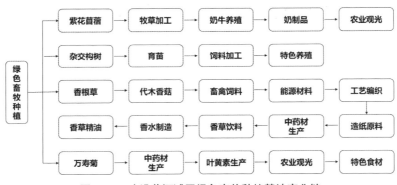

图 5-10　建设黄河滩区绿色畜牧种植基地产业链

以黄河生态为基底，以红色文化为主要吸引点，打造以老革命家为消费对象的老年康养红色交流基地。以豫鲁两地老一辈革命家为消费对象，保留三义寨大堤内局部村庄，并进行改造提升，打造红色民宿建设及老年红色艺术交流中心。

讲好新时代"黄河故事"，吸引区域人流集聚，提升文化经济价值。结合三义寨黄河渠首闸特色建立现代黄河水利教育基地，以图文展示、数字化展示、模型展示、多媒体展示、实地展示等形式打造中小学生水利教育实践基地；同时，结合东坝头村毛主席视察黄河纪念亭建设红色治黄展示馆，讲述、展示国家治理黄河的历史文化，展示焦裕禄精神，进行爱国主义教育，提高政治教育服务能力，提升区域竞争力；建设提升东坝头黄河文化公园，打造红色教育干部实训基地，挖掘黄河治理历史文脉，同时融入黄河生态体验、亲子体验、研学旅游等，打造以科普黄河文化知识、研学体验为核心的黄河文化园，传承现代红色治水精神；依托兰考县木刻、砖雕、姬家唢呐、红色话剧等地方民俗文化资源，建立民俗文化展示基地，构建学、传、游、展一体化的民俗文化体验地。

汇聚区域文化资源，打造豫鲁文化交融展示地。充分发挥兰考县区位地理优势，结合自身优势红色文化资源，构建"红色文化＋国学文化"的中小学黄河研学实践基地、"美食文化＋民俗文化"的黄河民俗文化体验两个研学旅游目的地（图 5-11）。

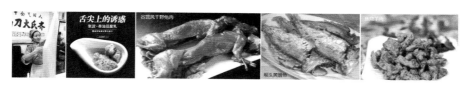

图 5-11　兰考特色美食

沿线村庄践行绿色、低碳发展理念，以特色保护和集聚提升类村庄为主体，建设沿黄绿色低碳节能建设展示推广基地。结合沿黄特色旅游资源，构建多样化的观光游线，策划骑行观光、电动车观光、小火车观光、热气球观光、骑马观光等多样化的低碳出行方式，沿线村庄配套建设公共自行车、生态停车场、充电桩、驿站等旅游服务功能，增加村民收益；同时，探索低碳、节能、降耗的村庄改造模式，鼓励采用本地建材和低能耗建材进行沿线村庄改造，从水资源、出行方式、能源利用、建筑建材等方面构建可获得的低碳生活体验（图 5-12）。

2021 年初，时任县委书记的李明俊重点启动沿黄建设工程，一期工程重点对沿线村庄街面改造，沿黄道路交通工程进行提升和优化。在顶层思维和系统性统筹谋划下，兰考县黄河生态治理以综合效益最大化为原则，在保障黄河生态安全的基础上，统筹沿黄村庄生产、生态、生活关系，不断提升黄河生态环境质量，不断提升村民生活水平！

骑行观光

骑马观光

电动车观光

热气球观光

小火车观光

图 5-12　沿线村庄开展低碳生活体验

二、城市生态治理

　　城市本身也是一个广义上完整的生态系统，即由城市自然环境与物质、社会关系、经济活动和作为城市居民的人类共同构成。人与人之间，人与自然之间，经济活动与生态环境之间，物质需求与精神追求之间，都是以命运共同体为指引，形成生产、生活、生态"三生"体系之间的共生共荣、相互依存、相互促进的系统。城市生态系统的构建要以"安全、健康、和谐、可持续"为主要目标，注重发挥生态与经济、社会的最大效益。

　　近些年来，随着城镇化的快速推进，兰考县城也如中部大部分县市一样，人、城市与生态的矛盾开始显现，水资源短缺、地下水超采、黑臭水体产生、生态绿廊缺失等问题凸显。

　　结合兰考县现实问题和国家政策导向，泛华集团提出采用当时先进的海绵建设、水系治理、生态修复、综合开发等系统措施，改善兰考县生态环境的同时，追求综合效益的最大化，这也是"EOD"模式最初的朴素践行方式。2016年，时任县委书记的蔡松涛统一思想，大力推进兰考县生态环境建设，先后启动城市生态修复、兰考县海绵城市专项规划、兰考县水系总体规划等工程建设。

（一）城市生态修复

2017 年 3 月，住房和城乡建设部发布《住房城乡建设部关于加强生态修复城市修补工作的指导意见》，将"城市双修"作为推动供给侧结构性改革的重要任务，提出要在生态环境和城市建设调查评估的基础上，编制专项规划，并推进一批有实效、有影响、可示范的"城市双修"项目。

兰考积极响应国家政策要求，以弥补城市历史欠账、促进转型发展为重点，在河南省"百城提质"的基础上，开始实施"城市双修"工作。兰考的生态修复以问题为导向，充分结合生态环境、绿化、水系、城市品质、历史文化资源利用等方面的诸多问题，针对性地提出修复措施，有效指导近期重点工程的建设。

1. 构建"点线面"结合的水生态安全格局

结合中心城区内河湖水系的梳理与调整，最终将形成"一核、十廊、多点"的水生态安全格局。以金花湖群及其周边绿地形成的区域水生态核心为"一核"；以四干渠、清涧河、兰阳河、浚仪河、青阳河为主要的水生态廊道，和以饮泉河、汶水河、兰商干渠、五干二支渠、迎宾河为次要的水生态廊道为"十廊"；以河流沿岸具有一定景观特征的小型林地、湿地、岛屿、湖泊为生态斑块为"多点"（图 5-13）。

2. 保护多样化的水生态系统

根据规划水域的生态功能重要性不同，将兰考中心城区水生态系统的保护分为重点保护区和一般保护区。

老城区的南湖、商务中心城区仙霞池和兰阳湖以及兰考的水源地金花湖群（金沙湖、金花湖、金牛湖）为重点保护区。维持自然湿地形态及水流形态，保护湿地重要生物栖息地，保证水生态系统的完整与稳定，实现其作为整个兰考县水生态核心区的功能定位。

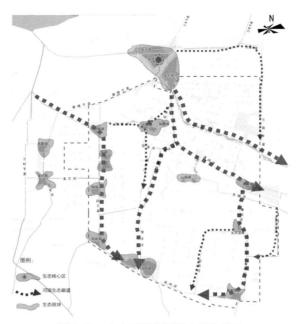

图 5-13　中心城区内河湖水系分析图

生态核心区以外的其他水域及滨水生态绿地、河流廊道系统为一般保护区。为保持水系连通性及滨水生态系统的健康，维护河道生态护岸，保证河流廊道的通畅性及廊道功能的完整性。

3. 完善城市绿化开敞空间体系

构建"县级—片区级—社区级"三级城市绿化开敞空间体系。

县级绿化开敞空间选择大于 4 公顷的斑块，面积更大的优先。服务半径小于 1500 米，步行 20 分钟，骑车 10 分钟内到达。主要包括金牛湖公园、中央公园、兰湖公园、凤鸣湖公园、焦裕禄纪念园等开敞绿地，市民中心、会展中心、体育中心、展览馆等集散场地，兰阳广场、兰考汽车城、兰美广场等的购物休闲广场以及高铁站、火车站、汽车站等交通广场（图 5-14）。

片区级绿化开敞空间选择面积大于 1 公顷的斑块。服务半径小于 1000 米，步行 10 分钟，骑车 5 分钟内到达。主要包括麒麟湖公园、桐湖公园、兰阳湖公园、青阳湖公园、景文公园、为民公园等。

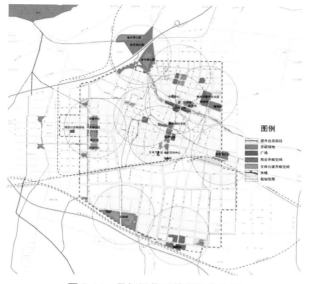

图 5-14　县级绿化开敞空间分布图

社区级绿化开敞空间选择面积大于 0.4 公顷的斑块。服务半径小于 500 米，步行 5 分钟内到达。主要包括社区公园和街头绿地。

4. 构筑两级空间生态通廊

兰考"城市生态修复"构建两级空间生态通廊，使得兰考城市"生态问题"得到有效处理，城市风貌品质得到有效提升，生态环境及人居环境明显改善，城市活力不断显现。

一级通廊为城市的主要生态廊道骨架，主要依托城市主要河流构建，串联城市级开放空间节点。最小宽度控制在 80～100 米。城市人文景观廊道（裕禄大道、迎宾大道），沿两侧布置城市服务功能，展示兰考人文景观。裕禄大道以纪念焦裕禄为代表的红色记忆为主线；迎宾大道展现新时代的兰考产城融合、绿色产业发展的新面貌；生态河道（四干渠、兰阳河），沿水系建立连续的水系生态廊道；外围生态绿环与铁道游憩带（陇海铁路、郑徐高铁、日兰高速），沿外围快速路设置防护绿地，强调生态与景观结合（图 5-15 ）。

图 5-15　开放空间通廊分布图

二级通廊主要依托城市次级河流、径流廊道和线型生态绿地构建，串联片区级开放空间。宽度控制在 30～80 米，保证廊道基本功能的同时，统筹汇水廊道、公共绿地、非机动车道等基本功能。

（二）海绵城市建设

基于兰考县水资源总量不足、地下水超采、河湖岸线生态薄弱、排水系统不完善、污水处理能力不足、河道淤积情况严重、供水安全保障受到威胁等水资源、水生态、水环境、水安全方面的问题，积极落实习近平总书记关于"加强海绵城市建设"的重要讲话精神，转变原有发展理念及传统的排水防涝和污染治理思路，先后编制《兰考县海绵城市专项规划（2016—2030）》《兰考县海绵城市建设规划》，制定《兰考县海绵城市规划设计技术导则》，以海绵城市建设理念引领兰考县城市发展，以生态、安全、活力的海绵建设塑造兰考县新形象，让城市"弹性适应"环境变化与自然灾害，实现经济与生态资源环境的协调发展。

1. 构建海绵城市空间格局

充分考虑兰考县城区生态环境的自然本底及承载力，重点突出规划建成区内滨河、滨渠绿化空间和绿色人居环境，以城市中心的南湖公园、麒麟湖公园及兰阳河滨河公园为主要的绿地核心，以主城区的四条河流绿化为主要轴带，结合城市公园绿地以及道路绿地，形成城市"一环、两带、多心、多横纵"的生态绿地系统格局。

以中心城区外围路网为骨架串联城区内主要的公园绿地及景观水体，共同构造城市的生态外环为"一环"，也是城市系统中最大的生物种群源；规划位于穿城而过的陇海铁路和连霍高速公路两侧的大面积防护林带为"两带"；以南湖公园、麒麟湖公园及兰阳河滨河公园作为城市绿地的生态核心为"多心"，坚持高品质的景观设计，完善功能，发挥城市绿肺的生态辐射作用，满足市民的使用需求；以贯穿全城的城市干道为主要带状景观，连接着城区内道路绿带和滨水绿带为"多纵横"，共同打造城区绿网交织、蓝脉相连的生态格局。

2. 分区针对性引导

兰考县海绵城市建设按照"因地制宜、分区控制"的原则，设立 5 个海绵城市功能区分区，包括居住小区海绵城市改造示范区、海绵城市综合开发建设示范区、内涝防治海绵城市改造示范区、公共建筑海绵城市改造示范区以及产业集聚区海绵城市改造示范区（表 5-1、图 5-16）。

居住小区海绵城市改造示范区，位于兰考县中心城区东北部的兰阳河流域片区，总面积约 975 公顷。主要示范在居住小区用地条件下，改善居住小区绿化景观，提高居民生活舒适度的同时，达到雨水净化、蓄积、回

兰考县功能示范区划分　　　　　　　　　　　　　　　　　　表 5-1

编号	功能示范区	面积（公顷）	比例（%）
1	居住小区海绵城市改造示范区	975	14.9
2	海绵城市综合开发建设示范区	828	12.7
3	内涝防治海绵城市改造示范区	886	13.6
4	公共建筑海绵城市改造示范区	2177	33.4
5	产业集聚区海绵城市改造示范区	1658	25.4

图 5-16　兰考县海绵城市功能区划分示意图

用的目标。

　　海绵城市综合开发建设示范区，位于兰考县中心城区的饮泉河流域片区，包括公共管理与公共服务用地、居住用地、商业用地等，总面积约828公顷。主要示范在兰考县未来的主要城市拓展区海绵城市设施的应用，以满足海绵城市建设多目标的要求。

　　内涝防治海绵城市改造示范区，位于兰考县中心城区范围内的清涧河流域片区，主要包括居住用地、商业服务业设施用地等，为中心城区内涝防治重点区域，总面积约886公顷。主要示范在内涝防治压力较大的区域，建设雨洪水滞蓄设施，减缓城市防洪压力，达到区域内涝防治的目的。

　　公共建筑海绵城市改造示范区，位于兰考县中心城区南部的四干渠流域片区和浚仪河流域片区，包括公共管理与公共建筑等，规划用地总面积约2217公顷。主要示范在公共用地以及商业用地条件下，增加雨水收集利用海绵城市设施，对区域内雨水资源进行有效的回收利用，以缓解示范区水资源短缺的问题。

产业集聚区海绵城市改造示范区，位于兰考县中心城区南部迎宾河流域片区和青阳河流域片区，主要为工业用地，规划用地总面积约 1658 公顷。主要示范根据产业园区特点，以雨水净化及收集利用为主要措施的海绵城市措施，对区域内的雨水收集并进行有效处理，处理达标后的雨水可回用于相应企业，以缓解兰考水资源短缺的问题。

3. 重点项目展示

西湖公园棚户区海绵城市建设，改造重点为透水铺装改造、下凹绿地改造、雨水调蓄池建设等（图 5-17～图 5-20 ）。

海绵型道路与广场建设，针对道路排水压力增加、径流污染程度较高等问题，通过合理布置透水铺装、植被浅沟、下凹式绿地等雨水控制利用

图 5-17　加入海绵规划理念的西湖公园棚户区改造项目鸟瞰效果图

图 5-18　透水铺装

图 5-19 下凹式绿地

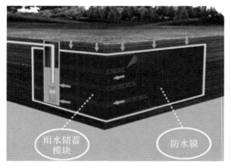

图 5-20 PP 模块雨水调蓄工艺

措施，构建水环境友好的绿色道路系统，从而增加雨水下渗、降低道路产生径流总量、降低径流污染程度，并创造人水和谐的新型道路景观。

通过道路项目的新建和改造，在试点区内共新增透水铺装 41.72 公顷、下凹绿地 34.82 公顷（表 5-2、图 5-21）。

道路工程项目统计表 表 5-2

序号	项目名称	道路长度（米）	透水铺装（公顷）	下凹绿地（公顷）
1	兰商街新建项目	4430	1.33	0.00
2	尚德路新建项目	640	0.38	0.32
3	通安路新建项目	2730	1.09	0.82
4	清源路新建项目	1320	0.53	0.40
5	济阳大道改造项目	6460	4.52	3.88
6	玉虹街改造项目	6470	3.88	3.24
7	朝阳街改造项目	6360	4.45	5.09
8	振兴街改造项目	3940	2.36	1.97

序号	项目名称	道路长度（米）	透水铺装（公顷）	下凹绿地（公顷）
9	黄河大道改造项目	6420	3.85	3.21
10	中山街改造项目	6200	3.72	3.10
11	文体路改造项目	2970	1.78	1.49
12	兴兰路改造项目	3680	2.21	1.84
13	考城路改造项目	7220	4.33	3.61
14	健康路改造项目	7290	4.37	3.65
15	通安路改造项目	3750	1.50	1.13
16	清源路改造项目	3550	1.42	1.07
	合计	73430	41.72	34.82

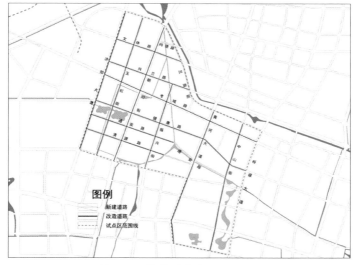

图 5-21　海绵型道路项目汇总图

　　兰考县海绵型公园与绿地项目主要包括新建公园及绿地。建设重点包括景观调蓄水体、透水铺装改造、下凹绿地、雨水花园等。

　　通过海绵型公园的建设，新增景观调蓄水体 54.4 公顷、透水铺装 9.69 公顷、下凹绿地 4.69 公顷、雨水花园 3.73 公顷（表 5-3、图 5-22）。

　　水系治理与生态修复建设。城市水系改造的主要措施是建设生态护岸，截留初期雨水；建设生态滤池管网汇集初期雨水；建设景观水体、生态浮

绿地公园工程项目统计表 表 5-3

序号	名称	景观调蓄水体（公顷）	透水铺装（公顷）	下凹绿地（公顷）	雨水花园（公顷）
1	兰阳湖湖滨公园改造项目	8.8	0.94	0.46	0.36
2	西湖湖滨公园改造项目	6.5	1.10	0.53	0.42
3	仙霞池公园新建项目	1.4	0.58	0.28	0.22
4	南湖公园改造项目	7.5	2.25	1.09	0.87
5	南湖公园扩建项目	30.2	4.82	2.33	1.86
	合计	54.4	9.69	4.69	3.73

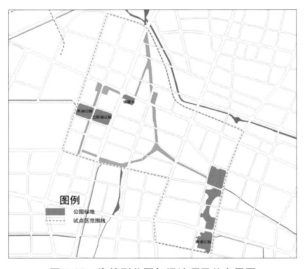

图 5-22　海绵型公园与绿地项目总布局图

岛，调蓄、净化和利用雨水资源，改善景观水体的运行条件，为城市居民提供绿色休闲生活（图 5-23）。

图 5-23　生态驳岸示意图

改造试点区共治理河道 3 条,新增生态护岸 15.55 公顷、透水铺装 4.24 公顷、下凹绿地 7.78 公顷(表 5-4、图 5-24)。

河道治理类项目工程汇总表　　　　　　　　　　　　　表 5-4

序号	项目名称	水系长度 （米）	水系宽度 （米）	生态护岸 （公顷）	透水铺装 （公顷）	下凹绿地 （公顷）
1	清涧河改造项目	3500	45	10.15	2.10	5.08
2	饮泉河生态改造项目	2060	30	3.30	1.24	1.65
3	文水河新建项目	1500	30	2.10	0.90	1.05
	合计	7060	—	15.55	4.24	7.78

图 5-24　试点区水系生态修复示意图

（三）城区水系建设

水系作为兰考县重要的水基础设施,承担着"保障城市防洪安全,协调城市涉水资源,构建河流生态系统,营造滨水景观环境,提高土地资源价值,促进城市科学发展"的重要作用,是城市规划建设中不可或缺的重要组成部分。

近年来，结合生态修复和海绵城市的要求，以城区生态水系为载体，兰考县大力开展城市水系综合治理工作。按照科学发展观和可持续发展的规划理念，以"水务一体化"为理论基础，以区域内河道、渠道、绿化廊道为基础，以城区水系的综合治理为重点，充分利用现有河道水体，突出亲水、生态和特色文化的水系框架，实现兰考渠城向湖城的转变。

同时，通过兰考县城区水务的统一规划和科学管理，达到"蓄排结合，协调城乡洪涝；循环调蓄，保障用水安全；水网连通，维护清澈水质；水绿交融，构建健康生态；水清景美，塑造宜居环境；水土融合，拉动兰考繁荣"的水系统构建目标，实现水资源和水生态系统的良性循环，构建"水清、岸绿、景美、游畅"的生态宜居城区。

通过逐步恢复和新建中心城区河道、水面、水网体系，中心城区水域面积达 201.21 公顷，占城乡用地比例 2.97%。

1. 兰考金牛湖、金花湖、金沙湖公园建设

位于兰考县西北角的金牛湖、金花湖、金沙湖公园，北邻日南高速、G220 国道，南临城市生态水源涵养地，自北向南分为金沙湖、金花湖和金牛湖三个湖泊，是兰考城郊的重要生态核心（图 5-25）。

图 5-25　金牛湖、金花湖、金沙湖公园平面设计及鸟瞰效果图

金沙湖水面面积为 367907 平方米（约 550 亩），主要为沉沙功能。景观以特色林带为主，并结合了黄河文化与水利工程项目科普展示及教育参观功能。

金花湖水面面积为308918平方米（约464亩），水深5米，库容约154万立方米，是兰考重要的地表水水源地。以生态郊野文化为主题，景观区域以速生花卉为特色，提升了假日休闲功能。

金牛湖水面面积为467443平方米（约702亩），水深5米，库容234万立方米，以休闲旅游功能为主。在建设中增加了水上娱乐等功能，提升了城市活力，为城市的远期发展提供生态支持。

三湖工程建设，是兰考县生态改善的重要生态工程，不仅有效提升了兰考县整体生态水平，也带动了周边土地发展，更为后期东侧"上河恬园"项目"EOD"发展模式提供了坚实的生态支撑（图5-26）。

图5-26 金牛湖、金花湖、金沙湖公园效果图

2. 兰阳河综合治理

兰阳河是兰考县城唯一一条贯穿城市东西的水系廊道，设计中利用时间段的推移，向游人展示兰考县的"昨天、今天与明天"。在功能上结合人的行为和需求，设置湿地景观、河流景观、花田景观、亲水景观等多种功能（图5-27）。

图 5-27　兰阳河平面设计及鸟瞰效果图

3. 兰湖公园建设

兰湖公园位于城区西部的商务中心区，西环路东侧，定位为生态型游憩公园（图 5-28）。

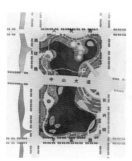

图 5-28　兰湖公园平面设计及鸟瞰效果图

4. 麒麟湖文化园建设

改造和利用原有四干渠、蔡楼干渠，在其交汇处以黄河文化、谋臣君子文化为主导，模拟黄河九曲十八弯的自然形态来设计麒麟湖总形态形成水面。并利用滨水空间，设计公园性质的游乐设施以及文化类设施小品，打造文化氛围浓郁的公共园林空间（图 5-29）。

5. 凤鸣湖农业主题园

利用四干渠和浚仪河作为水源，在高铁站旁大面积地挖塘筑堤种植荷花，发展种植、养殖产业，以万亩荷塘的壮阔景观吸引人，开展水上农家乐、水上采摘、垂钓、观荷等活动，以良性循环的生态养殖为特色，吸引周边城市旅游休闲（图 5-30）。

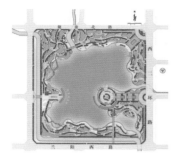

图 5-29　麒麟湖文化园平面设计及鸟瞰效果图

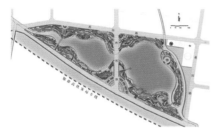

图 5-30　凤鸣湖农业主题园平面设计及鸟瞰效果图

（四）以"上河恬园"践行"EOD"模式

生态是城市发展的基础。2020 年 9 月，生态环境部办公厅、国家发展改革委办公厅、国家开发银行办公厅联合印发《关于推荐生态环境导向的开发模式试点项目的通知》，正式提出以生态文明思想为引领，以可持续发展为目标，以生态保护和环境治理为基础，以特色产业运营为支撑，以区域综合开发为载体的"EOD"发展模式。泛华集团认为，"EOD"发展模式的核心是将生态文明思想和"三生理念"融入区域发展之中，将生态资源优势转化为产业和区域发展动能，将生态环境治理带来的经济价值内部化，带动片区可持续绿色发展，是一种具有创新性、融合性的项目组织实施方式。

兰考县在加强生态修复与建设的基础上，积极践行"EOD"发展理念。充分利用生态资源优势，将"生态产业化"和"产业生态化"相结合，并融入"互联网+"的数字化开发运营理念，以金沙湖、金花湖、金牛湖三湖建设为试点，谋划兰考县上河恬园小镇建设。

上河恬园小镇选址于城区西北，金牛湖东侧，距离高铁站、高速公路出入口都较近，是城区至黄河风景游览区的必经之地，交通便捷，区位优越。小镇基地周边"三湖"建设已基本完成，南侧已建成兰考一高新校区，其余部分为白地及农田，森林环绕、田园阡陌纵横、生态环境良好、城市风貌突出（图 5-31）。

图 5-31　基地周边建设情况

通过充分挖掘上河恬园、焦裕禄精神、葵丘会盟文化底蕴，以上河文化的生态底蕴为依托，塑造人与自然和谐相处的恬园生态环境，以展现拼搏奋斗的焦裕禄现代红色精神，发扬开放共享的葵丘会盟传统文化为特色，打造具备兰考地域文化特色、现代产业特色的国际化恬园特色小镇（图 5-32）。

小镇借助兰考红色精神教育的优势基础，以会议培训核心品牌，以金牛湖休闲旅游为主打特色，大力发展以养生养老为主题的大健康产业。从塑品牌、强产业两个方面，发展恬园特色小镇。依托中部枢纽区域优势及红色资源优势，打造国家级红色教育推广体验基地，塑造以社会党员、普通家庭、中小学为主要对象的红色教育推广基地，依托黄河生态优势

图 5-32　打造现代产业特色的国际化的恬园特色小镇

和红色品牌传承优势，集聚红色文化资源，吸引优秀离退休党员专家干部发挥余热，教育创业，打造国家级红色养生度假区和红色文化精神康养地（图 5-33）。

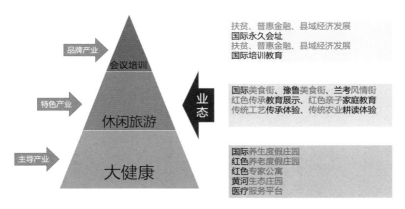

图 5-33　恬园特色小镇产业规划

　　上河恬园小镇依托兰考三湖的生态优势，将兰考县脱贫攻坚的宝贵历史经验转化为世界的财富，致力于将小镇打造成国际扶贫的交流和培训中心、打造新时代中国面向世界的精神和形象展示窗口，致力于以国际扶贫永久会址为载体，展示中国脱贫攻坚成就，开展国际减贫交流合作，交流分享减贫经验，为世界减贫事业做出中国贡献！

2019年6月28日，来自30多个国家的近300名政党领导人和代表受到中共中央对外联络部（以下简称"中联部"）邀请组织，来到河南省兰考县，参加中联部和河南省委共同举办的"中国共产党的故事——习近平新时代中国特色社会主义思想在河南的实践"专题宣介会，参观考察兰考县减贫成果。

2021年6月，河南省扶贫办参加兰考县"全国脱贫攻坚交流基地"挂牌仪式。并与兰考县领导共同为兰考县"全国脱贫攻坚交流基地"揭牌。近年来，兰考先后获得"全国脱贫攻坚组织创新奖""全国脱贫攻坚先进集体"等荣誉；全国1100多个县区和国际考察团莅兰考交流脱贫攻坚8700批次23万人次，应邀外出交流130场次。

小镇规划形成"一核、两心、两轴、四区、一带"的总体空间布局。以金牛湖生态核心为"一核"；以国际会展交流中心和红色文化康养中心为"两心"；发展主轴、发展次轴"两轴"；以国际会展区、文化传承区、生态核心区和田园休闲区为"四区"；核心水系景观带为"一带"（图5-34、图5-35）。

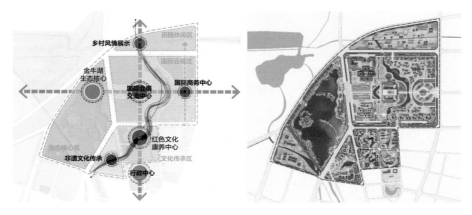

图5-34　恬园特色小镇规划结构及总平面设计

图 5-35　恬园特色小镇鸟瞰效果图

（五）以文化艺术推广低碳理念

为充分发挥社会主义核心价值观，推动新时代精神文明对城乡建设的指引，2020 年，泛华集团与兰考县人民政府、北京宝贵石艺科技有限公司签署关于打造低碳雕塑之城的战略合作协议（图 5-36），并推动举办"生态文明＋低碳艺术"主题研讨会，举办了兰考县首个低碳雕塑艺术节。

以践行新时代生态文明思想为目标，以绿色低碳为主题，旨在用低碳艺术为兰考"点亮"生活、"点亮"生态文明。该活动邀请国内材料专家、设计家、雕塑艺术家汇聚一堂，就"生态＋艺术"的话题掀起头脑风暴，碰撞出火花，为兰考"生态文明＋低碳艺术"协同发展扬帆起航提供了坚实基础，来自北京、西安、成都、贵阳、浙江等地的全国著名雕塑家为兰考落户首批低碳雕塑 30 余件，以低碳雕塑艺术的实践，促进城市建设与生态文明理念完美融合，"点亮"兰考县区域发展双碳意识，唤醒人民生态自觉，为推广宣传兰考县低碳城市品牌起到巨大作用。

图 5-36　泛华集团与兰考县人民政府、北京宝贵石艺科技有限公司签署关于
打造低碳雕塑之城的战略合作协议

三、乡村生态治理

2014 年 3 月，习近平总书记来到黄河边上的河南兰考调研，他走进东坝头乡张庄村村民家看望，和干部群众座谈。当年和焦裕禄一起治沙的老党员，向习近平总书记讲述了焦裕禄带领群众育草封沙、造林固沙的故事。在焦裕禄精神的引领和兰考县全体人民不懈努力下，经过 26 年，兰考县三害问题已基本解决，但新的乡村生态问题随中国城镇化的高速进程不断涌现。兰考县属于平原地区，境内属于源头型城市，垃圾处理问题、农村污水处理问题、地下水超采问题、土壤环境保护问题、生态林保护问题等成为乡村发展面临的突出问题。

结合兰考县乡村生态现状，泛华集团提出采用构建乡村生态大空间，构建乡村大海绵，改善乡村人居环境，推动乡村绿色建筑发展，开展乡村低碳活动，以水系建设为载体推动乡村振兴的建议。

2019 年 3 月，习近平总书记在中央农村工作会议上强调，加强农村生态文明建设，保持战略定力，以钉钉子精神推进农业面源污染防治，加强土壤污染、地下水超采、水土流失等治理和修复。这一重要指示，为加强农村生态文明建设、推进乡村振兴提供了根本遵循和行动指南。兰考县牢固树立"功成不必在我，功成必定有我"理念，科学编制农村生态文明规划蓝图，一张蓝图绘到底，一茬接着一茬干，持续向乡村生态治理发力，为乡村发展奠定了良好的生态本底优势。

（一）构建乡村生态格局

1. 构建全域一体的乡村生态格局

以生态优先理念为指引，坚持县域一体规划，划分合理的生态功能区，构建兰考"林田河湖"的生态网络体系。从城乡生态本底构建、乡村生态短板提升、生态优势资源转换三个方面逐步推进城乡生态建设工程，构建合理的城乡生态空间格局。

综合水文、生物、游憩方面的安全格局，将此 3 个生态过程的安全格局进行叠加、运算，最终确立县域生态安全格局，形成连续而完整的区域生态基础设施，为区域生态系统服务，为健康和安全提供保障。其中"底线安全格局"是低水平生态安全格局，是保障生态安全的最基本保障范围，是城市发展建设中不可逾越的生态底线，需要重点保护和严格限制，并纳入城市的禁止和限制建设区；"满意安全格局"是中水平安全格局，需要限制开发，实行保护措施，保护与恢复生态系统；"理想安全格局"是高水平安全格局，是维护区域生态服务的理想安全格局，在这个范围内可以根据当地具体情况进行有条件的开发建设活动（图 5-37 ）。

2. 打造贯通城乡的生态绿化廊道

结合高速、国省道、县乡道两侧林带和国储林、国有林场的建设，构建全域不同层级点线面结合的城乡绿廊系统。在同一层级的绿廊建设中，将灌木、乔木和地被相结合，形成不同层次的绿化系统。加强村边林、田间林建设，将乡村融入林田之中，形成村中有田，田中有村景象。

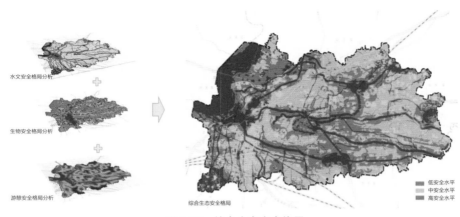

水文安全格局分析

生物安全格局分析

游憩安全格局分析

综合生态安全格局

低安全水平
中安全水平
高安全水平

图 5-37　综合生态安全格局

　　结合兰考县风沙大等实际情况，以泡桐等乡土树种为主，以生态防护林建设为抓手，重点建设城市森林圈、乡村防沙林、休闲森林公园，构建完备的绿色生态屏障，实现生态强县。将绿廊建设与农业、旅游相结合，在实现绿化体系化的同时，更要产业化，支撑强县富民战略。

　　形成"一核、一环、一廊、四楔、五带、六节点"贯通城乡的绿化廊道体系（图 5-38）。以兰考中心城区为"一核"，以县域周边规划防护林带及景观节点围合而成的生态外环为"一环"，贯穿兰考县域东西向的引黄

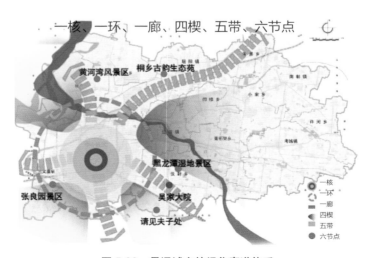

一核、一环、一廊、四楔、五带、六节点

黄河湾风景区　桐乡古韵生态苑

黑龙潭湿地景区

张良园景区　吴家大院

请见夫子处

一核
一环
一廊
四楔
五带
六节点

图 5-38　贯通城乡的绿化廊道体系

总干渠蓝色生态廊道为"一廊"。"四楔"为东坝头黄河水系与周围防护林带形成的楔形廊道；西南规划的兰杞、济民、杨山寨支渠周围密集防护林带；东南部仪封、通惠渠，陇海铁路周围楔形防护林带；东北许河干渠、黄蔡河、二干渠、日南高速防护林带形成的楔形生态廊道，向城市规划区渗透，成为与外围绿化空间的联系通道。"五带"分别为以106国道防护林、220国道防护林、日南高速防护林、陇海铁路防护林沟通规划区与周边城镇的绿地向外延伸带。"六节点"分别是东坝头黄河湾风景区、桐乡古韵生态苑、黑龙潭湿地景区、吴家大院、张良园景区和请见夫子处六大景观节点。

依据顶层谋划和总体布局，根据现状问题与近期发展需求，将植树造林与园林绿化结合起来，大力开展城乡绿化提升。到2021年，兰考县共实施完成绿化工程31项，新增绿化面积325万平方米；建成6530亩的泡桐主题森林公园和城市主要出入口6片国储林11.4万亩；环县城规划区栽植1.7万亩生态防护林，成功创建国家级园林县城；对全县国、省、县道两侧全部高标准建设50米宽的绿化带，乡道两侧各打造20米宽绿化带，通村道路两侧各打造10米宽绿化带；已完成国、省道绿化6条64.3公里，县道绿化8条81.9公里，乡道绿化15条74.7公里，村级道路绿化166条511.2公里，村庄绿化覆盖率达35%以上。

3. 修复自然传统的乡村海绵体系

在对兰考多个传统村落研究中发现，从村庄布局选址到内部沟塘建设，处处体现了古人朴素的"海绵乡村"理念。"海绵乡村"是传统村落"乡愁"记忆的一部分，是传统村落新型城镇化过程和美丽乡村建设中应该遵循的基本原则。

但是由于现代化步伐的加快和新农村社区、美丽乡村、特色小镇等建设理念的影响，使原有村落的生态海绵格局遭到了破坏。因此，兰考在进行美丽乡村建设时，以雨污资源化利用为核心目标，通过自然和人工方式进行"渗、滞、蓄、净、用、排"等一系列景观和工程手法，恢复乡村小海绵功能，使乡村能像海绵一样，在适应环境和气候变化方面具有良好的"弹性"。"海绵乡村"的关键在于通过沟渠建设，串联乡村一系列绿色"海绵体"，提升乡村绿地系统的雨水吸纳滞留能力，有效利用乡村区域内的水库、河流、坑塘和水渠等，并结合集水区、汇水节点的分布，优化整合设计形成"乡村海绵系统"，从而建立科学的流域管理行政体制，全方位、立体化解决水资源、水安全、水环境和水生态的综合水体问题。

泛华集团在兰考服务期间，主要从"宏观和微观"两个层面统筹乡村地区海绵建设。

宏观尺度上构建"海绵系统"作为县域与村镇的自然生命支持系统。由区域内湖泊、河流、湿地、水库、林地、草地、野生动物栖息地及其他自然区域共同形成相互串联的海绵网络；按照海绵城市要求，对县域水生态廊道进行分级、分段、分类，并形成具体的、统一性的指导原则。将河流干渠分为综合型、休闲游憩型、文化遗产型和生态体验型四个主要类型（图 5-39、表 5-5 ）。

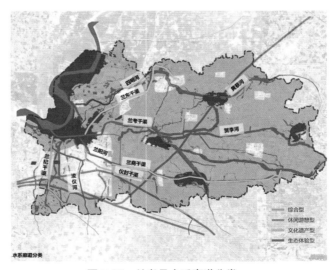

图 5-39　兰考县水系廊道分类

综合型河流廊道，主要为组成城市水网骨架的重要河流廊道，承载防洪排涝、雨洪调蓄、休闲游憩、文化教育、生态体验等多方位复合型功能，

序号	名称	河流廊道类型	特色	措施
1	兰商干渠	综合型	构建城市蓝绿结构	1. 利用现状道路形成完整绿道系统 2. 增加城市与河流联系的绿廊 3. 构建黄河故道风光体验带
2	兰东干渠	综合型	构建城市蓝绿结构	1. 利用现状道路形成完整绿道系统 2. 增加城市与河流联系的绿廊
3	兰考干渠	生态体验型	自然湿地水上游线	1. 维护自然河岸 2. 建立码头形成水上游线 3. 湿地科普教育
4	兰杞干渠	文化遗产型	水街	1. 以"张良"为主题展示"秦汉"文化 2. 打造临水商业步行街
5	黄蔡河	生态体验型	乡村风光	1. 维护自然河岸 2. 保护两岸农田基质
6	四明河	文化遗产型	红色文化与民族文化体验	1. 打造红色文化主题水廊,融入民族音乐元素 2. 建立慢行系统
7	贺李河	生态体验型	乡村风光	1. 维护自然河岸 2. 保护两岸农田基质
8	仪封干渠	文化遗产型	儒家文化体验	1. 以儒文化为重点,构建文化体验水廊 2. 建立慢行系统
9	北沙河干渠	生态体验型	乡村风光	1. 维护自然河岸 2. 保护两岸农田基质
10	兰阳河	休闲游憩型	将自然引入城市	1. 局部拓宽河道 2. 将硬质河岸改造为自然河岸 3. 打造水上码头,构建水上游线
11	浚仪河	休闲游憩型	将自然引入城市	1. 局部拓宽河道 2. 将硬质河岸改造为自然河岸 3. 打造水上码头,构建水上游线

如兰商干渠、兰东干渠河流廊道。加强河流两侧生态建设与保护,恢复河道两侧的湿地生态系统,提高沿线绿化覆盖和生态安全水平。河流两侧防护范围内严禁布局污染企业,严格控制沿线生活、生产污染物排放,确保河流水质清洁安全。

休闲游憩型河流廊道,主要为中心城区内便于满足市民日常休闲娱乐功能的河流廊道,如兰阳河、浚仪河河流廊道等。加强河流两侧生态建设与保护，重点建设生态休闲绿地，提高沿线绿化覆盖和生态安全水平；严格控制河流沿线两侧生活、生产污染物排放，确保河流水质清洁安全。

文化遗产型河流廊道，主要为城市中具有一定文化内涵并串联重要文化资源点的河流廊道，如兰杞干渠、仪封干渠、四明河等河流廊道。加强河流两侧生态建设与保护，重点建设生态休闲绿地，提升改善河水环境质量，确保河流水质清洁安全。

生态体验型河流廊道，主要为城郊连接水库、湿地等重要水源涵养、滞蓄点的河流廊道，如兰考干渠、黄蔡河等河流廊道。加强河流两侧生态防护林建设，同时严格控制沿线用地功能，禁止布局有污染的工业、墓葬等功能用地，严格控制沿线两侧农业生产过程中化肥、农药的使用，保证用水安全性。

微观尺度上构建"海绵乡村"，通过整合叠加村庄内各个"海绵体"要素，集成为村庄内的"海绵"生态网络。

2019年，兰考把农村坑塘治理作为改善人居环境工作的一个重要突破口，开始全面推进150个村庄的坑塘综合整治工作，通过科学规划、正确引导，对乡村地区村庄内外的坑塘、河道进行综合治理，让废旧坑塘变成"金窝窝"和"聚宝盆"，建设水美乡村（图5-40～图5-42）。

与美丽乡村建设相结合，坚持一坑一策、分类施治；加强末级渠系的治理，对与坑塘连接点的水渠进行疏通，坑塘周边栽植绿化树木，使废弃坑塘波光粼粼充满生机，成为群众家门口的"打卡地"。

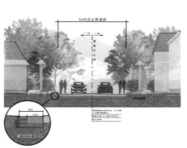

图 5-40　雨水边沟

图 5-41　海绵绿地和海绵庭院

红砖铺装　　　　青瓦铺装　　　　碎砖碎石铺装　　　　青瓦铺装

图 5-42　透水铺装

同时，将整治好的坑塘变成资源盘活利用，积极引导企业、社会团体、个人等社会力量，通过投资、认租等形式发展养殖业，增加村集体收入；积极探索稻渔立体种养，发展水稻、鲫鱼混养，实现生态效益与经济效益的双赢。

（二）乡村生态建设

1. 乡村污水治理

兰考县在推进农村生活污水处理工作中，因地制宜探索出乡镇集中式污水处理站处理、三格式处理、一体化 A/O 处理、人工湿地涵养等多种模式。

考城镇阮寨社区、红庙镇污水处理厂等乡镇集中式污水处理站，利用格栅＋沉砂＋调节＋改良 A2/O＋二沉池＋滤布滤池＋消毒等污水处理工艺，污水经处理后达到地区排放标准要求。这种模式适合污水产生量较大的镇区人群集中地，适合多种工艺，出水较稳定，使用寿命多为 50 年，且维护方便。到 2021 年，兰考县每个乡镇均建有日处理能力为 500～1000 吨不等规模的污水处理站，服务人口 4500～10000 人不等。

红庙关东村采用三格式处理模式，利用沉淀和厌氧微生物发酵原理，除去生活污水中悬浮物、有机物和病原体微生物，其处理设备为小型污水处理设施，适合服务人口 500～1000 人。建设日处理能力 100 吨的设施，仅需 20 万元左右，且无动力消耗，建设费用低、运营成本低是该模式的一大特点，缺点是出水标准低，不能稳定保证水质。

谷营镇樊集采用一体化设备（地埋式一体化污水处理站）处理模式，以改良型生物接触氧化 A/O 为主体的工艺，采用该工艺的设备，以填料作为载体，污水中的微生物不断地消耗着污水中的有机污染物质，净化效果较为彻底，出水水质状况好。建设日处理能力 100 吨的设施，能够服务 1000 人左右，建设费用相对较低，适合分散村庄建设，但处理水量大时需多组并联，经济效益差，不方便检修与更换，使用年限不超过 10 年。

东坝头张庄村采用的人工湿地处理模式，是模拟自然湿地的人工生态系统（类似自然沼泽地），人为地将石、砂、土壤、煤渣等一种或几种介质按一定比例构成基质，并有选择性地植入植物的污水处理生态系统处理模式。建设日处理能力 100 吨的设施，服务 1000 人左右，后续维护成本低，但占地面积较大。

2. 生态绿色村庄建设

兰考的原始村落发展经过了漫长的自然生长岁月，其发展形势是没有规律性的，缺乏规划设计。因此，在美丽乡村建设工作中，充分运用本地材料，把红灰砖与涂料作为外立面的主要装饰。较大程度地解决了村民住宅和院落的散乱、随意问题。使村庄的建筑显得统一、有秩序感，更加美观舒适。

根据《"中国零碳乡村"白皮书》的要求，兰考县委县政府在兰考创建13个"零碳乡村（社区）"。供电以光伏＋风电互补为主，配置储能系统，采暖以地热和电采暖为主，炊事以生物质天然气和电为主，构建村级"零碳微能源网"，实现生活用电、取暖、炊事等零碳化。

3. 乡村生态产业化建设

基于"发现价值、创造价值"的服务理念，落实"绿水青山就是金山银山"要求，在注重乡村生态建设的同时，更注重对现有生态资源价值的挖掘、包装和利用。在对全县域水系调研过程中，泛华团队发现兰商干渠沉砂池生态、地形、地貌、土质与黄河基本一致，是原明清黄河故道，现场调研中即将之称为"小黄河"，黄河故道两侧有丰富的生态资源，分布有兰考园艺场、崖沙燕生态群落聚集地等特色资源，结合现状资源优势，策划崖沙燕湿地重点项目，打造文化湿地新区，带动沿线乡村振兴（图5-43～图5-45）。

图5-43 兰商干渠（黄河故道）

图 5-44　兰考园艺场

图 5-45　黄河故道崖沙燕

第六章
造就金山银山，促进强县富民

产业发展是强县富民的必由之路。兰考县积极引入智库单位，主动转变城市发展思路，以城市运营的理念，发现需求、创造需求，发现价值、创造价值，充分挖掘兰考县政治资源、生态资源、文化资源、桐木资源等特色资源价值，重塑动力发展核心，将资源系统性转化成可持续发展的产业，推动一二三产业联动发展，外引内育，通过智库平台资源整合社会资源，以设计为引领，不断引入社会企业加入兰考县产业发展，接受新技术、新思维、新理念，提升产业发展水平；内部通过有序引领和政策扶持，培育地方龙头企业，打造地方产业的主力军，提升工业竞争力，加快农业现代化步伐。围绕主导产业延链、补链的集群需要，坚持强县与富民、城镇与乡村统筹发展的目标要求，坚持开放与跨区域合作的理念，推动进入特色资源产业化、产业集群基地化、产教研一体化、农文旅融合化的良性发展轨道。

一、特色资源产业化

兰考不仅拥有泡桐林、蜜瓜、花生、大枣等丰富的特色产业资源，还传承了"焦裕禄精神"这座永恒的红色丰碑。在发展过程中，这些资源逐渐转变为造福一方的产业势能，"前人栽树、后人乘凉"，焦裕禄以拼搏奋斗精神，将荒地、盐碱地、沙地转化为沃土良田，不仅打下了坚实的"绿水青山"生态发展环境，更传承留下了"泡桐"这独特的生态资源。家具及木制品制造产业、农副食品加工及红色文旅产业，在规划引领下蓬勃发展，逐步形成兰考特色产业发展体系，成为兰考县强县富民的支撑力量。

（一）家具及木制品制造产业

家具及木制品制造产业是兰考传统的特色主导产业。近些年来，通过政府、企业以及各种协会团体的多方努力，不断推动产业链的各个环节要素向着能够满足市场需求的方向高效运转。延伸木材加工产业链，产品结构更加多元化，木材资源利用率越来越高。加强木材加工产业链的薄弱环节，产品结构更加合理化，企业利润和出口创汇不断提高。通过优化营商环境与外引内育并举，推动家具品牌化发展，创造兰考家具区域品牌溢价。统筹家具产业集群化发展，极大地降低生产成本，提高家具企业利润与竞争力。从园区管理、人才培养、标准建设等基本保障、管理体系创新着手，促进产业高质量发展。最后，着眼于未来，推动家具产业向家居产业发展，打造绿水青山向金山银山转化利用的示范基地。

1. 高效利用，木制品深加工产品多元化

随着产业经济发展，桐木板材加工产业低端、产品效益低的问题也更加凸显，兰考针对出现的问题进行改革，及时洞察市场需求调整发展方向，根据国内、国际产业发展趋势，结合本地泡桐产业优势，因材器使、物尽其用，将泡桐树"吃干榨净"，发展不同品种的下游加工产品。

兰考泡桐树根据木材质量及加工工序分为四个梯次进行利用（图6-1），经过梯次利用的泡桐树全身是宝。特等木材主要被兰考众多家具制造企业和堌阳民族乐器制造企业使用，加工成高端家具和古筝、古琴、琵琶等民族乐器，然后运往全国各地；一些优质木材被当地企业和中日合资企业加工成板材和棺材，主要出口日本、欧洲、美国；大块尾料、边角料被加工成桐木漆器、毛拼板等，主要出口日本，年创汇大约3000万元；在木料加工过程中产生的木屑、木粉经过加工进一步变成瓦楞纸、纸箱等包装材料，进而可以应用于电子信息等行业。同时，泡桐树自身产生的枯叶、秸秆、枯根、树皮等不易利用的木质纤维可以应用于生物质热电联产

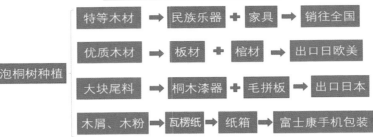

图 6-1 兰考泡桐树加工产业链

工厂的燃烧发电供暖。

2015 年，兰考家具制造及相关企业一共 102 家，家具及木制品制造产业总产值达到 140.13 亿元，生产家具 908292 件，家具制造业建设总投资 147.8 亿元，完成固定资产投资 13.67 亿元。随着国内房地产行业萎缩，家具制造业及批发行业市场规模逐渐下降，2019 年，兰考家具及木制品制造产业总产值达到 96.34 亿元（图 6-2 ）。

图 6-2 家具及木制品产值及增速

（数据来源：兰考历年统计年鉴）

2016 年，家居联盟产业园项目最终落位兰考，形成知名家居品牌产业集群。项目总占地约 1.3 万亩，入驻了索菲亚、江山欧派、喜临门、曲美、皮阿诺、大自然 6 家一线家居品牌企业。截至 2020 年底，园区企业实现年产值 15 亿元，利润达 1 亿元，缴纳税收近 5000 万元，科研经费累计投入 3000 万元，创造 2400 余个就业岗位，带动上下游企业就业近万人。家居联盟产业园项目的落地,进一步壮大兰考县家具及木制品加工产业规模,促进兰考家具及木制品制造业品牌化高质量发展,进一步提升兰考乃至河南家居产业在国内外的竞争力。

2. 县域统筹,家具全产业链集群发展

兰考分层级发展家具制造业,充分发挥在泡桐种植、人力资源积累和生产工艺方面的优势,形成以产业集聚区为龙头、以各乡镇专业园区为配套、以专业村农户种植为依托的空间布局,发展大小企业分工合作的产业集群。产业聚集区集中家具制造的知名品牌企业如索菲亚、华兰家具,涉及卧室、厨房、客厅、餐厅、办公家具等系列产品,发挥辐射带动作用;南漳镇和红庙镇发展门业专业园区,孟寨乡、闫楼乡和东坝头乡发展板业专业园区,总体形成"一区六园"的产业布局(图 6-3)。

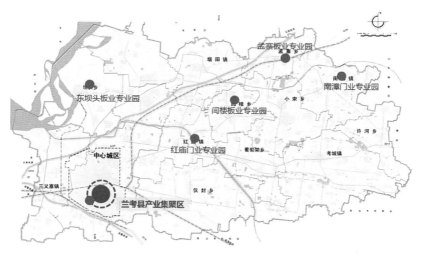

图 6-3 兰考县域家具及木制品集群发展布局示意图

同时,兰考以产业链集群、全县域统筹、大企业拉动、大项目带动构建了家具制造及木制品加工产业链体系,依托同乐居家具电商产业园等重点发展家具制造(高端、品牌)、民族乐器、木制品加工(门、人造板等)。

兰考家具及木制品加工产业链以木业培育研发创新为开端，涵盖科技研发、创意设计、产品创新。林木产品种植基地充分利用黄河滩地资源，在郑徐高铁和连霍高速之间已种植并形成占地6000多亩的泡桐森林公园。家具、乐器等中高端木制品和木板等中低端木制品属于产业链中游的加工制造环节，展销、物流、电商属于产业链下游交易环节。家具及木制品重点产业集群包括同乐居家具电商产业园、高档家具检验检测中心、家具企业孵化基地、民族乐器研发中心、家居城市创意工厂和产、学、研、创综合基地（图6-4）。

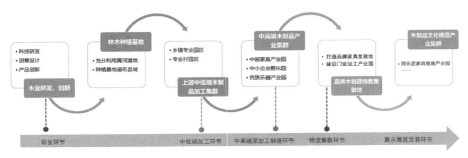

图6-4　兰考家具制造及木制品加工全产业链发展路径

3. 提质升级，家具产业向家居产业发展

家居是居室内与其有关的装修、家具、家电、布艺、饰品等的统称。随着时代发展和科技进步，人们的生活已经发生了天翻地覆的变化，对居住环境与生活用品的要求也越来越高，家具产业和家电产业、化工产业、纺织产业、通信产业等有更多的融合发展，推动家具产业向家居产业发展成了必然趋势。

围绕家具产业提质升级，以建设"中国·兰考品牌家居产业基地"为目标，强化链群发展理念，不仅吸引行业龙头骨干企业在产业集聚区布局发展大家居产业项目，还引进工业设计、智能家居、五金配件、物流配送等上下游关联产业，增强产业链本地化配套水平，形成从"原料供给—成品制造—家居定制—市场推广"的家居链条协同发展体系。2019年，全县家居及木制品行业产值达到300亿元。

红庙、东坝头、闫楼、堌阳和南彰配套园区木材加工产业不断整合，园区向规模化、产业化、标准化、专业化方向发展，乡镇专业园区承载力不断完善提升，产业集聚区现代家居企业的配套能力不断提高。依托TATA等龙头企业，兰考积极筹备建设现代家居产业互联网平台，引入C2M定制化生态平台，以用户为核心，构建场景、生态、入口、能力四个维度的生态闭环，完善智慧化服务体系，形成"互联网＋家居电商＋家居家电制造＋家装服务"的现代家居产业矩阵布局，做优做强大家居产业。

4. 平台保障，家居产业高质量发展

兰考家居产业园运营管理部对产业园的整体发展进行规划，包含"品牌家居集散地的打造""配套设施的完善""金融服务、电子商务、科技创新等平台的提供""一站式服务运营模式的创建""物流园区的建设""家居行业人才的培养"等方面。产业园运营方制定严格的入园准则，提升企业的准入门槛，提高入园企业的核心竞争力，确保产业园品牌优势最大化。

建设家居制造业高端人才培养培训基地，从知名高校引进青年学生，到企业基层去锻炼学习并有计划地进行培养，为未来家居行业做好人才规划与储备，同时对园区内招聘的技术工人，也给予相应专业培训，促进家居产业产教融合发展。

着力完善家居产业研发设计、检验检测、展览展销、现代物流、木材口岸、电子商务、信息服务等公共服务平台。加快推进中国建材检验认证中心、综合检验检测中心、市场交易中心及配套物流园区等项目建设。

（二）农副食品加工产业

根据资源禀赋、地理位置以及现实基础，同时响应河南省人民政府关于养殖业和食品业的转型升级方案，兰考将当地农产品资源优势转化为市场优势，走集群化、规模化、特色化发展之路。围绕农业供给侧结构性改革，以龙头企业、绿色循环发展示范区和绿色食品品牌带动绿色食品加工

产业发展，推动农副食品加工产业链条延伸，向精深加工方向发展。通过引入线上智慧生产系统推动种植、加工、仓储、流通全产业链数据化，降低劳动投入，提高生产效益。

1. 多方合力，产业规模化特色化发展

2015 年，兰考理顺了食品药品、工商、市场监督管理等部门管理体制，建立了县、乡、村三级便民服务体系，加强与中国食品工业协会合作，逐步集聚形成食品专业园区，华润、正大、禾丰、晓鸣禽业等企业龙头带动畜产品深加工企业快速向专业园区集聚。正大食品产业园项目建设不断推进，农业结构得以调整，加快发展无公害农产品、绿色有机食品和地方特色农产品，建设树莓、食用菌、晚秋黄梨、蔬菜、山药等特色农业种植基地。2015 年，农副食品加工产业相关企业 152 家，总产值达到 29.72 亿元，建设总投资 29.18 亿元，完成固定资产投资 14.09 亿元。2019 年，农副食品加工业总产值达到 23.26 亿元（图 6-5）。

图 6-5　兰考历年农副食品产值规模及增速

（数据来源：兰考历年统计年鉴）

2. 模式创新，畜牧全产业链发展

兰考县坚持以畜牧产业化引领农业现代化的发展思路，以农业龙头企业带动，打造鸡、鸭、牛、羊、驴和饲草"5+1"产业体系。

通过培育壮大畜牧龙头企业，做好产业两端；通过完善畜牧产业中

间环节，提升农民群众的参与感、获得感；通过政策、金融支持，实现贫困群众与龙头企业的对接。例如农户与龙头企业中羊牧业公司签订合同，通过"畜牧贷"贷款60万元，公司出资40万元，总额100万元，购买400只种羊，贷款、出栏羊羔等由企业回收并承担市场风险，农户只需安心做好精细化养殖。2018年底，全县有规模化养殖场815个；禽、牛、羊、驴存栏分别达到850万只、9.5万头、40万只、4530头；猪、牛、羊、禽出栏分别达到44万头、6万头、65万只、2650万只；全县杂交构树、紫花苜蓿、青贮玉米等优质饲料作物种植达5万亩。2018年，全县通过畜牧业带动7146名贫困人口稳定增收。

3. 延伸链条，产业集群化发展

兰考县农业产业集群内的农业组织以新型经营主体为主，多是在政府的引导和培育下成立起来的，政府在发展之初扮演了"孵化器"的角色，利用能人带动示范作用逐渐发展起来，形成以肉制品（鸡、鸭、牛、羊、驴）加工为主导，以粮油种植加工为配套，以果蔬种植加工为补充的绿色、循环、高效产业集群。

2015年，全县各级农业企业有232家，其中规模以上农产品加工企业65家，营业收入5000万元以上农产品加工企业15家。逐步形成了以农业龙头企业为引领，中小型农业企业和各类农业组织为依托的农业产业体系，形成了以种植、养殖、深加工、储藏等为主的产业链条，上下游农业企业、农业组织之间相互联系。

兰考县农业产品加工产业集群的组织创新呈现出多元化的特点，农业组织形式分为从农户到种养大户、从农户到家庭农场、从农户到专业合作社三种演变过程。谷营和仪封的牛、羊、鸡、鸭养殖基地以牛羊肉为主、鸡鸭肉为辅，发展成为屠宰、精深加工、冷链物流一体化的肉制品加工产业集群，形成品种丰富、系统完善的肉类加工产业链条。谷营、仪封和考城特色种植园发展功能型果蔬制品、鲜切果蔬、脱水果蔬、"谷—菜"复合食品以及果蔬功能成分提取、果蔬汁加工、果蔬综合利用项目。仪封、考城等乡镇依托高标准粮田的粮油作物种植优势，以农副产品精深加工为导向，发展小麦面粉加工、花生制品和油料制作，拉伸壮大了食品产业链条。产业集聚区内的食品及农副产品深加工龙头企业形成养殖、屠宰、熟食加工一条龙产业链，推动兰考农业产业化发展，而且带动物流、零售等相关行业发展（图 6-6）。

图 6-6　食品及农副产品深加工产业集群培育示意图

4. 精深加工，产业绿色化转型

2017 年，河南省人民政府办公厅印发《河南省高效种养业转型升级行动方案（2017—2020 年）》和《河南省绿色食品业转型升级行动方案（2017—2020 年）》，方案提到要改变种养产业大而不强，农产品多而不优的落后现状，发展果蔬精深加工、食用菌精深加工、食药同源加工产品等。

在政策引领和农业科技推动下，兰考以正大、禾丰肉禽养殖加工和晓鸣雏鸡孵化为核心，形成豫东禽业集群；依托北京首农、蒙牛、花花牛、田园牧歌等龙头企业，形成奶业产业集群；以"鸡、鸭、牛、羊、驴"和饲草"5+1"绿色畜牧产业体系为基础，在闫楼、谷营、仪封、红庙的养殖基地和黄河滩区饲草种植基地，协同发展饲草、养殖、屠宰、冷藏、运输各环节，创建了畜牧全产业链绿色循环发展示范区。对肉制品进行绿色、有机认证，形成以牛羊肉为主、鸡鸭肉为辅的屠宰、精深加工、冷链物流一体化的肉制品加工全产业链发展格局，创建肉制品绿色品牌。在闫楼、小宋和葡萄架创建种养一体化的绿色循环发展示范区。

兰考依托神人助粮油、五农好食品、鑫合食品、曲大姐食品等龙头企业，发展粮食制品、油脂制品、休闲食品、速冻食品等。发挥葡萄架、小宋、仪封和考城果蔬种植传统优势，推动果蔬绿色化转型，创建果蔬农贸市场，形成了果蔬种植、生产加工、销售一体化的全产业链。并且突破产业界限延链补链，发展了健康营养食品、医用食品、功能性食品、保健性食品，凭借电商网销通道，形成了具有传播力和影响力的绿色食品品牌。

5. 数字赋能，农业智慧化转型

在电子信息、大数据及通信技术迅速发展的今天，农业生产及服务的智慧化转变是必然趋势。兰考积极建设小麦、玉米等大田作物物联网技术应用示范基地，推动大型龙头企业率先示范。甚至，红薯、蜜瓜、花生兰考的"新三宝"在未来规模化种植领域还将推广基于北斗导航的智能植保无人机专业服务。届时，生产效率将极大提高，生产成本将进一步降低。另外，通过引入线上智慧生产系统推动种植、加工、仓储、流通全产业链数据化，应用物联网、云计算等先进技术为构建农业大数据平台和智能化服务体系打下了基础。

（三）红色文旅产业

红色文化的传播和红色文化产业的发展对于传承和弘扬社会主义先进文化，培育和践行社会主义核心价值观具有重要意义。兰考以焦裕禄精神为主体，打造形成焦裕禄精神文化产业生态圈，通过焦裕禄干部学院等教育机构发展红色研学教育产业。以红色为主题，吸引人流发展文化商业街区及水利风景区。

1. 形成焦裕禄精神文化产业生态圈

兰考推动红色主题大产业生态圈的构建，2015 年，各企事业单位以焦裕禄干部学院为核心，以红色精神教育培训、会展、会议等产业为主线，将焦裕禄干部学院、焦裕禄纪念园、焦桐五彩园等红色文化体验点串接起来，打通培训、旅游、会展、文化创意等产业，形成以焦裕禄精神为主题的文化产业生态圈。

在核心项目建设层面，以兰考红色文化特色体验区为核心，依托焦裕禄干部学院培训课程，以课程讲授 + 社会实践点实景体验 + 开放式课程任务的方式，以焦裕禄治水治沙视察风口事迹路线为主线，融合毛主席、习近平总书记等历代领导人视察兰考路线，串接县城、铜瓦厢、张庄、仪封等地，丰富现场场景体验，形成了一个覆盖全县主要文化节点、教学节点、旅游节点，内容丰富的红色主题教育网络（表 6-1）。

兰考红色文化资源 表 6-1

名称	地点	介绍
焦裕禄纪念园	兰考县城北的黄河故堤上	4A 级旅游景区，主要包括革命烈士纪念碑、焦裕禄烈士墓、焦裕禄同志纪念馆等。河南省 5 条红色旅游精品线路之一，26 个重点建设红色旅游经典景区 (点) 之一
东坝头黄河湾风景区（毛主席视察黄河纪念亭）	东坝头杨庄小学紧临黄河大堤处	九曲黄河最后一个大弯，呈 "U" 字形，因地势险要，素有 "豆腐腰" 之称。最主要景点为毛主席视察黄河纪念亭。毛主席曾于 1952 年、1958 年两次到此视察，并向全国发出了 "要把黄河的事情办好" 的伟大号召
焦林	焦裕禄纪念园东北	总占地面积近三十亩，2009 年，时任国家主席习近平和时任中央组织部部长李源潮亲手种植了 "二代焦桐"，寓意着焦裕禄精神的传承
焦桐五彩园	兰考县城关镇建设路 88 号	以焦裕禄亲手种植的参天泡桐树为核心，以 "焦桐" 为依托，以 "五彩" 为基调的主题公园
焦裕禄干部学院	兰考县城东北部	以弘扬焦裕禄精神为主题的全国党员领导干部党性教育培训基地。占地 311 亩，建筑面积 8.8 万平方米，主要包括学术中心、教学楼、学员宿舍楼、行政楼、报告厅、剧场、活动中心、餐厅及其他附属设施，可同时容纳 1200 人培训学习，700 人住宿

名称	地点	介绍
焦裕禄精神体验教育基地	东坝头乡张庄村南	在保留当年沙丘风貌的基础上开发占地120亩，共分8个区：焦裕禄精神体验教育区、张庄治沙体验区、高空攀岩拓展培训区、野营区、查风口探流沙体验区、民兵打靶体验区、农耕文明体验区和休闲文化区
兰考县文化交流中心	文体路公园首府（文体路）东侧	建设初衷定名为"焦裕禄精神文化园"，占地450亩，内设兰考县展览馆、刘岘纪念馆、兰考县民族乐器展览馆、兰考县非遗展示馆、文化旅游产品展示中心
坝头张庄景区	东坝头乡张庄村	现有农村干部培训中心、桐花书馆各1处，年代记忆民俗馆1处，张庄村"除三害"工作队指挥部、张庄布鞋手工作坊各1处，张庄景轩麦秸画1处，餐饮住宿3处，初步建成了集休闲、娱乐、餐饮、住宿于一体的"梦里张庄"

2. 开设不同层次红色研学教程

　　焦裕禄精神不仅仅局限于艰苦时期党员干部带领群众战胜自然灾害的精神，更具备当下"撸起袖子加油干""大众创业，万众创新"的时代特色，其"吃苦""钻研"和"担当"的内核也正是当今青少年所需要的精神特质。红色研学主要针对学生、职工、干部群体，以实地参与的方式，让体验者感受焦裕禄书记当年带领兰考人民治理"三害"时战天斗地的革命精神，加深对焦裕禄精神的感悟和理解。

　　焦裕禄精神体验教育基地整合焦裕禄纪念园、四面红旗纪念馆、梦里张庄等红色主题景点，开发出供全国各地各单位学习的焦裕禄精神体验教育之旅党性教育经典线路课程。同时建设了国内首家红色体验拓展培训基地，满足政府机关、国有企业、干部学员、青少年研学户外体验教育培训的要求。

　　焦裕禄干部学院打造特色教学体系，形成了"六位一体"教学模块。学院设置了"亲民爱民""艰苦奋斗""科学求实""迎难而上""无私奉献""新时代开封、兰考"六大课程主题；根据不同级别学员设计省部级班、市厅级班、县处级班、乡科级班、村支书班培训方案；根据不同系统学员设计党政、纪检、组织、国企等培训方案；设置了"焦裕禄精神路线""习近平总书记在兰考路线""基层党建路线""开封廉政文化路线"等九大经典路线。2018年，学院与中央团校开启战略合作，在师资队伍、课程教学、学术研究等方面实现资源优势互补，共同建设中央团校党性教育基地（表6-2）。

焦裕禄干部学院培训班次（2018年11月）　　　　表6-2

时间	培训班名称	人数（人）	单位性质
11.6-11.7	社旗县基层党组织书记集中轮训培训班	56	党政
11.6-11.10	深圳市2018年全市城管执法纪律教育培训班	49	党政
11.6-11.10	四川政府驻北京办事处下属企事业学习班	43	党政
11.7-11.9	中共佛山市公用事业控股有限公司委员会基层党组织书记培训班	36	党政
11.7-11.10	2018年天津大学化工学院"不忘初心，牢记使命"第四期培训班，2018年天津大学仁爱学院优秀党支部书记培训班	35	学校
11.7-11.10	青岛科技大学"牢记使命初心，全面从严治党"党务干部专题培训班	68	学校
11.8-11.12	2018年度第二期全国团市委班子成员进修班	47	党政
11.9	（开封市委党校）濮阳村支书学院培训班	40	党校
11.9	解放军信息工程学院培训班	130	军队
11.9-11.10	福清市"传承弘扬优良作风，提振干事创业激情"专题培训班（第4期）	42	党政
11.9-11.10	西安交通大学人文学院"走中国青年知识分子成长的正确道路"第二期研修营	34	学校
11.10	漯河市委党校培训班	230	党校
11.10-11.12	中国建设银行河南省分行思想政治工作者党性教育培训班	41	企业
11.10-11.12	（开封市委党校）第五十二期中青年干部培训班	42	党校
11.10-11.16	广东省地震局党员干部党性锤炼教育培训班	35	党政
11.10-11.16	三峡集团第七批青年骨干第二次集中培训	60	企业

3. 打造红色文化商业街区及国家级水利风景区

2017年2月，兰考县决定对兰考老火车站进行整改，以提升兰考县对外的形象品质。在老火车站改造过程中，经约一年时间和县政府共同谋划，决定在城市中心城区打造一条具有兰考味道、红色精神的旅游街区。2018年3月，兰考红天地特色文化商业街区项目启动，它不仅代表兰考深厚红色文化底蕴，也是对红色文化的营销，对红色旅游新业态的探索。届时，商业街区将会入住陈列兰考旅游纪念章、领袖茶杯等红色纪念品的供销社，摆有焦裕禄名人轶事、焦裕禄电影光盘等出版物的书店，具有历史韵味的红色剧院，仿照革命年代的红色食堂……未来将融创意文化、主题餐饮、兰考特产、中原老字号于一体，随着兰考旧城改造推进，兰考原创红色文化商业街区也将促进火车站商圈的成型，释放巨大的经济效能。

作为兰考的后花园，黄河湾风景区依托毛主席视察黄河纪念亭等知名的红色旅游资源和宜人的自然风光，大力发展生态休闲旅游。近年来，黄河湾景区围绕"红＋黄＋绿"的战略布局，着力培育和壮大红色旅游，完善配套基础设施，进一步打出、打响黄河文化牌，深入弘扬黄河文化。黄河湾景区交通、通信、供水、供电等一批基础设施建设完全覆盖，已申报成为国家级水利风景区。

二、产业集群基地化

中华人民共和国成立70年以来，河南工业一改过去基础薄弱、技术落后、门类单一的落后面貌，工业规模跃居全国第五位、中西部第一位。2019年，河南实现了传统农业大省向新兴工业大省的历史性转变。其中，兰考在县域产业结构优化升级、循环经济构建、产业链协同创新等领域均贡献了自己的力量。兰考拥有大大小小的产业集群基地14个，包括兰考县产业集聚区、同乐居家居电商产业园、格林美（中原）循环经济产业园……这些产业集群通过科学规划发展路径，实现产业集聚和产业链合理延续，产业内部联系的加强提高了生产效益，进而提升产业竞争力，不断推动兰考县域经济高质量发展。

（一）节能环保产业基地

节能环保产业基地位于兰考县产业集聚区内，主要企业包括格林美、光大、瑞华环保等。节能环保产业的发展离不开国家及地方政府的政策支持，自 2015 年兰考创建省级生态县工作开展以来，不断加强对生态创建工作领导，严格按照省级生态县创建指标，明确细化责任主体，分解目标任务，全面推进生态县创建工作，在生态工业、生态农业、人居生态环境、农村生态环境建设方面取得了显著成绩。为助推兰考县国家循环经济产业示范基地建设，产业聚集区以"无废城市"建设为目标，以产业为引领，以项目为支撑，建立龙头企业带动、辐射周边、群众广泛参与的废弃物循环利用全链条（图 6-7）。

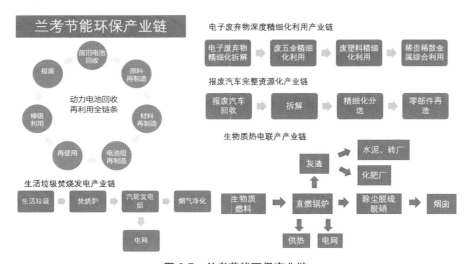

图 6-7　兰考节能环保产业链

1.构建电子废弃物深度精细化利用产业链

2012 年，格林美在兰考投资近 5 亿元建成世界先进的电子废弃物综合利用与报废汽车循环利用基地，年度纳税额 2000 万元以上，为兰考脱贫致富做出了积极贡献。2015 年 2 月,国家发展改革委等六部门发布的《废弃电器电子产品处理目录（2014年版）》使生产者支付处置费成为电子废弃物回收处置企业的正常持久收益。2016年9月，兰考县发展改革委为河南省格林美静脉产业园区项目争取省节能减排专项补助资金385万元，用于加强生态环境建设，发展节能环保产业。

2019年，河南沐桐环保产业有限公司（格林美兰考子公司）已有年处理17万吨电子废弃物拆解能力，在此基础上进行改扩建，项目改扩建完成后，厂区CRT电视机拆解线产能由年拆解90万台增加至150万台；废旧洗衣机拆解线产能由年拆解80万台增加至100万台；废旧空调拆解线进行技术改造，另新增一条拆解线，产能由年拆解10万台增加至200万台；冰箱拆解线产能由年拆解30万台增加至50万台；废旧计算机拆解线产能由年拆解130万台减少至100万台；液晶拆解线、综合（小家电）拆解线的拆解能力不变；共可形成年处理28万吨电子废弃物的生产规模。同时电子废弃物循环模式已然成型（图6-8）。

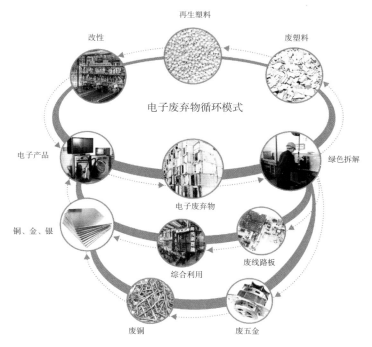

图6-8 兰考电子废弃物循环模式

2021 年，格林美以建设"黄河大保护金属废物综合利用项目"为主导，提档升级公司在兰考的循环产业规模与水平，建成兰考循环经济的丰碑。

2. 构建报废汽车完整资源化产业链

2019 年 6 月 1 日，《报废机动车回收管理办法》（中华人民共和国国务院令第 715 号）开始施行。2020 年 7 月，商务部等部门发布《报废机动车回收管理办法实施细则》，推动报废汽车行业市场化、专业化、集约化发展，推动完善报废机动车回收利用体系，提高回收利用效率和服务水平。根据公安部交通管理局数据，2020 年全国机动车保有量达 3.72 亿辆，其中汽车 2.81 亿辆。随着汽车保有量不断增长，尤其是新能源汽车产业兴起，全球燃油汽车厂竞相转产新能源汽车，燃油汽车报废将迎来历史高峰，报废汽车产业市场空间巨大，将迎来废物循环的风口。

2015 年，格林美与河南兰考县人民政府签署了《关于建设格林美（中原）循环经济产业园的合作协议》。格林美在兰考投资建设报废汽车处理基地，并在全省范围回收报废汽车，奠定了兰考作为中原报废汽车处理中心的基础。此后，格林美继续增加 5 亿元投资，建设报废汽车循环利用与废旧轮胎循环利用项目（建设期 3 年），并以此为基础，创建兰考国家循环经济特色园区，创建国家"城市矿产"示范基地。兰考县人民政府将为新项目投资提供更加积极的财政支持政策，根据公司在兰考的实际固定资产投资额 3% 连续三年给予相应财政补助，并且为公司新项目的固定资产投资协助提供 1∶1 比例的金融资金支持，利息最高不超过银行基准利率，极大减轻了公司在投资建设期间的财务费用，促进公司盈利水平提升。

格林美兰考项目全面建成"报废汽车回收—拆解—精细化分选—零部件再造"的报废汽车完整资源化产业链模式，包括报废汽车拆解处理、综合破碎、有色金属废料综合分选、零部件再造，形成报废汽车拆解、破碎、分选与零部件再造的全产业体系，最大限度实施报废汽车无害化与资源化处置，并全面投入运行，为未来业务增长提供新的动力。

3. 构建生物质热电联产产业链

农林生物质热电联产是"十三五"期间实现农林生物质发电产业升级、高效转变利用的重要方式，完全符合当前国家积极推动的北方地区清洁供暖方向，是因地制宜利用农村能源，解决农村供暖，有效替代燃煤等化石能源，缓解能源消耗与环境发展矛盾，实现农村能源转型发展的可行方式。

兰考瑞华环保电力有限公司成立于 2008 年，总投资 2.2 亿元，2013年建成两台装机容量 12 兆瓦的热电联产发电机组。通过集中燃烧兰考及周边农业废弃物、林业废弃物等生物质燃料，产生中温中压的过热蒸汽，过热蒸汽推动汽轮机做功，由汽轮机带动发电机产生清洁高效的电能，部分过热蒸汽通过管道直接销售给热力运营管网公司。公司同时向兰考县和曹县的热力运营管网公司进行集中供蒸汽，以此形成生物质能发电及热力供应产业链（图 6-9）。

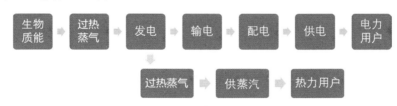

图 6-9　生物质能发电及热力供应产业链

4. 构建动力电池回收再利用全链条

新能源汽车行业是一个全球性的巨大新兴市场，将成为未来全球最大的绿色产业，具有广阔的市场前景。据中国汽车技术研究中心和赛迪智库数据，2020 年中国新能源汽车保有量已达 492 万辆，累计退役的动力电池达 20 万吨（约 25 吉瓦时）。2025 年我国需要回收的废旧电池容量将达到 137.4 吉瓦时，超 2020 年的 5 倍。做好动力电池回收与创新，新能源汽车才能从"绿色到绿色"。

格林美构建了以河南兰考为中心的中原动力电池回收体系，积极构建

"2+N"废旧电池回收利用体系，率先提出建设一级终端回收、二级回收储运、三级拆解与梯级利用、四级再生利用的"沟河江海"型全国性回收网络体系。持续构建从"毛细端"到"主干端"的退役动力电池回收渠道，与全球280余家汽车厂和电池厂签署协议建立废旧电池定向回收合作关系，成功实现了"签约50%、回收30%"的市场战略，以动力电池材料循环再造为核心，对失效的动力电池进行回收、拆解破碎、分选、化学提纯、三元动力电池材料再制造，生产出品质一流的动力电池前驱体和正极材料，然后交给电池生产企业进行电芯制造以及电池包制造，再由汽车制造企业进行装配、运营。打造"废旧电池回收—原料再制造—材料再制造—电池组再制造—再使用—梯级利用—报废"的新能源动力电池回收再利用全生命周期循环价值链（图6-10）。

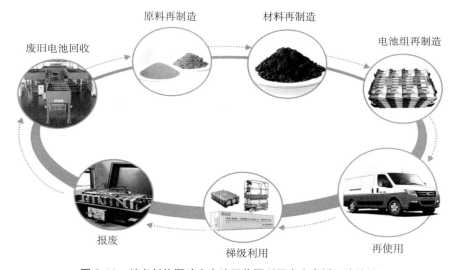

图6-10 兰考新能源动力电池回收再利用全生命循环价值链

5. 构建生活垃圾焚烧发电产业链

光大环保能源（兰考）有限公司系香港上市公司中国光大国际有限公司2015年在河南省兰考县投资的外商独资企业，构建了垃圾焚烧发电产业链（图6-11）。公司建设运营的兰考县垃圾焚烧发电项目总占地面积约

100 亩，日均处理生活垃圾 900 吨，其中一期建设规模日均处理生活垃圾 600 吨，预留二期建设规模日处理生活垃圾 300 吨。一期项目总投资 3.1 亿元人民币，年处理生活垃圾 21.9 万吨。项目采用国际先进、成熟的机械炉排垃圾焚烧处理技术，配合 2 台日处理量 300 吨的垃圾焚烧炉和 1 台装机容量 15 兆瓦的汽轮发电机组，烟气净化系统采用 SNCR+ 半干式旋转喷雾反应塔 + 干法脱酸 + 活性炭喷射 + 布袋除尘器的处理工艺，烟气排放按新国标或欧盟 2020 最高标准执行，年发电量约 7500 万度。

图 6-11　兰考生活垃圾焚烧发电产业链

6. 规划建设绿色建筑产业园

充分发挥兰考县家居产业的基础优势，围绕"绿色韧性城市、低碳生活"的主题，以绿色装配式建筑产业项目为载体，构建兰考绿色装配式建筑全产业链体系、产业互联网平台体系、现代建筑业科创体系、标准和教育体系、绿色建筑展览展示体系，以兰考县城市建设需求，推动兰考县建筑业的绿色化、数字化、工业化转型，打造区域性乃至全国性装配钢结构城市、绿色低碳品质城市，引领兰考县传统建筑业转型升级。

兰考县绿色建筑科技产业园位于兰考县中心城区西南部，以"绿色生态、科技创新、专业园区"为理念，结合产业发展趋势及基地产业特色，主要承接区域绿色建筑科技产业，重点发展绿色建筑建造、低碳节能建材生产及研发产业集群，集中打造绿色建筑科技产业先导区，新型节能环保建材基地。

绿色建筑产业园区内杭萧钢构（兰考）有限公司是新型钢结构装配化公司，其母公司是国内首家钢结构上市公司，被列入住房和城乡建设部首批建筑钢结构定点企业，也是全国民营企业 500 强。杭萧钢构（兰考）旨在打造中原最大的装配式钢结构建筑产业基地，有力推动绿色装配式建筑产业形成和绿色建筑经济发展。

（二）富士康兰考科技园

富士康兰考科技园区位于兰考 G106 国道（济阳大道）西侧，占地 1355 亩，项目在 2015 年 12 月完成签约，分三期建设。初期，兰考裕德环保材料科技有限公司承载富士康包装材料制造项目。中期，兰考裕富精密科技有限公司打造手机盖板玻璃件产品，其隶属于富士康旗下 iPEBG 事业群。未来还会建设 5G 手机精密构件项目，向着高端电子信息领域迈进。

1. 废物利用，组建包装材料产线嵌入泡桐产业链末端

兰考泡桐树资源丰富，主要应用于家具及木制品制造产业，还产生了大量的加工废弃物如木屑、木粉等，通过引入富士康纸箱厂造纸浆，然后制成手机包装，废物利用绿色环保。

富士康的首家自建纸箱厂——兰考裕德环保材料科技有限公司主要从事纸箱、包装盒、精密模切件、不干胶贴纸、丝印铭纸、胶带、保护膜、标签的研发、设计、生产和销售。公司主要产品是 iPhone 系列的包装材料，一期预计生产环保纸塑包装 3500 万个，二期预计生产包装 1.12 亿个，二期项目 2017 年 12 月投产。投产后实现包装盒年产量 5300 万个，营业额高达 1.37 亿元。富士康包装印刷计划筹备小组曾指出，兰考裕德包装项目将带来 20% 的成本节省。

2. 调整结构，发展盖板玻璃和 5G 手机精密构件

兰考县拥有良好的交通区位优势，劳动力、人才、资源等要素供给充足，综合保税区等开放平台日益完备，2023 年开封地区被商务部、人力资源和社会保障部、海关总署认定为加工贸易梯度转移重点承接地，是河

南省五大国家级贸易梯度转移重点承接地之一。

2015 年 12 月，兰考县与富士康旗下裕富精密科技有限公司（曾用名：裕展精密科技有限公司）签约，富士康手机玻璃项目正式落户兰考，主要从事光学镜片、玻璃制品、金属配件的研发、生产以及销售。项目一期占地 569 亩，厂区建设以生产制造区、生产辅助区、行政办公区、休闲生活区以及对外接待区五大功能模块布局，项目投资总额 54 亿元，可提供 2 万个就业岗位，实现面板玻璃年产量 9200 万片，年产值高达 32 亿元，为兰考县经济发展和产业升级注入了强劲动力。

（三）民族乐器产业园

兰考民族乐器产业从萌芽到产业聚集再到空间优化走过了 40 年的发展历程，2016 年底，政府出资在堌阳镇建成民族乐器工业园区，更加速了企业和机构在空间上的整合，使生产空间与生活空间分离。2020 年，民族乐器二期园区 16 栋标准化厂房建成，兰考县焦桐乐器有限公司等入驻。

兰考的民族乐器品种繁多，不仅畅销全国，还通过北京、上海等展会走向了世界，出口到美国、日本、新加坡、马来西亚等国家，出口的乐器约占兰考乐器总产值的 1/10。

经过几十年发展，兰考逐渐成长为全国知名的民族乐器产业集群，形成"一区三园"的布局（图 6-12）。产业聚集区内集中少量品牌乐器生产企业，发挥规模优势，发展高端产品面向中外市场。堌阳民族乐器产业园内生产企业已发展到 60 家，从业人员达 7600 多人，其中规模企业 7 家。徐场村民族乐器创业园吸引了越来越多的成功人士返乡创业，乐器作坊吸纳外地务工群众 400 多人，每年每人收入约 5 万元，带动越来越多的贫困户稳定脱贫。民族乐器大师创作园还在发展规划中。

图 6-12　民族乐器发展布局示意图

1. 打造全国最大民族乐器生产基地

2013 年 3 月，兰考县加快建设堌阳镇民族乐器产业园，大力发展民族乐器生产，积极引进技术人才，不断扩大生产规模，狠抓产品质量，加速民族乐器生产企业向园区聚集，着力打造民族乐器产业"航母"。完善产业园区配套设施，创建最优的产业园区环境。完成 8 家民族乐器生产企业的厂址规划和厂房建设，企业成功入驻产业园区，初步形成聚集优势和规模效应。

截至 2022 年，兰考县共有乐器生产企业及配套企业 219 家，其中规模以上企业 19 家，主要生产古筝、古琴、琵琶等 20 多个品种 30 多个系列产品，年产销各种民族乐器 70 万台（把）、音板及配件 500 万套，全国市场占有率达 35%，其中音板占全国市场份额的 95%，远销 40 多个国家和地区，年产值 20 余亿元，带动就业 1.8 万余人；自主研发、注册、引进民族乐器品牌 316 个，拥有敦煌、中州、焦桐等知名品牌 30 多个，获得专利 388 项。以堌阳镇为载体，投资 20 亿元建成音乐小镇，引进上海民族乐器一厂等品牌企业入驻，深化与中央音乐学院、浙江音乐学院、西安音乐学院合作，提升品牌价值，形成了集制作、展示、销售、电商、物流、演艺、培训为一体的完整产业链，堌阳镇已发展成为全国最大的民族乐器生产基地之一。

2.促进民族乐器产业品牌化

兰考重点培植成源乐器音板有限公司、上海牡丹民族乐器有限公司、兰考大河乐器有限公司、开封悦音乐器有限公司等龙头企业和品牌企业，走品牌化发展道路，积极扶植"中州""敦煌"等著名商标，培育品牌附加值。大力发展配件生产加工等上下游相关产业，不断拉长产业链条，提升产业聚集度和市场竞争力。进一步发挥民族乐器制造行业协会的作用，以有效解决企业流动资金不足和融资难的问题，建立起一套完善的民族乐器生产企业信贷联保机制，增强企业抵御市场风险和危机的能力。

3.以乐器产业园区带动一二三产高质量融合发展

2020年11月，中国农业发展银行（以下简称"农发行"）兰考县支行获批现代农业园区中长期扶贫贷款5.8亿元，用于支持兰考县乐器产业园区项目建设。该项目位于兰考县堌阳镇，计划总投资8.04亿元，占地面积766亩，建筑面积38.13万平方米。项目建成后，将进一步增强农发行政策性金融支农作用的发挥，加快兰考县"乡村振兴"战略发展。其次将促进全县产业结构优化，并通过提供就业岗位和创业资金支持，解决2000多个贫困劳动力的就业问题，每年可实现人均增收3万～8万元，助推兰考县早日实现"七年奔小康"的庄严承诺。

2022年10月，为有效贯彻党的二十大精神和省委、省政府关于将兰考纳入郑开同城化中的战略决策，发扬和推广中原传统文化，有效解决音乐艺术人才，以及以音乐艺术为高质量引领的乐器制作、科技、研发、生产、展示、艺术文旅等服务业态缺失的问题，泛华集团结合兰考县乐器制造的现实发展需求，联合河南艺术职业学院就兰考县音乐小镇建设和民族乐器产业发展签署战略合作协议，共同推动兰考县音乐产业链的高质量发展（图6-13）。

图 6-13　战略合作协议现场图

三方围绕"常态化交流、定制化培训、乐器进校园、赛事举办、成立产业学院、乐器及课程研发、建设运营"等 10 个方面展开全面合作，深入践行习近平总书记关于"县域经济三起来"要求，以音乐小镇建设和民族艺术产业发展为载体，构建泡桐基地化种植—乐器生产与交易—艺术创新与培训—人才与艺术产品输出融合发展格局，推动兰考由卖乐器向"卖艺术"转变，增强地域产业品牌和吸引力，引导艺术产业要素集聚发展，打造一二三产深度融合发展的国际特色名镇，建设新时代县域经济高质量发展新空间，将音乐小镇打造成带动兰考县域经济高质量发展的新动能和中原艺术走向世界的新窗口！

2022 年，兰考县启动河南艺术职业学院兰考产业分院建设，泛华集团结合音乐特色小镇建设要求，再次以设计赋能。综合考虑建筑功能需求、小镇发展需求、教学需求及音乐的专业需求，以 5A 级景区标准，将学院景区化，以景观化建筑塑造文化景观新场景，打造新型的网红潮流景点、人流吸引点和河南省靓丽的文化名片，引导乐器制造产业园逐步建设成以乐器制作、艺术创作、文化交流为特色的产业集群和艺术国际窗口。通过推广中原文化、孵化艺术经济、提升艺术品位，推动文化资源持续向产业转化，提升乡土资源变现能力，带动区域乡村高质量发展，探索乡村振兴共同富裕之路。

三、产教研一体化

兰考的自然资源、科技资源等并不占有很大优势，但经过政府、企业、学校等多方努力，不断推动产业界、高校和科研院所组成联合体，利用各自的资源优势取长补短，追求科技成果市场化和经济效益最大化，产学一体、工学交替、外引内育、教育示范、多方融合，实现了产教研一体化发展。

（一）产教融合

兰考产业发展与教育不断深化融合，引入外部高校进行农业加工产业链的全方位合作，本地学院与企业创新教育模式，培育实践型产业人才。新建的三所职业院校专业设置与兰考特色产业发展一脉相承。

1. 在农作物深加工领域引入外部高校全方位合作

2016 年，河南五农好集团（以下简称"五农好"）与河南农业职业学院进行全面合作签约，主要合作领域为大豆、花生、辣椒等农作物深加工产业链的各个环节，河南农业职业学院为五农好原料种植、试验基地等提供最有力的帮助和支持。双方实现资源共享，优势共享，互利双赢。具体内容还包括推动科学研究和新产品开发、共建教学实训基地、人才培养和人员培训、原料种植技术提升、农副产品深加工研发、农产品标准制定等。

2. 践行产学一体、工学交替的教育模式

2021 年，兰考富士康与兰考三农职业学院进行战略合作，双方以市场和社会需求为导向的教学运行机制，充分践行了"产学一体、工学交替"

的教育模式。对解决大学生就业难、企业技术人才短缺有重要意义，能够全面助力企业转型升级。兰考富士康配合学校打造双师育人队伍，加强实践教学水平，以提高实用型职业技术为落脚点，培养出更多技术纯熟、具有创新意识的技术工匠，助力兰考产业结构调整与社会发展，这印证着职业教育产教融合的不断深化。

3. 新建高等职业院校专业设置匹配三大产业

兰考县已经招生办学的两所高等职业院校的专业设置与三大产业相匹配。第一，兰考县作为农业发展大县，粮食产量逐年增产，农产品种植种类增多，畜牧产业发展迅速，结合农业发展实际，兰考职业技术学院设立了食品药品学院（2 个专业），兰考三农职业学院设置了食品营养与检测专业，以此进一步发挥兰考县农业优势，提高农副产品附加值。第二，结合第二产业发展实际，兰考职业技术学院设立了建筑艺术设计学院（3 个专业），兰考三农职业学院开设了乐器制造与维护、建筑工程技术、数控技术专业来提高第二产业发展的质量和效率。第三，为了促进第三产业特色文化旅游业、电子商务、服装的发展，培养和留住相关人才，兰考职业技术学院设立了人文学院（3 个专业）、电子机械工程学院（3 个专业）、服装艺术设计学院（2 个专业）。

为了兰考县长远的发展，兰考县在职业教育方面投资力度大，投资发展方向准、速度快。前期做好职业院校的发展规划，硬件设备投资齐全，后期着重发展职业院校质量内涵，牢记办学初心，紧密结合兰考经济发展，为兰考发展提供坚强后盾。

4. 落实各种职业教育补贴政策

兰考地方政府积极贯彻落实产教融合发展补贴政策，重点群体免费接受职业培训，河南省乡村振兴技术技能人才培养示范基地也在建设中，包含兰考县高级技工学校、兰考技师学院、郑州工商学院兰考校区二期项目，未来还将打造健康养老、民族乐器等国家级技能大师工作室。落实实训平台奖励机制，对行业龙头企业将最新技术和设备用于校企共建实训平台的给予一定经费奖励。对开展新型学徒制培养的企业，根据不同职业（工种）的培训成本，按规定给予培训补贴。组织开展"杰出工匠"评选活动并制定"杰出工匠"评选规则，对选拔出的优秀高技能人才给予政府津贴。

（二）产研合作

兰考从大量不适宜耕种的盐碱地发展到现在全国粮食核心区，离不开农业的技术研发，其中，引入粉垄种植小麦技术、构树产业工程技术，帮助农民增收，实现了产业脱贫和乡村振兴。借力高校院所资源，推动农业技术品种设施创新和提升，形成兰考国家农业科技园区，促进兰考农业产业结构调整，实现农民致富、企业增效、财政增收，推动兰考经济持续健康快速发展。

1. 创新农业耕作技术

2016年，由广西农业科学院经济作物研究所、广西五丰机械公司、新郑市溱洧农业种植专业合作社在堌阳镇实施的"粉垄种植小麦"示范项目，盐碱地深翻后再粉垄种植的小麦平均亩产607.9公斤，比对照亩产562.4公斤增产45.5公斤，增产率8.1%；耕地深翻后再粉垄种植的小麦平均亩产619.5公斤，比对照亩产557.9公斤增产61.6公斤，增产率达11.04%。粉垄耕作根系特别发达，苗势好，田间小麦分蘖总数比对照分蘖总数多25%以上，当地农民非常认同粉垄技术的自然性增产效果。

2. 建设构树产业工程技术研发中心支撑产业扶贫

2019年，河南省科学院与兰考县人民政府就构树产业工程技术研发中心项目达成合作，主要在构树生产管理、构树饲料、构树周边产品等方面进行专业技术研发，开发全产业链构树产品，补齐杂交构树产业链条短板，将为兰考构树产业扶贫提供强有力的科技支撑，助推高质量发展。

3. 借力高校院所资源，推动农业技术品种设施创新和提升

在英国洛桑研究所、西班牙巴塞罗那大学、澳大利亚阿德莱德大学植物功能基因组学研究中心和中国农业大学、中国人民大学、南京林业研究所、西北农业大学、河南大学等国内外一流科研机构的技术支持下，从2014—2017 年，兰考国家农业科技园区引进新技术新品种新设施 254 项（个），其中新技术 89 项、新品种 136 个、新设施 29 项（个），推广面积60 万亩。申请专利 169 件（发明 22 件、实用新型 89 件、外观设计 58 件），已授权 73 件（发明 7 件、实用新型 29 件、外观设计 37 件）。通过高新技术引进、新品种培育和示范推广，促进了当地农产品品种换代升级，在生态循环种养、果蔬设施、林果等产业标准化、农业装备机械化等方面均处于全省领先水平，充分发挥了科技引领示范作用。通过引进普薯 32、济薯 26、浙薯 13、烟薯 25 等新品种，种植销售 4 万余亩；引进的众云 20、玉兰香、西州蜜 25 等"兰考蜜瓜"，地理性标志已通过农业农村部认证，发展蜜瓜大棚 3826 座，示范推广达到 10000 亩。认证无公害农产品基地83 家，无公害农产品 181 种，认定绿色农产品基地 36 家，绿色产地 24 个，绿色产品 38 个，认证面积达到 50.5 万亩。初步形成了以市场为导向、企业为主体、项目为支撑、示范基地为载体的科技成果转化体系。其中，兰考天民种业有限公司研究培育了超级小麦兰考 198 等 30 多个品种。兰考198 小麦新品种创下了亩产 882 公斤的全国纪录，该产品 2017 年在江苏省等地区推广 1130 多万亩，增产 8.2 亿公斤，新增社会效益 17 亿元。

（三）教育示范

2015 年，兰考开始进行职业教育在当地办学的规划，积极承接各高等学院迁移，围绕职业教育建立完善发展体制机制，并依托焦裕禄干部学院等已经建立的院校，导入兰考特色文化、产业资源，加快推进职业教育产业化，重点发展职业技能教育培训、云教育平台、国学教育、返乡创业

教育培训、大学生村干部培训、党性教育等（图 6-14）。2017 年，兰考县创立了第一所公立大学——兰考职业技术学院，借鉴山东商业职业技术学院的经验，为兰考培养大量高级技能型人才。2019 年 11 月，兰考县人民政府与宇华教育集团正式签订郑州工商学院兰考校区项目合作协议，2022 年 10 月完工。2020 年 5 月，兰考三农职业学院正式通过教育部备案，规模可达 5000 人，可为兰考县经济发展提供众多专业型人才。三所高校的建设形成了兰考现代职业教育改革创新示范基地。

图 6-14　教育培训模式

2021 年，兰考又加快深化了教育综合改革的步伐，推进全年龄化优质均等的教育体系，适龄儿童都将接受良好的义务教育，城乡差距会进一步缩小，高中教育推行选课走班运行机制。未来会建设兰考国际教育示范园区，吸引国内外知名高等院校、教育集团、教育机构入驻园区，办学模式集团化、联合化，以"名校带弱校"，实施义务教育学校结对帮扶"互联网+"，小班制学校和寄宿制学校与优质学校可实现互联网同步课堂全覆盖。依托国内知名高等院校和科研院所，建设符合新型产业需要的独立学院，以"县管校聘"推动校长职级制改革。

在党性教育示范层面，兰考借鉴西柏坡、井冈山经验，焦裕禄干部学院先后被中央组织部确定为全国地方党性教育特色基地，被国家公务员局确定为公务员特色实践教育基地，被河南省委组织部确定为首批干部教育培训基地，形成了焦裕禄精神和党性教育的全国示范平台。

四、农文旅融合化

兰考以乡村振兴和生态环保为契机，深挖文化元素，深耕旅游资源，重点考虑生态农业涵养、农业休闲体验、乡村文化体验，着力打造田园生活、休闲度假、文化体验、美食体验等为一体的生态乡村休闲业态。通过"美丽＋产业"，实现农文旅融合，打造兰考共同富裕新模式。

（一）生态农业涵养

兰考县结合乡村农产品资源、城乡交通干道、自然河道，打造生态农业功能，建设生态农业廊道，塑造田园风貌。

按照"森林绕城、城在林中、城乡贯通"的工作思路，开展五大护绿增绿行动，对国省县乡道路、高速通道及河道进行综合提升，争创国家森林城市和中国天然氧吧。

沿岳侯线建设以蜜瓜、葡萄和蔬菜等农产品为特色，以美丽乡村为载体的生态农业示范带。沿黄河沿线三义寨乡白云山村建设蔬菜和蜜瓜产业发展示范带。沿仪封镇、葡萄架乡产业路建设蜜瓜和林果产业示范带。在许河乡、闫楼乡、红庙镇建设畜牧养殖绿色循环农业产业示范带。推进黄河滩区优质草业带建设，打造全产业链绿色生态体系，助力群众增收。沿黄河大堤、岳侯线、闫坝线、三义寨沿线、兰赵线5条生态廊道实施44个村的美丽乡村建设，实现一二三产融合，以"产业美、生态美、生活美"推动乡村观光农业建设，为争创全域旅游示范县打下基础。

（二）农业休闲体验

兰考开创四位一体的农业休闲模式，发展民宿、农家乐等村集体经济，举办全国性农业重大活动项目，以田园综合体和家庭农场等项目形式发展农业休闲体验旅游。

1. 以特色养殖种植打造四位一体的农业休闲运营模式

兰考拥有大量特色农业养殖或种植资源，如奶牛、毛驴、蜜蜂养殖场所或葫芦种植场所等乡村特色空间。充分挖掘乡村特色吸引力，打造"特色创意农庄＋特色休闲体验＋餐饮住宿服务＋特色农产品销售"的经营业态，构建以特色创意吸引人群、以特色体验留住人群、以餐饮住宿服务获取利润、以休闲消费拉动特色农产品销售的四位一体盈利模式。通过互联网营销手段对外宣传，扩大知名度和影响力。

在兰考县以公司独资（奶牛），公司＋农户（毛驴）、合作社＋农户（蚂蚱）、农户独立开展小型养殖或种植（梅花鹿、蚂蚱、蜜蜂、葫芦）为主要经营模式。创意农庄项目依托现有模式，引入创意智力资本，进行项目的策划、创意和体验设计。花花牛农业主题公园（文化创意农园）、阿凡提主题乐园（文化创意农园）、"蜂狂"乐园（文化创意农园）、葫芦主题乐园（家庭农场）等农业休闲体验项目正在筹划中。

2. 结合东坝头乡黄河湾风景区打造 1952 文化园

1952 年，毛主席乘坐专列来到兰考县东坝头乡（兰考 1952 民宿的所在地）视察黄河并提出"要把黄河的事情办好"的总体要求。结合习近平总书记提出的"青山绿水，就是金山银山"和"实施乡村振兴战略"新时期要求，兰考县在黄河最后一道弯处打造兰考 1952 文化园（黄河湾风景区），依托毛主席纪念亭，设立兰考 1952 民宿、1952 露营地、黄河湾啤酒烧烤区、蒸汽小火车、时光休闲吧等多功能、多业态的乡村文化体验空间。成为 2019 年省内唯一一家可以近距离同时欣赏黄河风光、进行烧烤休闲、欣赏剧情表演的特色乡村文化空间。

1952 民宿原为河务局的仓库，含有 20 世纪 30 年代、20 世纪 50 年代、20 世纪 70 年代的建筑群，园区在保留原有历史遗迹的基础上增加了仿古感的内饰装潢，使整体视觉如同走进中华人民共和国成立后的开放性群众大院。园区总占地 36 亩，总投资 3600 余万元，含有 60 间民宿、可容纳 300 人的餐饮中心以及 300 人的会议中心，可满足各类培训、宴会、家庭聚会、同学聚会等。现园区将院内原有的 20 世纪 30 年代以及 20 世纪 50 年代的建筑群改造为"安澜黄河博物馆"，对外免费开放。

3. 依托"梦里张庄"项目，发展民宿和农家乐等村集体经济

张庄村依托"梦里张庄"旅游项目成立旅游发展公司，采取"公司管理＋农户经营"的模式成立 23 家民宿和餐饮农家乐，发展 105 亩小杂果采摘园，筹措资金 240 万元建设 171 个日光温室大棚出租给农户经营，带动 1100 名村民脱贫致富。2019 年，全村实现村级集体经济收入 48 万元，农民人均纯收入 15600 元。

4. 举办全国农民体育健身大赛推动农耕与体育融合

2019 年，全国农民体育工作会议暨"兴兰杯"第三届全国农民体育健身大赛在兰考县举办。不同于传统竞技比赛项目，兰考全国农民体育健身大赛在项目设置上突出"农"字和"趣"字。比赛共设置 4 人趣味拔河、3 分钟 10 人"8"字跳绳、晒场收谷大丰收、30 米板鞋竞速接力赛、健身路径大比拼、精准扶贫奔小康、足球过障碍射门接力赛、花键接力计时赛、十字象限跳 9 个项目。项目均紧密结合我国农业生产实践，源于农民生活，富有农村特色，最大限度地保证趣味性、观赏性和参与性。来自全国 31 个省（自治区、直辖市）的近 400 名代表和选手齐聚兰考，参加比赛，推动了农耕文化与体育文化融会贯通，对于农民身心全面发展和乡村产业振兴、人才振兴、文化振兴，起到积极的引领作用。

5. 以田园综合体、家庭农场等项目形式发展生态农业和生态旅游

生态农业的发展为解决黄河滩区历史沙化问题提供了绿色钥匙，兰考推广构树种植，累计种植经济林 11 万亩、国有林场 8 万亩、国储林 11 万亩，为家具、乐器制造提供了原材料，为兰考大地披上了天然绿衣。种植花生 25 万亩、红薯 6 万亩、蜜瓜 3 万亩，构建鸡、鸭、牛、羊、驴和饲草种植"5+1"畜牧产业体系，为群众增收致富提供了有力支撑。全国构树扶贫工程现场会、全国羊业发展大会、全国产业扶贫现场会相继在兰考成功召开。这都为兰考生态农业发展聚集了大量的科技资源、人才资源和企业资源。

当地生态旅游发展以黄河原生态为基础，发掘黄河历史文化，与湖南浔龙河、河南豫资、开封文投合作，建设黄河湾乡村振兴示范项目，打造黄河生态旅游综合体。依托当地农业资源，建设现代农业示范区、文化休闲区、生态康养区，打造建设田园综合体（表 6-3）；依托上河恬园开工建设海马文旅项目，发展文旅综合体，生态旅游的经济效益持续增强。

兰考田园综合体项目　　　　　　　　　　　　　　表 6-3

建设时间	项目名称	主要内容
2020 年 12 月	兰考县红庙镇田园综合体项目	新型农村电商打造、红庙特色优质农产品推广、红庙镇特色产业宣传、智慧农业建设等
2021 年 4 月	兰仪现代农业田园休闲游综合体项目	培育现代农业和休闲产业，打造农旅体验、康养和文化等片区
规划中	堌阳蚕桑田园综合体	扶持水驿蚕桑产业，拓展旅游业
规划中	考城镇"渔果三营"田园综合体	依托考城镇三营村百亩鱼塘，拓展果蔬采摘、特色餐饮、住宿、垂钓等休闲业态，以"田园鲁家"模式为借鉴，打造"渔果三营"田园综合体
规划中	小宋镇红薯田园综合体	打造兰考红薯培育基地，远期包装打造红薯田园综合体，规划配套建设兰考县红薯加工仓储基地
规划中	葡萄架乡蜜瓜田园综合体	依托蜜瓜产业示范园，作为"瓜果飘香"精品线重点项目，将蜜瓜产业作为主导产业，打造兰考蜜瓜示范乡

2013 年,《中共中央国务院关于加快发展现代农业进一步增强农村发展活力的若干意见》提出农业补贴资金要向专业大户、家庭农场、农民合作社等新型生产经营主体倾斜,鼓励和支持承包土地向专业大户、家庭农场、农民合作社流转。兰考的家庭农场既坚持了农业家庭生产经营的特性,又通过适度规模经营达到了促进农业增效、农民增收的目的,政府帮助解决家庭农场在生产经营、加工储运、市场营销等关键环节的困难和问题,对破解我国未来农业经营主体的稳定性和持续性难题提供了有效途径。截至 2021 年底,兰考县已经发展了得利发家庭农场、万源家庭农场、众成家庭农场、红东家庭农场、闵农家庭农场等近 100 家县级示范及实施主体家庭农场。2017 年,兰考县成功创建省级生态县并启动国家生态文明建设示范县的创建。

(三)乡村文化体验

兰考不仅是焦裕禄精神红色地标,还是由兰阳、仪封和考城三县合并而成的,广大乡村地区有着深厚的文化底蕴。兰考立足于赓续中华文脉、建设现代文明,深入挖掘乡村文化,将优秀文化进行延续、传承和发扬。

出生于兰考县仪封乡什伍村的张伯行,一生大兴文教,治理河务,兴利除弊,深得百姓拥戴,被康熙帝誉为"天下第一清官",是历史上著名的清廉政治家、理学家、教育家、文学家、"治黄"专家。2014 年,习近平总书记在兰考考察时指出,"张伯行的《却赠檄文》也可以作为一面镜子",习近平总书记为全党同志树立了一古一今两面"镜子":古人即兰考籍清官张伯行(图 6-15),今人即兰考县委原书记焦裕禄。

深入挖掘张伯行文化资源,弘扬张伯行精神,联动焦裕禄干部学院开展廉政教育、黄河水利教育,开展文艺演出,建设廉政公园,塑造兰考县第二张文化名片,打造文化新地标,带动引领兰考县乡村振兴发展。

兰考乡村拥有丰富的特色文化资源,包括封人请见夫子处、张伯行故

图 6-15 （清）张伯行《禁止馈送檄》

里、吴家大院、谢家双楼、民族乐器文化园、张良墓以及兰考当地非物质文化遗产（如五农好酱、麒麟舞）等。依托资源，以民俗体验、研学、节庆活动为主要内容，各个乡镇打造情景交融的体验空间，延展民宿、餐饮、销售等业态，打造乡村休闲主题度假示范点（表 6-4）。根据不同资源属性，以国家出资、村民入股、委托管理、当地人优先就业的方式，全面参与以文化国学为主要吸引物的乡村文化旅游发展之中。

各个乡镇重点发展的文化体验项目　　　　表 6-4

地点	发展项目	主要内容
堌阳镇	"历史人文"精品线路	存有吴芝圃讲学堂和城隍庙等历史建筑
考城镇	县域副中心	石楼瓷器出土遗址、石秀故里
南漳镇	革命老区	豫东北红色革命发源地之一。镇域内有元败金兵遗址，有黄巢、刘福通领导的红巾军农民起义旧址
红庙镇	近郊文旅	双杨树村（四面红旗之一）、祥明碑（烈士纪念地），以及国家级非物质文化遗产麒麟舞，市级非物质文化遗产齐氏骨科、绿豆渣饼等
谷营镇	宗族遗址	四明堂黄河险工、袁氏宗族文化、上方寺遗址、东昏遗址
闫楼乡	回族岳飞村落	西茨蓬村是开封市回族群众聚居最集中的一个民族团结友好村，小李庄村有岳飞后人武进士传家等文化资源
仪封乡	农旅休闲示范乡	国学文化（封人请见夫子处）、历史建筑遗产（吴家大院、谢家双楼、仪封园艺场办公楼旧址、仪封县故城）、农耕文化（五农好酱——非物质文化遗产）、廉政文化（张伯行清官天下第一）、王廷相墓

地点	发展项目	主要内容
小宋镇	麒麟舞	国家级非物质文化遗产麒麟舞等文化资源
许河乡	特色砖雕	砖雕文化
三义寨乡	城郊休闲、汉文化体验村	以黄河文化以及谋圣张良历史文化为主要特色，现有张良墓位于曹新庄村，是兰考县重要历史古迹，墓冢高 10 米，周围长 100 米，保护区面积 35000 平方米，建有张良祠等配套设施，每年举办谋圣杯象棋比赛，享誉周边省市
葡萄架乡	廉洁文化	张伯行廉政文化（仅封乡和葡萄架乡均有张氏后人）
东坝头镇	黄河文化休闲旅游目的地	依托生态资源及黄河安澜文化，"黄河文化精品线"为重点线路，发展红色文化教育样板，带动乡村旅游

第七章
城乡融合发展，城市与乡村贯通

2014年春，习近平总书记在调研指导兰考县党的群众路线教育实践活动时，针对"把城镇和乡村贯通起来"特别强调要统筹全县域全要素，加快梳理和破解城乡融合发展堵点，以城带乡、以乡促城，实现城乡一体化发展。要打破城乡分割的城乡发展格局，把高效贯通作为城乡融合发展的基本，建立城乡一体化、县域一盘棋的规划管理和实施体制，努力实现县域高质量发展、高品质人居和高效能治理，引导兰考人民走向共同富裕。按照把城镇和乡村贯通起来的要求，兰考以规划布局、基础设施、公共服务、产业发展"四个一体化"为抓手，实现城镇和乡村共赢。

一、城乡规划体系贯通

坚持规划引领，优化布局，区域协同发展，积极融入郑开同城化区域发展格局中。确立全域国土空间规划理念，坚持"规划一张图""多规合一"的要求，对用地规划、产业布局、区域交通、给水排水、电力、燃气、通信、环境整治等方面进行总体规划，编制《兰考县国土空间总体规划（2021—2035年）》。在顶层设计和总体规划的统筹下，编制《河南省兰考县县域乡村建设规划（2015—2030年）》和《河南省兰考县乡村振兴战略规划》，并不断完善城镇空间布局、"多规合一"实用性村庄规划编制和全城乡全覆盖的规划管理体系构建，为城乡融合提供条件。

（一）构建城乡一体空间格局

建立全县统一、责权清晰、科学高效的国土空间规划体系，整体谋划国土空间开发保护新格局，科学布局生产空间、生活空间、生态空间，统筹划定落实生态保护红线、永久基本农田、城镇开发边界三条控制线，构建城乡一刻钟生活圈，打造城乡一体的空间格局。依据河南省国土空间规划和开封市国土空间规划，统筹推进兰考县和各乡镇国土空间规划、村庄分类和布局规划编制，有序推进"多规合一"的实用性村庄规划编制，最终形成纵向到底、横向到边、无缝衔接的"一张图"。

（二）按照中等城市标准建设县城

积极稳妥推进新型城镇化，加快人口集聚、产业集聚和要素集聚，增强城市功能，发挥城市辐射和带动作用。加快老旧小区改造，改善县城人居环境。完善15分钟、10分钟、5分钟各级生活圈内的生活服务设施，提高生活服务设施覆盖率，全面提升县城公共设施服务能力，进一步强化县城综合承载力。完善规划体系，创新体制机制，支持推进农村金融制度创新、深化户籍管理制度改革、深化就业和社会保障制度改革、创新社会管理体制，激发发展活力。

（三）高质量推进特色乡镇建设

立足各乡镇区位条件、资源禀赋、产业积淀和地域特征，以特色产业为核心，兼顾特色文化、特色功能和特色建筑，找准特色、凸显特色、放大特色，结合乡镇特色，科学规划乡镇的生产、生活、生态三生空间，促进产城人文融合发展，营造宜居宜业环境，提高集聚人口能力，实现乡镇高质量发展。《河南省兰考县县域乡村建设规划（2015—2030年）》确立了兰考县"一主、两副、三轴、多节点、单元化"的村镇体系结构（图7-1）。村镇体系结构中，"一主"是指一个中心城区，通过中心城区带动全县经济社会的发展；"两副"是指考城、堌阳两个中心镇；"三轴"是指开封—兰考—山东曹县城镇发展轴线、菏泽—兰考—杞县城镇发展轴线、县城—

东坝头城镇发展轴线；"多节点"是指闫楼、小宋、仪封等乡镇；"单元化"是指乡村功能单元，结合村镇空间布局形成乡村功能单元。

图 7-1 村镇体系结构

（四）稳步推进村庄分类布局

综合考虑村庄区位条件、资源禀赋、发展现状、风俗习惯等，准确把握村庄特征和发展需要，在充分征求县、乡镇政府及相关部门意见的基础上，按照集聚提升、城郊融合、特色保护、搬迁撤并和整治改善五种类型，科学确定全县村庄分类和布局。建设用地指标向集聚提升类村庄倾斜，适当增加特色保护类村庄建设用地规模，按照精明减量方式合理确定整治改善类村庄建设用地，对搬迁撤并类村庄不再赋予建设用地指标和基础设施配套。《河南省兰考县乡村振兴战略规划》确立了兰考县"两环三片、六线多点"，即两环驱动、三片统筹、六线贯通、多点示范的村庄总体布局。村庄总体布局中，"两环"是指两个道路交通环线（半小时交通圈）；"三片"是指黄河生态休闲片、农文旅融合示范片、产业发展培育片；"六线"是指依托现有资源及产业发展特点，谋划了城郊休闲、黄河文化、历史人文、瓜果飘香、农旅休闲、新家居产业共六条主题精品线路；"多点"是指多个乡村振兴示范点（图 7-2）。

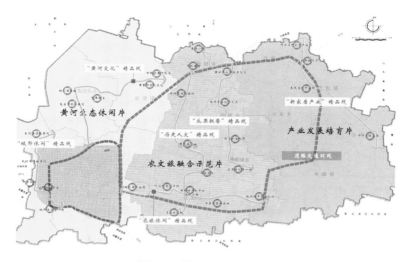

图 7-2　村庄总体布局结构

从 2016 年起，兰考县启动县域乡村规划全覆盖的编制工作，对乡村发展起到了一定指导作用和参考价值，但是也存在一些问题，比如对美丽乡村工程建设实施的指导性不强、实用性不强。因此 2017 年颁布《兰考县稳定脱贫全面小康美丽村庄建设实施方案》《兰考县人居环境改善美丽乡村建设三年行动计划》，以"八有（有村庄规划、有文化广场、有休闲游园、有卫生公厕、有生态水系、有污水处理、有便民中心、有集体经济）八化（道路硬化、街道亮化、村庄绿化、庭院美化、线杆规范化、安全智能化、立面一致化、管理长效化）"的建设标准，分类推进美丽乡村建设工作。在现有规划和政策文件的指导下，县委县政府于 2017 年下半年组织开展了张庄、蔡岗、代庄、毛古等十余个村庄的美丽乡村建设实施工作。采用"一张图纸 + 一本图集"的形式，一张图纸定任务，一本图集定标准，初步探索出了一条由设计师驻场指导、村民广泛参与、政府部门及施工单位密切配合的美丽乡村建设之路（图 7-3）。

兰考县三义寨乡油坊营村美丽乡村试点建设实施方案总图

方案说明

1、道路工程：对村内道路进行硬化工程，实现路面平整、方便群众、清洁卫生。道路面主要采用水泥浇筑，砼标号为C30，基层采用三七灰土压实，村内干道浇筑厚度18厘米，村内次要道路浇筑厚度15厘米，村内支巷浇筑厚度12厘米。

2、绿化工程：对村内主要道路两侧进行绿化，实现道路无扬尘、无黄土裸露，形成绿色宜人的道路环境；对村内空置地、空心院落、坑塘沟渠等村内闲置空间进行清理整治、绿化提升，打造村内小游园及村民活动场地，营造绿色生态、整洁美观、特色活力的村庄绿色空间。

3、照明工程：在村内主要道路、游园广场布置路灯，建设结合沿路电线杆或沿路围墙布置，以地埋线路灯为主。

4、排水工程：在村内道路硬化的同时，对村内易积水路段两侧单侧或双侧铺布置排水沟，回地势排往附近坑塘；或结合道路坡降直接沿路面排向村外，排水距离路面3.2~3.5米。

5、强弱电工程：拆除现有街道老旧线杆，弱电采用上埋或入地形式，使用专业电缆线路排线，排线注明危险标识与线路名称，排线距离地面3.2~3.5米。

6、其他请参考《兰考县乡村振兴之美丽乡村建设-标准化图集》。

工程量建设一览表

工程类别	工程规模	主要工程量
道路工程	道路改造、维修长约9km，面积约9.772万㎡ 道路硬化长约3.9km，面积约1.53万㎡	规划道路总硬化面积1.75万㎡
绿化工程	道路绿化长度约3.9km，面积约77万㎡ 空闲地、空心院落绿化、坑塘沟渠等绿化提升工程面积约1.97万㎡	规划绿化总用地面积约1.64万㎡
形化工程	规划总苗栏约19盏	规划总路灯约39盏
形路工程	规划A村标识一处	规划入村标识一处
户改造工程	规划改造260户，增收30户	新改造户厕约35户
排水工程	规划铺设排水管约300m	规划铺设排水管约300m
强电电工程	规划变电箱1座，强电井井约工程约13.9km	规划弱电上埋工程约13.9km

道路工程建设一览表

路段名	路面硬化宽度(m)	等级	改造/硬化/保留	材质	长度(m)	路面面积(㎡)	路灯数(个)	道路绿化控制标准	备注
中心大街	6	干路	改造	水泥	667	1334	16	双侧一米宽	沿市西前南侧南宽一米水泥路面
白道街	4	干路	硬化	水泥	338	1690	7	双侧一米	东段设排水管宽100m
前道路	4	干路	硬化	水泥	333	1332	7	双侧一米	
李家一巷(南段)	3.5	支路	硬化	水泥	122	477	1	双侧一米	
李家一巷(北段)	3.5	支路	硬化	水泥	140	490	--		
李家二巷(南段)	5	支路	硬化	水泥	155	663	2	双侧一米	
李家二巷(北段)	5	干路	硬化	水泥	140	700	2	双侧一米	
李家三街	4	支路	硬化	水泥	153	612	2		绿化附墙边示范路段
李家四街	4	支路	硬化	水泥	193	--	1		
张采街(北)	4	支路	硬化	水泥	65	260	1		
张家街(南)	4	支路	硬化	水泥	98	392	1		
临采二街	4	支路	硬化	水泥	102	408	1	双侧一米	
鲁采一街	3	支巷	硬化	水泥	48	144	--		
鲁家街	4	支巷	硬化	水泥	165	660	3	双侧一米	
鲁家二巷	3	支巷	硬化	水泥	62	186	--		
鲁采三街	4	支巷	硬化	水泥	147	568	1	双侧一米	
鲁采四街	4	支巷	硬化	水泥	164	656	1		
鲁采五街	4	干路	硬化	水泥	104	416	1	双侧一米	
崔家街	4	支巷	改造	水泥	210	840	3		精设雨水管穿沟约200m排洪道路
崔家二巷	4	支巷	硬化	水泥	156	624	1	双侧一米	
崔家三街	3	支巷	硬化	水泥	100	300	--		
向化路	4	支巷	硬化	水泥	122	488	1	双侧一米	
红采街	4	支巷	硬化	水泥	124	496	--		
向毛街	4	支巷	硬化	水泥	122	488	--		
王采街	4	支巷	硬化	水泥	209	836	1	双侧一米	
村采街	4	支巷	硬化	水泥	173	--	2		
育文巷(主街)	4	干路	硬化	水泥	713	852	3	双侧半米	
育文巷(南段)	3	支巷	硬化	水泥	136	408	--		
青树街	3	支巷	硬化	水泥	90	270	--		
青山街	3	支巷	硬化	水泥	112	336	1		
日街	3	支巷	硬化	水泥	24	72	--		
河街	3	支巷	硬化	水泥	102	716	--		
合计					5134	17486	39		

图例

改造道路	建筑	村委会	变电室	路灯
保留道路	绿化	卫生室	停车场	标识牌
硬化道路	水域	公厕	垃圾收集站	
排水渠道	规划范围	便利店	游园	

兰考县规划管理局　　　三义寨乡人民政府

图7-3　美丽乡村图集样式示意

二、城乡基础设施贯通

兰考在推动城乡基础设施贯通过程中，以基础设施一体化建设为抓手，通过道路设施贯通、能源设施贯通、城乡水系统设施一体化贯通、智慧城市建设与通信设施贯通等手段，铸就城乡高质量发展的坚实基础。

（一）道路设施贯通

兰考县坚持"全面小康、交通先行"的服务宗旨，建成和完善连接所有乡镇、旅游景区、产业集聚区和相邻县（市）的快速通畅交通网络。适度超前地落实全面小康社会对交通运输发展的要求，建成整体性、通达性和共享性良好的"区域—县—镇—村"多层次一体化的城乡道路交通体系，将兰考建成河南省通往鲁西南地区的区域性交通枢纽（图7-4）。

道路网络一体化。积极谋划加强兰考与郑州新郑国际机场之间的联系，在县城西区的综合商务区合作建设空港异地城市候机楼。优化高速铁路、城际铁路、高速公路与干线公路的网络结构，注重城市路网与对外交通的有机衔接，建设城乡一体、功能清晰的道路交通网络，同时突出镇作为城乡道路系统联结的枢纽，完善镇内外交通联系。

公共交通一体化。建立公共交通管理体制和运行机制，构建以"干线公交＋支线公交"为骨架的公共交通网络。实施城乡客运公交一体化，完善县城公交网络，开通县城至主要乡镇及主要居民点的公交线路，鼓励各乡镇开通至主要村庄的公交线路，形成连接主要居民点、工业园区、生态农业旅游区、客运车站等的快捷公交网络。

交通枢纽网络化。构建"县—镇—村"三级交通枢纽，构筑通道与枢纽功能等级相匹配的便捷一体化集散系统，使村庄、乡镇、县城的交通能够实现高效换乘。根据交通枢纽级别选择集公共汽车、出租车、长途汽车、高铁等多种交通方式于一体，提高换乘效率。实施"交通＋商业＋景观＋

信息"的新型交通枢纽模式，注重交通枢纽的商业、休闲、景观、信息等一体化综合功能延伸，提供多样化交通体验。

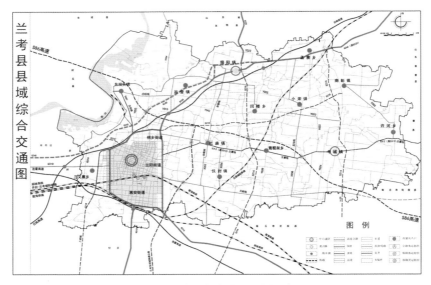

图7-4　兰考县综合交通规划示意图

（二）能源设施贯通

大力发展可再生能源。城镇建设、新农村建设、产业园区建设坚持"因地制宜、多能互补、综合利用、讲求实效"，通过分布式可再生能源、天然气热电冷三联供和能源智能微网等方式，建设以分布式为主，多能协同供应和能源综合梯级利用的能源系统，加快农村电网升级改造，保障城乡能源供给。按照《兰考县城市总体规划（2013—2030）》的要求，兰考县燃气近期以中原油田天然气为气源，远期利用西气东输作为气源。同时在乡镇建立秸秆气化集中供气站，以秸秆为原料，通过生物技术集中处理，统一向居民提供燃气，改变农民的生活条件。在村屯建立沼气池，以沼气为气源，解决农户的燃气供应。在有条件的社区考虑采用天然气。

（三）城乡水系统设施一体化贯通

按照城乡水网一体，顶层规划设计，全域统筹推进的原则，积极推进引黄调蓄、引丹入城、水系治理、城镇供水保障、农村饮用水安全、再生水利用等项目建设，完善中心城区排水防涝工程设施，加大村镇排水防涝设施建设力度。

城乡水源地表化。通过二坝寨引黄调蓄工程、南水北调引水延伸工程、兰考县地下水超采区综合治理、兰考县第二水厂等重点项目建设，形成以黄河水为主、南水北调水为补充的地表饮用水供给保障体系，初步实现城乡供水地表化。

城乡水网一体化。通过城乡水网连通工程，系统梳理建设兰考灌溉用水骨干通道，提升引黄灌溉用水效能，保证农业生产用水安全。深入推进农村水系连通及水美乡村试点建设工作，将引黄调蓄、骨干河道水系治理、坑塘整治与农村水系连通及水美乡村试点建设深入结合，增加水资源供给能力和调配能力的同时，保障城乡供水排水安全，改善乡村生态环境。

供水排水一体化。通过城乡供水排水一体化工程，将县城与乡村供水排水设施按照统一网络、统一标准、统一服务连接起来，补齐城乡供水排水系统短板，加强水厂建设，提高供水管网覆盖率，实现县域全地表水供应。统筹全域污水处理厂、黑臭水体治理等污水治理项目，形成覆盖全县的分散式污水处理终端，建设改造污水管网，实现城镇区污水全部集中处理、农村污水分级分类有效处理，确保污水排放稳定达标。兰考县城区、乡镇采用区域水厂集中供水，农村新型社区通过综合比较后确定供水方式，有条件的应纳入集中供水体系，自来水普及率达到90%以上。

（四）环卫设施贯通

通过高值化综合处置中心、垃圾转运站升级改造、公厕和环卫驿站、餐厨垃圾处理厂、废旧衣物及废纸再生利用中心、生活垃圾无害化处理厂、污泥处理厂、生活垃圾焚烧飞灰填埋场等项目建设，不断提高环卫设施处理能力。全面倡导绿色生活，积极推进县城建成区生活垃圾分类，强化农村生活垃圾收集处理，完善"城乡废弃物综合利用中心＋农村废弃物收集处置转运站"的废弃物处理体系。

（五）安全设施贯通

优化完善城区和集镇区、重点企业各类消防站布局，打造 5 分钟消防救援圈。加强农村地区消防水池、消火栓等消防基础设施配套建设，形成覆盖城乡、重点保障的城乡一体化消防体系。统一规划城区和重要集镇的人防工程建设，建立安全可靠、体系完备、平战结合的人防工程系统，实现人防建设与城市建设融合发展。统筹建立就地就近避难的分级分类疏散系统、安全可靠的疏散救援通道系统、救灾物资和能源储备物资供应系统，形成防空防灾一体化、平战结合、平灾结合的综合防灾减灾体系。

（六）智慧城市建设与通信设施贯通

以"三融四化、智慧搭建、覆盖城乡"为指导路径，建设通信、邮政、电视、政务等一体化的信息网，构建数字化、宽带化、智能化、综合化的信息化基础设施，以促进电信、广电、计算机网三网融合。综合运用物联网、云计算、GIS 等新一代信息技术打造"智慧兰考"，结合先进社会管理和产业发展方法，建设高效集约的智能化平台，全面提高政府决策能力和管理效率。提升产业服务水平和居民农民生活服务水平，实现兰考城乡经济可持续发展和产业链价值提升的目标。

三、城乡公共服务贯通

以 15 分钟生活圈为导向科学布局城乡公共服务设施，使城乡居民享受同等化便民服务。建设多样化生活服务设施，满足居民多样化消费需求，提升生活品质。推动城乡网络化发展，增强重点乡镇对周边乡镇与村庄的辐射带动能力。兰考在促进城乡公共服务贯通的过程中，积极构建分布合理、功能完善、城乡全覆盖的基本公共服务体系，促进基本教育、医疗卫生、基本养老、文化体育基本类公共服务均等化发展，推动党建教育、健康养老、教育培训、文化服务延伸类公共服务品牌化发展。

（一）教育设施贯通

兰考县教育设施建设实行分级分类建设，构建"县—镇—村"下的城乡一体化教育体系，逐步提升兰考县教育服务范围和服务质量。

1. 县——抓两头促中间，统筹全域教育资源

加快推进职业和成人教育设施项目建设，积极推进兰考县农业科技教育培训学校（新建）、职业教育实训基地（新建）、兰考职业技术学院（在建）等项目实施，努力创建省级职业教育示范基地。依托焦裕禄干部学院、兰考职业技术学院等，导入兰考特色文化资源，积极承接各高等学院迁移，围绕职业教育建立完善的产业化发展体制机制，重点发展职业教育技能培训、云教育平台、国学教育、返乡创业教育、大学生村干部教育、党性教育等，打造现代职业教育改革创新示范基地。推进县城高中阶段教育设施建设，重点推进兰考一高迁改建项目、裕禄高中新建项目，优化高中布局，实施消除大班额计划。重视学前教育设施的投入，鼓励社会办学，按照 5 分钟生活圈统筹规划布局社区幼儿园。

2.镇——"两校一园"示范引领

县政府组织编制县域教育资源专项规划，重点统筹优化乡镇中小学布局，提高乡村教育资源使用效益。各个乡镇重点打造"两校一园"的中心学校示范，以点带面推进乡镇基本教育均衡发展。乡镇中小学布局以"小学就近入学、中学相对集中"为原则，存量教育资源调整收缩，增量教育资源结合人口密度、学生来源、能源、交通、环境等综合条件确定，科学合理划定乡镇中小学服务半径。除此之外，为满足副中心城区的就业与就近提升技能的需求，在堌阳和考城分别增设职业教育实训基地。

3.村——办好每一所"家门口的学校"

统筹布局村庄小学。根据村庄规模和布局形态，合理划定小学的服务半径，偏远的小规模村庄应实施迁村并点。大、中型村庄设立幼儿园，使乡村适龄儿童在家门口享受教育机会，在"家门口的学校"上学。

（二）医疗设施贯通

优化城乡医疗卫生设施规划布局，完善医疗服务体系。根据地理环境、产业结构、区域差异、卫生基础等特点对增量医疗卫生资源进行引导，在考城副中心城区设立综合医院，服务县域东部村镇区域。结合旅游产业发展，在铜瓦厢风景旅游区设立专门应急医疗机构，服务外来游客。

以"城乡居民健康签约服务"为抓手，深入推进综合医改。作为河南省城乡居民健康签约服务试点，兰考应尽快总结形成可推广的经验。以更新重点人群居民健康档案为突破口，以提高家庭医生服务水平为抓手，持续推进基本公共卫生服务均等化，抓好基本公共卫生服务项目实施质量，提高居民健康水平，降低居民就医成本。以贫困人口、老年病、孕产妇、儿童、残疾人、高血压、糖尿病等慢性病为重点，开展签约服务、基层首诊，为居民提供基本公共卫生、基本医疗和健康管理服务。

（三）养老设施贯通

加强养老服务设施建设，完善"一院（养老院）一中心（镇、街道养老服务中心）多站点（村、社区照料中心）"的城乡养老服务格局，打造"县—镇—村"健康服务中心体系。在"县级—街道（乡镇）级—小区（社区或村庄）级"的三级服务体系下，建设老年公寓、养老院等多类型养老服务设施，以满足各类型、各消费层次人群的需求，实现养老服务设施覆盖全部城市社区、居住小区和行政村。发展普惠型养老服务和互助性养老，支持家庭承担养老功能，实施老年人居家和社区适老化改造工程。以推进健康养老社区建设为抓手，加强社区综合养老服务平台建设，提高农村地区综合养老服务水平，满足多层次、多样化的养老服务需求。鼓励养老机构与医疗卫生机构开展多种形式的协议合作，支持养老机构开展医疗服务，鼓励医疗机构将护理服务延伸至家庭、城乡社区和养老机构。建设智慧养老平台，为老龄化群体提供更为多样的养老产品和服务。

（四）文体设施贯通

构建"县级—街道（乡镇）级—小区（社区或村庄）级"三级文体服务设施体系。在县城打造15分钟健身圈，在"三馆两场"的建设基础上，重点建成"兰考西部新城文化中心""三馆合一""文化产业园（改扩建）""兰考县体育馆""兰考县游泳馆""兰考县综合训练馆"等项目；优化县城南部产业集聚区文体设施规划布局，建设区级综合文体中心、小型体育运动场以满足南城文化体育休闲需求。在各乡镇建设综合文化站和体育场各一处。其中，综合文化站主要包括图书阅览、宣传教育、文艺演出、科普教育、体育健身和少儿校外活动等场所。体育场主要配备篮球场、乒乓球台、羽毛球场等各类体育运动设施，满足居民的体育运动需求。在村庄层面，建设文化体育休闲广场和农村文化大院，提供村庄文化艺术表演和日常健身的活动场所。

（五）农业服务设施贯通

构建"县城电子商务平台—乡镇专业市场—村庄农业合作社"三级智慧农业服务体系，重点建设特色农产品专业市场和特色农产品市场信息平台，搞好特色农产品产销衔接，提高农民组织化程度，促进特色农产品流通，实现产品增值和产业增效。

（六）党建服务设施贯通

围绕党性教育、职业培训和双创培训，打造兰考"新优质教育"品牌。依托焦裕禄干部学院、兰考技校等，导入兰考特色历史文化资源，围绕党的教育培训，以新型职业农民、返乡创业者、产业工人为对象，建立完善产业化发展的体制机制，加快推进职业教育产业化。重点发展党的教育培训、职业教育、技能培训、云教育平台、再就业培训等，打造以开放式的全新现代职业教育理念为核心、以文化为魂、以产业为本的集职业教育、技能培训、党的教育、创新创业为一体的兰考现代职业教育改革创新示范基地。

四、城乡特色产业贯通

加强与郑州、开封两地产业、客流、物流的链接，打造以1小时通勤圈建设为基础，以产业合作载体建设为重点，区域资源共享、产业互补发展的郑开兰1小时经济圈。以农村一二三产业融合发展、农业空间格局构建、城乡产业融合载体建设为重点，打造县域一小时经济圈，探索建立通勤圈、经济圈、生活圈"多圈合一"发展模式，实现区域、城乡产业贯通。

（一）完善城乡产业空间体系

完善"开发区＋乡镇产业园区＋专业村"三级产业空间体系，提升龙头企业带动能力和乡镇园区、专业村的配套服务能力，通过产业差异化布局与集群化发展，推动开发区与乡镇园区资源共享、优势互补、协同发展。开发区集中发展现代家居、节能环保产业，大力发展智能制造产业，培育一批战略性新兴产业，完善相关配套产业。促进农副食品加工业向谷营、仪封等乡镇产业园区集聚，建设堌阳、南彰、东坝头、红庙、闫楼等乡镇产业园区，不断增强乡镇特色产业园区承载能力。支持蔡岗、陈寨、什伍、何寨、盆窑等村打造省级乡村旅游特色村，建设红庙、建业、"渔果三营"等田园综合体，激发农村产业活力。

（二）创新城乡产业组织方式

通过"政府＋龙头企业＋合作社＋农户＋生态产品分销平台""公司＋合作社＋农户＋基地"等运作模式，将农户与企业、农村与城市连通起来，构建产业互补、错位发展的城乡产业融合体系。扶持一批农村一二三产业融合水平高、主导产业特色鲜明、富民成效显著的一二三产业融合发展示范园、休闲农业与乡村旅游示范点和田园综合体。

（三）构建城乡一体大旅游格局

构建城乡一体化的大旅游格局，优化"一心一轴、两廊四组团"空间布局，构建以景区为核心吸引力、县城为旅游服务中心、乡镇村为旅游业态安放地的三级全域旅游体系，加强兰考县域"红、黄、绿"三级游线组织设计，融入区域旅游线路网络（图7-5）。谋划区域旅游一体化，大力推动兰考融入区域郑汴洛旅游市场，打造环兰考旅游产业合作圈，重点连接河南省域精品旅游线，重点打造红色名城体验之旅、中原历史文化之旅、中原生态休闲之旅。大力建设观光火车专线、公路、水路，重点连接河南省域精品旅游线。

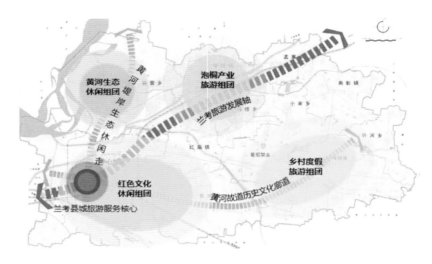

图 7-5　旅游产业发展结构示意图

第八章
城市更新，提升居民幸福感

新时期社会发展已从粗放式快速增长转向集约高效高质量发展阶段，城市更新要抓住新机遇，面向新需求，提供新供给，创造新消费，通过城市更新建设满足人民日益增长的美好生活的需要，提供更加均衡的城市公共服务，在巩固脱贫攻坚成果基础上，更快、更好地实现共同富裕的伟大目标。因此，城市更新从大的方面承载了国家战略落实，从小的方面承载了城市精神延续，伴随城市发展始末，只要城市存续就必然存在城市更新。

兰考县在经历三年脱贫攻坚战役前，城市空间无序混乱，中心不集聚、城市活力不足；市政基础设施存在严重短板，道路交通不畅、停车设施欠缺，道路堵点、涝点很多；公共服务设施运营不善，由于财政支出压力大，图书馆、文化馆、体育馆常常处于不开放的状态，老百姓难以享受到优质的城市公共服务；城市风貌特征不明显，属于千城一面的典型代表，城市文化与城市精神被湮没在灰头土脸的街道空间里，难以体现以焦裕禄精神为代表的精神富足之城（图 8-1～图 8-6）。

兰考县在脱贫转小康的关键节点时期，县委县政府提出城市更新系列行动，是在特定历史时期做出的最正确选择，恰逢河南省提出百城建设提质工程和文明城市创建活动，为兰考县的城市更新行动插上腾飞的翅膀。从规划设计角度，泛华集团为兰考县推出了总体城市设计、城市风貌与色彩规划、城市 LOGO 与标识系统设计、重点地区改造提升、老旧小区改造、红天地历史文化街区街景设计等一系列城市更新规划设计行动。

从政府实施治理层面，推出一系列拆围墙、打通断头路、完善城市功能、盘活城市资产、实施共建共享等行动，在政、企、智、融的集中合力推动下，兰考县的城市面貌发生了翻天覆地的变化。

泛华集团的系统思维方法论，非常适用于城市更新工作。众所周知，

图 8-1　窨井盖突出于道路之上

图 8-2　硬质驳岸与沿湖环境破败

图 8-3　道路卫生环境堪忧

图 8-4　铺装破损、风格迥异

图 8-5　商业街活力不足

图 8-6　历史建筑破损严重

城市是一个复杂的巨大系统，具有复杂性、系统性、包容性、成长性等特性，需要统筹生产、生活、生态、生命之间的关系。城市更新工作也具有复杂性与系统性，要深刻认识到这一点，以系统思维为指引，从城市功能完善、空间结构优化、市政基础设施补欠账、城市自然生态格局保护、城市历史文化延续、人居环境品质提升等方面着手相关工作，面向不同年龄段的社会人群营造适宜的生活、居住、工作、学习的场所空间，让邻里社区获得安全感、归属感与幸福感。

一、城市更新总体设计

城市更新是一项综合运用多种政策工具的系统工程，遵循政府引导、市场运作、规划统筹、公众参与的原则，涉及城市功能完善、城市公共安全防御、市政基础设施建设、公共服务能力提升、土地节约集约利用、人居环境改善、历史文脉延续、城市活力提升等领域，要与城市近期建设规划紧密结合，统筹考虑时空发展的时序性与时效性，明确更新的重点区域及目标、规模、策略等内容。

（一）设立目标

顶层设计为兰考县的城市更新与空间治理指明了方向，对兰考县的城市更新工作设立了发展目标，以"建立历史与时代呼应的特色文化、城市与自然相映的特色格局、城市与市民和谐的特色空间"为目标，立足城市更新，加强城市设计，挖掘历史文化，强化风貌管控，彰显独具魅力的城市风貌特色。紧紧围绕"水绿桐韵、众志之城"的中心城区总体风貌定位，以焦裕禄精神为城市灵魂，打造以简约现代风格为主，多元风格兼容并蓄的红色之城、生态之城、品质之城。制定中心城区城市更新的实施保障机制，通过管理机制落实城市风貌特色的管控要求，将城市更新工作纳入总体规划、控制性详细规划，保障城市更新工作的顺利实施，并对城市建设工作提出任务要求。

1. 科学确立城市特色定位

根据历史文化、人文自然、地形地貌、现状布局等特征，充分结合中原文化、焦裕禄精神、九曲黄河最后一道弯等文化特色和地域特征，科学确定兰考总体城市特色定位，提升兰考城市风貌特色和文化多样性。

2. 彰显历史文化特色和城市精神

保护历史文化风貌，有序实施城市修补和有机更新，塑造老城区特色风貌。强化城市精神对城市发展的强大支柱和旗帜导向作用，将焦裕禄精神、拼搏精神融入城市规划建设管理各个环节。

3. 加强重点区域风貌管控

加强对产业集聚区、行政区等重点区域以及重大公共服务设施的风貌管控和引导，塑造新区现代都市特色风貌，系统构建兰考城市风貌的营建策略和技术途径。实施"一街一景，一路一特色"的风貌提升计划，推进城市更新工程建设。

4. 全面开展城市更新设计

持续开展推进城市更新工作，从整体平面和立体空间上统筹建筑布局，协调景观风貌（图 8-7），体现地域特征、民族特色和时代风貌。透彻理解

图 8-7　中心城区风貌指引图

"适用、经济、绿色、美观"方针，把握好城市更新方向。

（二）优化结构

1. 立足总体层面

总体城市设计的重点任务是对城市空间形态、景观形象等方面进行整体研究，为总体层面以下的各层次规划提供指导性依据。从尺度来说，分为宏观尺度、中宏观尺度和中观尺度；从类型来说，有偏重城市功能提升方向的、有关注山川形胜生态环境优化的、有基于城市风貌体系构建的、有立足城市美学景观塑造的，类型多样、重点内容各有不同。

兰考县总体城市设计的任务是立足城市总体层面，以城市及周边自然资源为研究对象，对城市未来发展态势做出研判，制定符合城市发展的整体空间框架，围绕城市公共空间场所营造提出方向指引和行动纲领。泛华团队进驻兰考之初，兰考县城市空间特色不突出，"缺心少魂、无序失色"。随着高铁站的开通运行，位于老城核心区的火车站面临衰败，随之而来的是老的城市中心逐渐瓦解，而新的城市中心尚未形成。城市新区在房地产的支撑下快速建设，伴随着品质不高、用地不集约、缺乏特色等诸多问题，在快速城镇化的浪潮中，兰考呈现出了一种时代造就的撕裂感、一种在历史的缝隙中拼命寻求出路的渴求感。总体城市设计意在找出新的城市特色，重构城市空间格局、识别重点片区、重点路段和重要节点。

2. 立足三个维度

立足生态、文化、经济三个维度，结合兰考县的区位关系、时代环境、政策机遇、资源优势等要素，梳理出黄河文化资源、绿色生态资源、红色文化资源、非物质文化遗产资源共同构成的"红、黄、绿、紫"四大资源特征，提出构建黄河安澜明珠、红色精神圣地、拼搏创新之城的城市特色定位（图8-8）。

生态视角	文化视角	经济视角

区位关系
- 黄河下游
- 黄河最后一道湾
- 鲁西南通往中南、西南各省的门户
- 中原城市群的东端

区域构成
- 大量水系和引黄干渠
- 泡桐之乡
- 丰富的生态本底

区位现状
- 土地肥沃，水系丰富
- 城市建设如火如荼，但土地利用较松散
- 现状公共绿地建设良好

时代环境
- 市场经济中的文化缺失与人性渴望文化回归
- 国学重生，历史再热
- 大旅游时代的来临
- 现代科技发展为文化的呈现提供了多种方式

政策机遇
- 国家大力推进：文化保护与文化开发
- 河南重点塑造：文化强省、文化强市

资源解读
- 黄河文化深厚绵长
- 民乐文化、民俗文化、木刻文化、遗迹文化及墓葬文化、非物质文化
- 焦裕禄精神

区域环境
- 中原城市群的崛起
- 沿黄区域在人口、农业、产业等领域最具代表性

政策机遇
- 中原经济区上升为国家战略
- 国家大力推进城市双修
- 河南加快推进三化协调发展及百城提质

资源解读
- 国家新型城镇化综合试点县
- 国家深化县城基础设施投融资体制机制改革试点县
- 全国普惠金融综合改革试验区
- 全国能源改革示范县
- 全国县域经济发展改革示范县

黄河安澜明珠　　**红色精神圣地**　　**拼搏创新之城**

图 8-8　总体城市特色定位

3. 立足"六重"原则

从生态、设施、场所、文化、治理、活力六方面，提出重整自然生境、重设设施品质、重塑空间场所、重铸文化认可、重理社会善治、重振经济活力"六重"原则，统领城市更新建设。重新梳理城市空间结构，围绕"一环两轴、三带四心、四片区"的空间格局，强化四大核心，突出以火车站、南湖公园、中央公园为主的老城记忆核心；以商务中心区为代表的新城活力中心；以文体中心、展览馆、焦裕禄干部学院为主的特色文化中心；以高铁站片区为主的高铁门户中心。识别行政文化区、商务中心区、老城区、产业集聚区四大片区的重点区域，谋划城市更新的重要节点。围绕"红、黄、绿、紫"四大资源特征定位，打造八条主题道路，确定重点路段的城市更新任务（图 8-9、图 8-10）。

总体城市设计重点梳理并识别出城市更新的重点片区、重点路段和重要节点，为城市更新进一步的详细设计和建设实施指明重点，在承接顶层设计的发展方向、延续理念与指导下位规划中起到承上启下的重要作用。

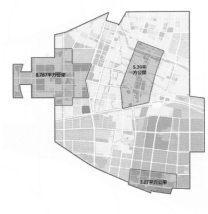

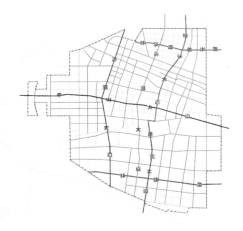

图 8-9　重点片区　　　　　　　　图 8-10　重点主题道路

（三）重塑城市精神

1. 挖掘城市精神内涵

中央城市工作会议指出，要留住城市特有的地域环境、文化特色、建筑风格等"基因"。结合自己的历史传承、区域文化、时代要求，打造符合自身特色的城市精神，对外树立形象，对内凝聚人心。城市精神相当于城市灵魂，体现了城市底蕴、城市气质、城市品位，是城市发展的精神支柱、动力源泉、文化之根，对于传承城市的优良传统、开拓城市的美好未来具有重要作用。城市精神渗透在城市的物质空间、营商环境、城市温度、日常生活等方方面面，生活在城市中的人们会不断地从城市精神中去汲取养分，在面临艰难困苦、重大抉择的时候得到支撑，获取力量。

北京的城市精神："爱国、创新、包容、厚德"。

上海的城市精神："海纳百川、追求卓越、开明睿智、大气谦和"。

成都的城市精神："和谐包容、智慧诚信、务实创新"。

> 深圳的城市精神："敢闯敢试、开放包容、务实尚法、追求卓越"。
>
> 郑州的城市精神："博大、开放、创新、和谐"。
>
> ......

兰考作为焦裕禄精神的发源地，更应有独特的精神内涵，县政府邀请泛华集团担纲，对已有规划进行梳理调整，深度挖掘城市记忆，以"文"化"城"，塑造城市之魂，在城市标识、城市色彩、老城更新等方面做了大量探索，在城市风貌建设上走出一条不与其他城市"千城一面"的发展之路，城市主色调确定为"红白灰"体系，逐步将城市品质确立为"朴素之美""真实之美"，孕育"拼搏、创新、文明、美丽"的兰考城市精神，形成兰考自身独特的城市气质。

2. 选取城市主色调

城市色彩主要围绕"红、白、灰"的主色调展开（图 8-11），设计风格体现国际范、朴素美和艺术感，第一次在县城层面将朴素与国际化艺术进行有机结合，探索出不同于大众的城市精神、城市气质与文化特色。

城市主色调的"红、白、灰"是以灰为底、红白相间。红为红色文化的精神传承，白为风清气正的干部作风，灰为朴素求实的实干精神。"红"寓意兰考是焦裕禄精神的发源地，是习近平总书记第二批党的群众路线教育实践活动联系点，兰考人民时刻牢记习近平总书记嘱托，传承弘扬焦裕禄精神，拼搏创新，团结奋进，努力在新时代新征程中干在实处，走在前列；"白"寓意兰考风清气正，社会和谐，兰考人民崇尚文明，真诚友善，包容开放，清爽的人文环境和美丽的自然生态成为新的发展竞争力；"灰"寓意兰考发展朴素简约，重谋划有方法，不急躁有定力，以功成不必在我的意志，钉钉子的韧劲，一张蓝图绘到底，一任接着一任干。

"红、白、灰"的主色调同样应用于兰考县导视系统（公共设施标识设计方案）。城市导视系统是指在城市中能明确表示内容、位置、方向、

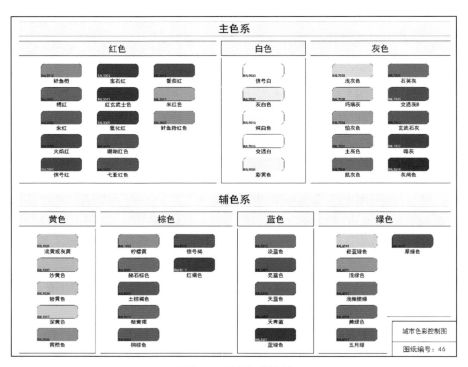

主色系

| 红色 | 白色 | 灰色 |

红色: 鲜鱼橙　宝石红　番茄红　橘红　红玄武士红　米红色　朱红　氧化红　鲜鱼铃红色　火焰红　珊瑚红色　信号红　七亚红色

白色: 信号白　灰白色　绢白色　交通白　彩黄色

灰色: 浅灰色　石英灰　玛瑙灰　交通灰B　铅灰色　玄武石灰　土灰色　暗灰　鼠灰色　灰褐色

辅色系

| 黄色 | 棕色 | 蓝色 | 绿色 |

黄色: 淡黄或灰黄　沙黄色　粉黄色　深黄色　黄橙色

棕色: 柠檬黄　信号褐　赭石棕色　红褐色　土棕褐色　桔黄褐　棕棕色

蓝色: 淡蓝色　亮蓝色　天蓝色　天青蓝　蓝色绿

绿色: 松蓝绿色　草绿色　浅绿色　浅橄榄绿　黄绿色　五月绿

城市色彩控制图
图纸编号：46

图 8-11　城市色彩控制

原则等功能的，以文字、图形、符号的形式构成的视觉图像系统的设置（图 8-12）。导视系统是城市秩序的引导，是市民日常生活的参照，是城市文化品位的体现，体现了功能性、现代化和地域特色三大特征。城市导视系统主要分为区域交通类标识、区域导向类标识、环境景观类标识三大类。

泛华集团结合兰考红色文化和"红、白、灰"主题色彩，对兰考县道路标志、城市家居、艺术雕塑、城市 LOGO、乡村导视牌等进行了系统性设计。本着弘扬本地文化、追忆焦裕禄精神、传递新时代兰考精神火炬等原则，提升城市品牌形象、塑造城市名片，打造"城市的记忆、人文的走廊"。通过城市公共艺术来叙说一个永恒的地域传奇"向世界传递兰考精神"，以兰考精神为核心，以兰考人文、历史、地域元素为点缀，打造展示兰考当地历史记忆的"新窗口"。以现代科技、人居、文化的视觉之美，围绕红色文化传承与新型人文城市形象塑造，演化成为兰考独特的、不可复制的城市符号。

图 8-12　兰考城市导视系统设计

二、完善城市功能

2017 年 3 月，住房和城乡建设部印发了《住房城乡建设部关于加强生态修复城市修补工作的指导意见》，提出"修复城市生态，改善生态功能。要求尊重自然生态环境规律，落实海绵城市建设理念，采取多种方式、适宜的技术，系统地修复山体、水体和废弃地，构建完整连贯的城乡绿地系统。修补城市功能，提升环境品质。要求填补城市设施欠账，增加公共空间，改善出行条件，改造老旧小区。在此基础上，保护城市历史风貌，塑造城市时代风貌"。

2021 年 8 月，《住房和城乡建设部关于在实施城市更新行动中防止大拆大建问题的通知》要求，"加快补足功能短板。不做穿衣戴帽、涂脂抹粉的表面功夫，不搞脱离实际、劳民伤财的政绩工程、形象工程和面子工程。以补短板、惠民生为更新重点，聚焦居民急难愁盼的问题诉求，鼓励腾退出的空间资源优先用于建设公共服务设施、市政基础设施、防灾安全设施、防洪排涝设施、公共绿地、公共活动场地等，完善城市功能。鼓励建设完整居住社区，完善社区配套设施，拓展共享办公、公共教室、公共食堂等社区服务，营造无障碍环境，建设全龄友好型社区"。

城市修补是面向追赶期中国城市野蛮生长、粗放开发、平庸空间而提出的有针对性的顶层设计，目的是对快速城镇化过程中留下的缺憾加以弥补，通过内外兼修提升城市空间环境品质。城市修补在过去几年的发展中逐步演化为现在的城市更新，二者在补足城市功能短板这方面有高度的重合度，尤其是城市修补，只不过随着时代在不断发展，城市更新有了更高的要求，我国也从修修补补的节衣缩食阶段迈向了更新面貌与更高要求的小康发展阶段。

城市修补涉及要素非常广泛，既包括城市实体空间要素（如建筑形态、色彩、风格，广告牌匾附着物等），也包括虚体空间要素（如绿地公园、广场等公共开敞空间）；既有日间景观风貌，也有夜间景观形象（夜景照明）；既涉及形象形体的内容，也涉及内涵功能的内容（如公共服务设施、市政基础设施、历史文脉、社会生活等方面）；既有看得见的内容，也有看不见的内容（如地下管道管廊设施等）。而兰考城市修补工作结合兰考县的实际情况，重点聚焦居民急难愁盼的问题，经过多方交流沟通达成共识，将城市修补的工作重点集中在道路系统、公共服务设施、城市风貌、居住环境等方面。

（一）道路系统

中心城区是城市功能集中、人员活动密集的地区，特别是老城区由于建成年份较早，道路、停车、场站等设施难以适应当前发展的需要，交通拥堵和压力较为突出，是城市交通系统提升和改造的主战场。由于新建和改造的条件受限，不能采取类似城市外围片区或者新城的方式进行大拆大建，因此交通系统的提升和改造需采用因地制宜、有机更新的手法来进行。老城区的交通整治重在综合性，不能仅仅局限于道路的拓宽和改造，应该本着"以人为本"的原则,将城市道路特别是次、支道路、街坊路、步行与自行车系统、停车系统、公共交通、机动车交通等各个方面均做出协调性的规划和设计。

1. 完善道路系统

构建城市外环快速路,增加跨铁路通道,加强铁路南北两侧的交通联系;打通桥梁断点,在兰阳河上新建跨越干渠的桥梁,以加强两侧的联系;打通断头路,提高路网密度,积极缓解交通拥堵;完善路网结构、增加路网密度(图8-13)。

2. 道路提升改造

道路断面优化,增加中央隔离带或机非分隔带,取消路内停车,提升道路通行能力;道路瓶颈拓宽,增加机动车道数量,增加人行道和非机动车道;道路绿化提升,优化路内绿化景观植物配置,高低结合,提升景观品质;对路况较差的道路进行大修,重铺路面(图8-14)。

图 8-13　路网连通规划图

图 8-14　道路提升改造规划图

3. 挖潜公共停车泊位

增加重点区域公共停车场的建设,在商业区、行政金融中心区、大型体育设施、城市出入口、重要的对外交通设施等地段,规划独立用地的公共停车场；结合老城区的公共建筑增配泊位数，缓解停车矛盾；结合旧城改造、新建项目、空地、可改造绿地，增加公共停车场的建设（图 8-15）。

4. 修补公共交通系统

逐年合理地开发新线路，至 2030 年共设置 22 条线路，形成覆盖整个城区、较为完善公交网络（图 8-16）。

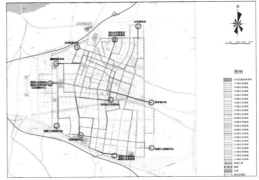

图 8-15　停车设施规划图　　　　图 8-16　公共交通规划图

（二）公共服务设施

重点围绕商业设施、教育设施、医疗设施和体育设施进行还欠账、补短板。

1. 商业设施

针对兰考商业设施主要沿道路布局、业态杂乱、档次较低，市场环境脏乱、服务水平差，商贩违规占道经营等现实情况提出解决方案。完善商业业态体系，形成不同规模、不同类型、不同级别的商业网络体系；做大做强裕禄大道老城商业中心，依托兰阳河新建滨河特色商业带，形成综合性的县级商业中心；根据居住区的分布，在城北临泉路、城南高铁站前和城西兰湖周边各设置一处区级商业中心；将城区内的杂乱业态如批发性市场迁至城区外围，改善城市宜居环境，提升郊区土地价值与使用效率（图8-19）。

2. 教育设施

针对兰考教育资源分布不均（优质教育资源多分布在老城区内，新城区的教育资源相对较少且分散）、服务半径偏大、大班额情况严重等问题，提出解决方案。按照500～800米服务半径，合理布局教育设施，促进教育资源的均等化；鼓励教育质量高且有条件的中学采用寄宿制，有条件的小学采用日托式，适当扩大服务半径，兼顾城区周边乡镇学生上学需要，促进城乡教育资源一体化（图8-17、图8-18）。

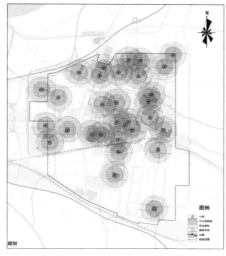

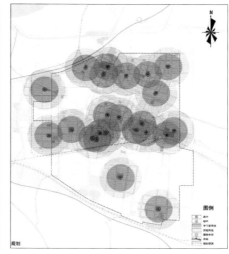

图 8-17　小学规划布局图　　　　图 8-18　中学规划布局图

3. 医疗设施

针对兰考医疗资源分布不均（老城区多、新城区少）、资源不均、配套设施不完善等现状问题，提出解决方案。采用"县级医院—社区卫生服务中心—社区卫生服务站"三级医疗卫生体系，促进医疗资源的均等化；中医院旧址、城关乡卫生院、城关镇卫生院等医院原址改建，提高医疗设备水平，作为社区卫生服务中心使用；在现有医院不足的情况下新增综合性医院、专科医院、社会办医院、社区卫生服务中心等医疗设施（图 8-20）。

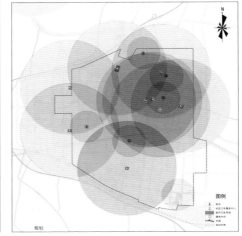

图 8-19　商业设施规划布局图　　　　图 8-20　医疗设施规划布局图

4. 体育设施

2017 年兰考进行了一项关于体育设施的现状调查，主要针对现状城市公共运动场馆、社区体育运动设施及中小学体育设施三个方面，采取现场调查与资料分析的方法，梳理兰考县体育设施共享的基础，存在现状问题及可能面临的机遇与挑战，从而制定相应的策略与措施。

通过调查发现，现状城市公共运动场馆都集中分布在城区的北部片区，体育设施整体缺乏，分布不均，服务面积不足城市的三分之一（图 8-21）；社区层面的公共空间以绿化为主，活动场地有限，而且地面停车占据了大量的空间，体育运动设施与健身活动空间呈现严重不足的态势；现状中小学体育设施超三分之一待完善，超三分之一缺乏体育场地（图 8-22）。总体呈现出城市公共运动场馆分布不均、中小学体育设施严重不足、社区体育运动设施配建不足等特征。

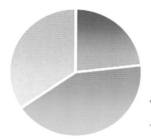

图 8-21　城市公共运动场馆现状 分布

图 8-22　2017 年兰考县城区中小学体育设施

- 体育运动设施完善
- 体育运动设施待完善
- 缺乏体育场地

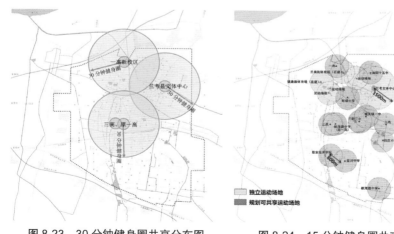

图 8-23　30 分钟健身圈共享分布图

图 8-24　15 分钟健身圈共享分布图

　　兰考县针对城区体育设施严重不足的现实情况，提出体育设施共建共享的解决思路。构建大、中、小三级健身圈，形成完善的健身网络体系。以标准足球场与 400 米橡胶跑道为基础，构建大型球类运动的 30 分钟健身圈（图 8-23）；以体育设施相对缺乏的中学、小学与社区共建共享共管，构建篮球、排球、网球及五人制足球等中大型球类运动的 15 分钟健身圈（图 8-24）；深度挖掘公园、广场、社区等城市开敞空间，以较小投入构建乒乓球、羽毛球等小型球类运动及其他休闲健身活动的 5 分钟健身圈；结合城市绿地系统、水系、道路系统等专项规划，构建城市慢行系统，做到社区全覆盖。构建共享模式，学校现状体育场地改造共享与新建体育场地共享相结合（图 8-25、图 8-26），并做到规范管理，消除安全隐患；政府提供专项财政补贴；社区积极参与共建共享共管；体育设施实现分类管理，使公益性共享和营利性共享相结合；提供增值服务，实现自我造血。

图 8-25　兰阳二小体育设施改造示意图

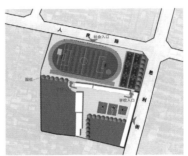

图 8-26　兰阳一中新建体育
设施示意图

（三）城市风貌

兰考县红色资源丰富、文化底蕴深厚、水系基础良好。但兰考县整体风貌建设以自发建设为主，缺乏统筹，特色不突出，公共空间不连续，城市缺乏品牌和吸引力。根据兰考城区实际情况，结合生态要素，重塑城区水系、湖泊等滨水自然生态环境，依托中心城区丰富的水体景观及特有的城市功能，以人为本、保护与改善自然生态，提升老城风貌水平，协调环境保护与工业发展，突出行政文化中心、新城活力中心、高铁商务中心等的行政办公、商务金融、教育文化等功能风貌特色，融入兰考本地文化元素特点，营造宜人的城市公共空间及环境，延续兰考历史脉络，激活"老城"新活力，提升市整体竞争力。综合考虑中心城区的空间功能结构，打造形成"一环、两轴、两带、四心、四区、多节点"的景观结构，构建功能明确、景观特色突出的创新之城——休闲商务创新区；红色之城——红色文化体验区；文化之城——历史文化体验区；绿色之城——

绿色产业引领区四大风貌分区（图8-27）。

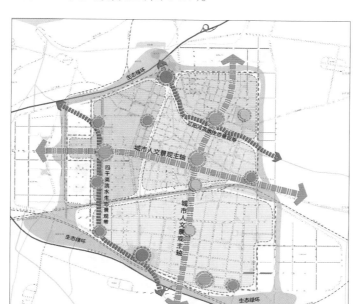

图 8-27　风貌分区

景观结构：

一环：是指结合外围国道、绿带及周边生态农林形成的城市生态绿环。

两轴：沿中山大道的城市东西向发展主轴、沿裕禄大道、迎宾大道的城市南北向发展主轴形成的城市综合性景观轴。

两带：兰阳河生态人文景观带、四干渠滨水生态廊带。

四心：老城城市记忆核心、新城活力中心、高铁门户中心、行政文化中心。

四区：是指四大功能明确景观特色较为的突出的分区，分别是红色之城——红色文化体验区（行政文化区）；文化之城——历史文化体验区（老城区）；创新之城——休闲商务创新区（商务休闲区）；绿色之城——绿色产业引领区（产业集聚区）。

多节点：是指城区内的多个生态景观节点与人文景观节点。

根据兰考县城区现状及设计构想，结合西部商务休闲区、北部行政文化区、中部老城区、南部产业集聚区四大城市分区的功能定位和建设情况，对分区内的城市建设活动进行设计引导，从建筑风格、色彩、高度及环境要素等方面作为设计要点，提出更新策略，突出城市特色，打造分区亮点，同时融入兰考历史文化内涵，强化重点片区在城市分区中的核心引领作用，建设宜居宜业宜游宜商的新兰考。

1. 创新之城——休闲商务创新区（商务休闲区）

商务休闲区作为兰考城市向西发展的主要承载地，以富士康产业园、高科技产业园、汽车产业园、职教园区、普惠金融小镇等重点项目为依托，充分发展高科技产业、商务金融、商贸物流等新兴产业；发展职业技术教育，推动人才战略，引入"互联网＋"、共享经济等发展理念，营造企业软硬件环境，打造豫东创新之城。商务休闲区体现生态与城市交融共生，具有时代特色魅力，将以多元的现代化特色迈向区域城市发展的高地，作为对外开放的门户，建筑整体以现代风格为主，采用绿色建筑、装配式建筑，体现绿色、低碳、高效的设计理念，建筑高度控制在100米以内，周边居住服务片区建筑高度控制在40～60米。建筑色彩采用灰色、白色为主色调，黄色、红色、绿色、棕色为辅色调（图8-28）。

商务休闲区分区景观风貌结构：

商务休闲区景观风貌结构为"两心、两轴、两带、四区、两节点"。

两心：即新城活力景观核心，也是新城的公共中心，围绕兰湖及周边体育文化设施和商业中心打造城市人文景观核心；兰阳湖生态景观核心，结合商务中心区生态水系打造片区生态景观核心。

两轴：即沿中山大道的人文景观轴和沿济阳大道的商务景观轴。中山大道作为城市的东西发展轴线，东接开封为兰考对外展示的横向城市轴线；济阳大道为兰考商务中心区的主要展示界面，充分展示现代化的城市商务中心特色。

两带：即沿健康路的饮泉河生态景观带和沿西环路的四干渠滨水景观带。饮泉河串联麒麟湖、兰阳湖等城市生态水面，打通新老城河湖景观通廊；四干渠串联麒麟湖、兰湖、桐湖等生态水面，为新城的主要生态廊道。

四区：即西部新城综合服务风貌区、北部生态居住风貌区、南部生态居住风貌区、商务中心风貌区。

两节点：即以桐湖、麒麟湖两个生态水面为核心的片区景观节点。

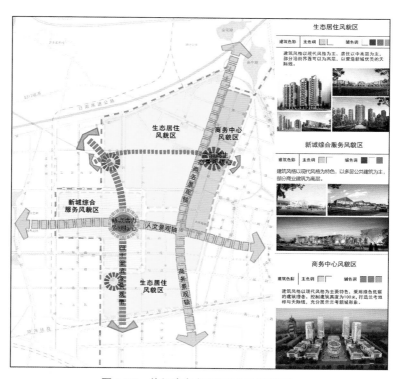

图 8-28 休闲商务创新区景观风貌结构

2. 红色之城——红色文化体验区（行政文化区）

行政文化区是兰考城区最富有特色的片区，也是全国弘扬焦裕禄精神的教育基地，其中以兰考县文化交流中心、焦裕禄干部学院和裕禄师范学院为核心。行政文化区是兰考党政机关和各部门所在地，还有独特的中原油田的老社区、老厂区等。整体建筑风格以新中式为主，采用坡屋顶；老油田片区保留中华人民共和国成立初期的建筑风格；行政办公片区采用现代建筑风格。建筑色彩采用红色、白色、灰色为主色调，黄色、棕色为辅色调。建筑高度一般控制在 40 米及以下，行政功能建筑控制在 60 米及以下，同时结合兰阳河等生态水系和城市绿带形成连续的绿化走廊和公共空间，与自然环境有机融合（图 8-29）。

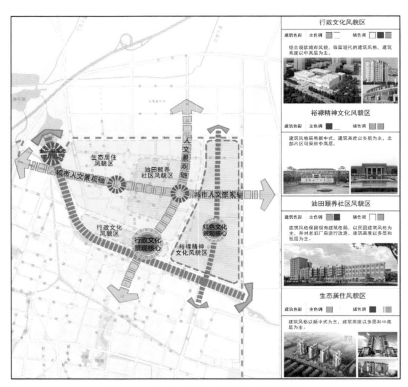

图 8-29　红色文化体验区景观风貌结构

行政文化区分区景观风貌结构：

行政文化区景观风貌结构为"两心、两轴、两带、四区、三节点"。

两心：即人文景观核心与红色文化景观核心，人文景观核心是围绕文体中心、人民广场及周边的行政区形成的城北公共景观中心；红色文化景观核心是围绕兰考县文化交流中心和焦裕禄干部学院等红色旅游景点为核心的文化景观中心。

两轴：即沿裕禄大道的纵向人文景观轴，串联行政文化区人文景观核心及油田片区的景观节点，也是兰考城市纵向发展轴；沿兰康路——林泉路的横向人文景观轴，串联金牛湖生态公园、林泉花园、油田社区及裕禄师范学院等城市景观节点，也是行政文化区的横向发展轴线。

两带：即兰阳河滨水生态景观带，兰阳河为城北主要滨水岸线，分隔北部城区与老城区，为兰考城区主要横向生态廊道；红色文化景观带，为沿学院路贯穿裕禄精神文化风貌区的景观走廊。

四区：即行政文化风貌区、裕禄精神文化风貌区、油田颐养社区风貌区、生态居住风貌区。

三节点：即金牛湖、林泉花园、街头公园三个为片区景观节点。

3. 文化之城——历史文化体验区（老城区）

老城区承载兰考传统城市风貌特色，延续城市文化脉络。结合中央公园、焦裕禄纪念园，保留老城特色，融入红色革命文化、黄河文化、焦裕禄精神文化等文化内核，重塑公共空间，注入特色旅游等发展活力，重塑老城风貌，作为兰考文化承载主体，以厚重的历史、包容的精神、纯朴的风情展示兰考之美，打造宜居之城、旅游之城、文化之城。以民国建筑特色风格为引领，体现近现代中西建筑文化融合的特色，建筑色彩以灰色、红色为主色调，以白色、棕色为辅色调；老城两侧拓展区体现新城特色，融入新中式建筑风格，延展老城风貌特点，建筑色彩以白色、灰色为主色调，以红色、黄色为辅色调。核心区建筑以多层和低层为主，周边区域考虑与老城记忆核心协调的风貌建设，形成连续、协调的城市景观界面，以多层和中高层为主（图 8-30）。

图 8-30　历史文化体验区景观风貌结构

老城区分区景观风貌结构：

老城区景观风貌结构为"两心、两轴、四带、三区、三节点"。

两心：即老城记忆景观核心，结合中央公园打造老城公共景观中心，为老城景观主要核心；滨水休闲商业景观核心，沿兰阳河滨水空间打造商业休闲景观，为老城次级中心。

两轴：即沿裕禄大道的纵向人文景观轴，串联中央公园、焦裕禄纪念园、兰阳河滨水商业街区，也是兰考城市纵向发展轴；沿中山大道的横向人文景观轴，横贯兰考东西城区，为兰考城市形象主要展示区域，也是城区的横向发展轴线。

四带：即兰阳河滨水生态景观带，陇海铁路生态防护景观带，为城市横向的主要生态廊道；浚仪河滨水生态景观带，清涧河滨水生态景观带，为老城内部滨水生态廊道。

三区：即中部特色文化生活风貌区、西部生态居住风貌区、东部生态居住风貌区。

三节点：即两河交汇生态节点、铁路站区人文节点、青莲湖三个片区景观节点。

4. 绿色之城——绿色产业引领区（产业集聚区）

产业集聚区作为兰考"2+1"产业承载地，吸引了中部家居产业园、循环经济产业园、保税物流园区、职业学院等大型产业及教育项目入驻，集中培育家具制造及木制品加工产业，重点发展食品及农副产品深加工产业，推动产业升级，大力发展战略性新兴产业，同时做好产业服务配套，优化园区环境，完善本地产业链条，以绿色低污染、低能耗产业为发展方向，建设以绿环、绿廊、绿心为特色的生态园区。作为兰考的南大门，整体上以现代的建筑风格为主，采用绿色建筑、装配式建筑，体现绿色、低碳、高效的设计理念。建筑高度控制在100米，产业园区建筑高度控制在24米，综合服务片区建筑高度主要控制在40米。建筑色彩采用灰色、白色为主色调，黄色、红色、绿色、棕色为辅色调（图8-31）。

产业集聚区分区景观风貌结构：

产业集聚区景观风貌结构为"三心、三轴、五带、四区、两节点"。

三心：即产业综合服务景观核心，结合集聚区管委会及周边服务设施，打造产业新城新形象；高铁站区商务景观核心，围绕高铁站区打造商务商贸新城人文景观；凤鸣湖生态景观核心，围绕凤鸣湖生态水面打造产业新城生态旅游景观中心。

三轴：即沿迎宾大道的纵向人文景观轴，为产业新城的纵向城市展示轴线，也是兰考城市纵向发展轴；沿中州路的横向人文景观轴，横贯东西产业片区，为产业新城横向展示区域，也是城区的横向发展轴线；高铁综合服务景观轴线，为高铁站区形象集中展示轴线。

五带：即陇海铁路生态景观带、郑徐高铁生态景观带、四干渠滨水生态景观带、浚仪河滨水生态景观带、青阳河滨水生态景观带。

四区：即西部产业风貌区、中部配套综合居住风貌区、东部产业风貌区、高铁综合商务风貌区。

两节点：即四干渠南景观节点、青阳湖等片区景观节点。

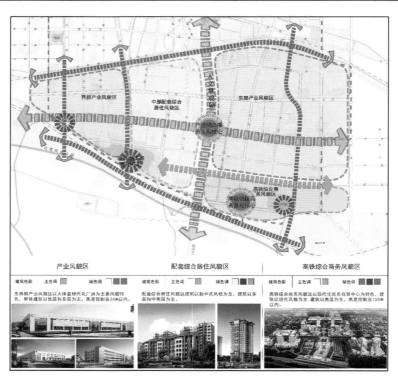

图 8-31　绿色产业引领区景观风貌结构

（四）居住环境

居住环境修补主要包括既有住区更新改善、棚户区改造、城中村改造以及新建小区质量提升四个方面。

既有住区更新改善，补基础设施欠账，完善供热管网、增加充电车棚；改善人居环境，增加公共活动空间、增加绿地、改善出行条件；住宅建筑立面整治，统一规划外立面空调机位，集中整治乱搭乱建、乱堆乱放、乱贴乱画、饲养家禽家畜、创卫宣传落实不到位等现象；社区环境建设，合理配置环卫设施，包括垃圾收集站、垃圾箱、环卫专用车等；配套设施修补，建立社区老年人活动中心、青少年活动中心、图书室、自习室、体育健身活动场地，设置阅报栏、科普文化知识宣传栏，为开展社区文化活动提供必要的物质条件。

新建小区合理选址，选择环境优美地块，突出特色，保证绿地率和配套服务设施，景观上融入兰考历史文化特色，突出地域性；物业管理覆盖达到100%。明确棚户区改造、城中村改造安置方式，并建立项目库。

不同发展阶段的城市更新重点有所不同，2017年脱贫摘帽之后兰考县开展城市双修工作，重点在于还欠账、补短板、完善功能，局部打造城市风貌与形象提升示范，体现了渐进式更新的理念。随着城市不断发展，新的历史时期也将会提出新的要求，城市更新的侧重点也将会有所不同。

三、唤醒城市活力

城市更新的目的不单纯是为了城市表层面貌的改变，更重要的是激活城市活力，提供全新的产业和功能载体，提升居民幸福感。中小城市尤其是中西部县城往往面临人口少、经济落后、城市建设品质不高等困境，在互联网高度发达的当下，县城的城市生活与人们对美好生活的向往之间产生了巨大的鸿沟，如何提振经济、品质生活是摆在大多数中西部地区县城面前的难题。

改善千城一面的城市面貌，塑造有自身城市特色、有独特城市气质、有地域城市魅力的城市环境，是唤醒兰考人民自尊心、城市荣誉感、城市自豪感、集体自豪感，让人民愿意留下来，积极参与家乡建设的重要手段；提高可持续发展的、有内生动力与造血机能的城市品质，是增强城市吸引力，提升城市幸福感，不断满足人民追求美好生活向往的必要路径。

> 塑造独特的城市气质是塑造城市吸引力的重要因素，比如美国波士顿是一座知识之城，会吸引更多的学者前往聚集；硅谷释放的信号是应该努力让自己对这个世界更有影响力；纽约是一座时尚之城、金融之城，处于其中会让自己变得更时尚、更好看；华盛顿是一座政治之城，在这里会去思考政治问题，想要与政要建立私人关系。就国内来说，深圳是一座创业之城、活力之城，会吸引更多的创业者去到深圳创业，集中精力创新创业；成都是一座休闲之城、新兴的创业之城，更多的"北漂""沪漂"会选择落户成都，开启自主创业与品质生活；乌镇代表江南水乡、水墨乡镇，在互联网浪潮下很好地融合了文化与科技，在变迁中找到自身发展方向；五条人乐队所在的小城海丰县代表了现代特色流行音乐的下沉，成为小镇音乐的代表，会让你不自觉地想要去了解海丰这座城市。

结合兰考实际，提出从塑造文化特色、激活产业活力、丰富生活场景三个方面塑造兰考城市特色、培育兰考城市气质、树立兰考城市精神。

（一）塑造文化特色

在国家和河南省关于城市双修、百城提质的总纲领要求下，兰考县城市更新在总体城市设计、城市双修专项规划等上位规划的指引下，系统性设计了红天地历史文化街区街景、文体中心概念策划及建筑改造设计、裕禄大道中山路车站路街区综合整治与规划设计、兰考健康路朝阳路振兴路三条道路形象景观工程、商务中心区街景综合整治与规划设计、中原油田实验厂房改造、油田片区区域城市设计等城市更新类规划设计项目，着力提升城市活力，改变城市面貌。其中，红天地历史文化街区的改造在全省百城建设提质工程观摩会上大放异彩，获得广泛认可。

红天地历史文化街区街景设计项目以兰考县着力打造红色旅游品牌为契机，充分挖掘焦裕禄精神资源，重点打造以兰考火车站为起点至焦裕禄纪念园为终点的四大街区为主的中央公园及沿线街道景观设计。通过建筑外观改造重现时代风貌，通过城市主色调的使用，凸显城市风貌特色（图 8-32～图 8-35）。

在水系梳理连通上，项目连通焦裕禄纪念园南侧的河道水系和现有南湖，并对穿过两个街区的水系进行修整，形成具有兰考地域文化的桐花湖和抚琴湖两个新增湖面。通过湖岸沿线景观游览路线的组织，营造滨水休闲广场、滨水文化建筑以及木栈码头等亲水活动场地。在设计理念上，项目引入海绵城市设计理念，局部广场采用透水铺装，绿化区域

图 8-32　老县委（老年活动中心）改造设计效果图与建成实景图

图 8-33　火车站改造设计效果图与建成实景图

图 8-34　兰考礼堂改造设计效果图与建成实景图

图 8-35　老县政府（群团中心）改造设计效果图与建成实景图

引入下凹式绿地，促进雨水下渗，达到生态低碳环保的效果。局部设计有绿色室外剧场，以低能耗满足人们聚集娱乐的休闲活动，形成丰富的室外空间。

在主题表达上，通过对四个街区进行定位分析，形成四个主题分明的特色街区景观。在焦裕禄精神回忆主题片区，将焦书记生前治沙、治水、治盐碱土地三大成就，通过沙丘土地，溪流裂纹广场以及农田耕作场景，进行景观化艺术化表达，使人们进一步了解焦书记的生平事迹。为打造 20 世纪 50 年代至 20 世纪 70 年代历史文化街区的主题特色，将供销社、文化宫、大会堂等富有时代感的建筑融入景观场景当中，并通过老式造型的街道设施、情景雕塑小品、特色城市家居等烘托年代气氛。从而打造独特的兰考城市印象，促进红色旅游发展，唤醒中国人的年代记忆。

全国大量县城在快速城镇化过程中丧失了自身的城市风貌与文化特色，生活在这样的城市里，人们往往感受不到城市的文化底蕴，体会不到城市的独特气质，缺乏对城市的认同感和文化的自豪感。红天地项目为这类县城的城市更新提供了很好的参考案例，通过对文化的解读，对元素、符号的提取，对色彩的再定义，在历史的长河中去找寻、在新时代背景下去重塑城市风貌，并获得群众的广泛认同，城市的品位得到提升，城市的精神得以传承，人民获得自豪感与幸福感。

（二）激活产业活力

随着城市中心的迁移，新中心的崛起总是伴随着旧中心的衰落，尤其是在城市快速发展阶段，不仅面临旧中心的衰败而且面临新中心活力不足，人气不旺，运营维护吃力等困境。

> 2015年末，泛华集团初入兰考，在对城市进行调研中，深刻地感受到这种时代的撕裂感，可谓是百废待兴。其中以文体中心为例，当时，图书馆、文化馆与体育场于2013年前后建成，仅两年时间，外墙已开始剥落，内部使用效率极低，经常处于半关闭状态，无论是城市形象还是资源利用都没有起到应有的作用。

在此基础上，泛华集团提出了盘活资源、激发活力的业态策划和建筑立面改造设计，重点解决业态单一、空间利用率低、缺乏活力；建筑风格不协调、标识性不明显；缺乏自我造血机能等问题。

1. 提出"创意+"的概念

策划层面提出"创意+"的概念，创意+红色文化、创意+非物质文化遗产、创意+故事、创意+餐饮、创意+互联网。

创意+红色文化。结合焦裕禄精神发源地的优势，增加参观展览、讲座、影视剧等红色业态；将焦裕禄的故事通过兰考的传统工艺如木刻、彩塑等制作成工艺品增加商品属性；通过情景剧的方式故事再现，增加群众的体验感。

创意+非物质文化遗产。结合非物质文化遗产，借助科技手段，发挥想象力，将文化资源转化成文化资产。提供演出平台，为民间表演提供展示空间，对表演内容提出创新要求，增强表现力，对道具进行艺术加工，实现商品化；打造大师工坊，邀请非物质文化遗产传承人入驻园区，创作木刻、许氏砖雕、彩塑、土陶以及木版画等工艺品，培养新的传承人。

创意＋故事。传统故事融入时尚元素，积极推出动漫、电影、电视等相关节目，创作相关产品。

创意＋餐饮。讲故事，利用兰考县齐氏大刀面、红庙孟氏绿豆渣饼、秋油腐乳、毛家小磨油等现有饮食资源，给绿豆渣饼、忆苦思甜饼等赋予新的动人故事，打造伴手礼。美食创新，研究特色美食的餐饮标准，品牌化、连锁化经营；饮食结合文化，提升美学价值，从产品、空间、包装等入手进行创意设计，提高饮食附加值。

创意＋互联网。通过互联网建立文化艺术交流合作平台，与国内外顶级艺术大师进行交流合作，创建文创产品电子商务中心，将兰考特色文创产品通过"一带一路"销往国内外。

2. 对业态功能提出改造建议

研究图书馆、文化馆和体育馆现状建设特征和每层建筑面积，分别提出业态功能改造建议。

对图书馆提出改造建议。一、二层保留图书馆原有功能，报告厅兼具文化艺术交流功能，供平时举办各种交流活动之用；三层设创意学院、各类艺术培训班；四层设创意工作室；五层设艺术家工作坊（图 8-36 ）。

对文化馆提出改造建议。底层仍然作为市民文化活动的场所，增加书店、饮品店、时尚快餐、休闲零食等商业业态；一层展示与交易（现代时尚），包含文化展览展示、产品交易结算；二层展示与交易（民俗特色），包含民族乐器展览展销、民俗文化主题体验、传统工业技术制作；三层休闲娱乐，包含大众创意坊、儿童创意乐园、创新遗产休闲长廊、茶道花道馆等；四层文创电商与文创孵化，包含文创企业孵化、文创产品电子商务、文创产品认证等（图 8-37 ）。

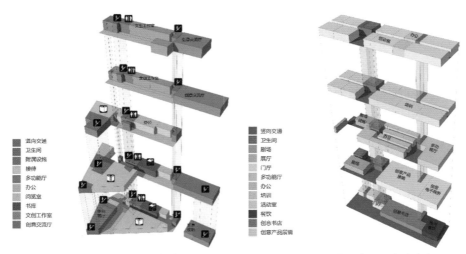

图 8-36　图书馆改造后业态功能布局　　　图 8-37　文化馆改造后业态功能布局

　　对体育馆提出改造建议。靠近图书馆一侧（体育场西侧）主要业态建议为休闲体育类，室内球类馆、综合格斗馆、剑道拳道馆；靠近兴兰中学一侧（体育馆东侧）主要业态建议为体育用品商店类，户外用品售卖、体育用具专卖、自行车俱乐部等，以及比赛用房、设备及运营管理用房等；利用体育场巨大的内部空间形成大型主题活动，如兰考文化主题秀、大型商业展览、艺术展览、大型演出、创意作品自由交易市场、文化产品跳蚤市场、休闲体育运动会等（图 8-38）。

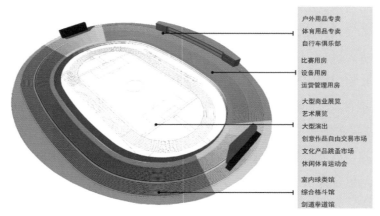

图 8-38　体育馆改造后业态功能布局

根据业态策划，梳理功能业态类型，按照经营性质可分为经营性项目、半经营性项目、公益性项目三大类；按照业态类型可分为创意设计交流板块、创意商务板块、都市生活板块、教育板块四大类（表8-1）。

业态配比规划表　　　　　　　　表 8-1

业态类型及比例	内容构成	面积配比（平方米）	经营性质	空间特质	建筑	楼层/位置
创意设计交流板块	艺术沙龙	200～300	公益性	公共性	图书馆	4F、5F
	艺术家工坊	300～500	半经营性	私密性	图书馆	5F
	动漫创意设计	200～300	半经营性	公共性	图书馆	4F
创意商务板块	产品交易结算中心	200～500	经营性	公共性	文化馆	2F
	文化创意产品电子商务中心	500～800	经营性	公共性	文化馆	2F
	文化创意产品认证中心	200～300	半经营性	半公共性	图书馆	4F
	传统工艺技术制作坊	200～300	半经营性	半公共性	图书馆	4F
	创意产品展销	1000～2000	经营性	公共性	文化馆	1F、2F
	创意企业/创意工作室	2000～3000	经营性	半公共性	创客中心	1～3F
都市生活板块	创意书店	500～1000	经营性	公共性	文化馆	1F
	大众创意坊	200～300	经营性	公共性	文化馆	1F
	儿童创意乐园	200～300	经营性	公共性	文化馆	1F
	特色餐饮	200～300	经营性	公共性	文化馆/创客中心	1F
	兰考文化主题秀	300～500	经营性	公共性	文化馆	2F
	体育用品专卖	300～600	经营性	公共性	体育中心	东侧
	户外用品专卖	300～600	经营性	公共性	体育中心	东侧
	各类休闲体育场馆	500～1000	经营性	公共性	体育中心	西侧
教育板块	创意学院	500～800	半经营性	半公共性	文化馆	5F
	非物质文化遗产传承学院	500～800	公益性	半公共性	文化馆	5F
	教育培训	1000～2000	经营性	半公共性	文化馆	4F

3. 对建筑赋予新寓意

在可实施基础上，通过改造提升设计，确定合理的建筑尺度、富有美感的立面造型以及和谐的建筑色彩，从而为建筑带来直观上的和谐感，提升建筑实际使用上的便利性，并赋予其新的寓意。

形式与功能的协同，在设计构思中考虑建筑功能定位，融入对建筑功能的理解，赋予建筑美好的寓意，体现建筑功能；实施性设计，改造尽可能减少对原建筑结构体系的破坏，考虑造价及施工难度，提高方案可实施性；"加法"设计，通过对现有建筑做"加法"，对现有建筑体量进行调整，通过"加法"达到化繁为简的"减法"效果；双表皮系统，竖向格栅排列与局部实体墙面处理结合，构成富有韵律感的立面肌理，最大程度上与原建筑结构体系脱离，可避免众多不利因素，提高可实施性、降低工程造价；实用功能性立面改造在满足美观的前提下，赋予改造部分新的使用功能。

图书馆设计立意。"书山"——建筑形态以现代构成手法将建筑窗户构件层层片片叠合而成，似册册书籍层叠如山，雄浑矗立，整个建筑像是一栋巨大的书架上布满精致的书籍，使莘莘学子产生出"书山有路勤为径"的联想。"琴韵"——建筑形态以双表皮格栅系统形成规律立面，似根根琴弦，轻巧精致；同时格栅形态追寻特定轨迹有序变化，宛如古琴优美的弦面，又似琴音般韵味悠长，令人回味（图 8-39～图 8-41）。

图 8-39　图书馆改造效果图

图 8-40　图书馆改造前实景照片

图 8-41　图书馆改造后实景照片

文化馆设计立意。"窗"——作为文化和知识载体的建筑，起到的正是"窗"的作用——联通内外、古今，传递信息、展示文化。以简化的现代构成设计手法隐喻，体现建筑的载体功能。"蓝海"——新时代文化与知识的传递形式不再局限于实体，在虚拟世界里以数字化形式构建出浩瀚"蓝海"。提取蓝海意向，并抽象化表现，贴合时代特征（图 8-42～图 8-44）。

文体中心的更新改造更切合时代需求，在改造完成后明显凝聚了人气，增强了中心活力，提升了城市形象，在百姓中广为传颂。

图 8-42　文化馆改造效果图

图 8-43　文化馆改造前　　　　　　　　图 8-44　文化馆改造后

（三）丰富生活场景

夜晚是居民回归生活、享受生活、追求美好的主要时空载体。古往今来，逐光而居、向光而行，夜空下的赏月、观灯、夜市、夜游等活动形形色色，休闲、娱乐、观光、出行等需求多姿多彩，构成了美好生活最鲜活的表达方式、最温馨的现实图景。夜景亮化充分将城市环境、文化要素、建筑轮廓在夜间清晰地展现出来，体现城市的文化性、时代感与吸引力，将夜间城市描绘得丰富多彩、特色鲜明、层次清晰。夜景亮化能够改善城市生活环境、促进夜间消费，提升夜间经济活力，吸引游客、发展旅游。兰考夜景亮化通过城市双修项目提出发展策略，以点、线、面全方位构建城市照明系统。

1. 夜景量化中的"点"——点亮活力中心

城市中的重要节点代表了城市里的文化、活动、商业等活力中心，夜景亮化是强化活力中心的有效手段，可延长活动时间，促进夜间消费。重点围绕城市公园、商业中心、公共建筑、体育场馆等重要节点进行夜景亮化设计，采用高照度的暖色调光源，如橙色、金黄色等，营造热烈的氛围。

2. 夜景量化中的"线"——提高城市安全感

在快速城镇化过程中，城市难免留下一些灰色空间、亮化死角，从而导致犯罪率居高不下、夜间城市安全堪忧，而城市更新就是要识别出这些死角，让每一个有人活动的空间都暴露在灯光之下，从而提高城市安全性。兰考在城市双修规划中提出沿滨水、道路等线性空间不留死角进行夜景亮化。滨水空间也是城市里不可多得的自然生态资源，灯光的缺失势必造成资源的浪费，降低空间的使用效率，增加滨水空间的夜景亮化可提高夜间经济活力、提升夜间体育活动率，让城市中的资源得到最大化地利用。线性空间主要采用冷色调光源，保证灯光的连续性和整体性。

3. 夜景量化中的"面"——创造区域特色氛围

主要围绕居住区、学校、医院、工厂等区域分别提出亮化策略。居住区、学校、医院等区域采用低照度的暖色调光源，创造宁静的氛围；工厂厂区采用高照度的冷色调光源，创造安全可靠的环境。

四、引领高质发展

以习近平新时代中国特色社会主义思想为根本遵循，兰考县全面深入贯彻党的二十大及中央、省委城市工作会议精神，坚持以人民为中心，突出抓好城市规划、建设、管理、经营等关键环节，持续推进城市建设提质和全国文明城市创建，加快推进城乡融合，促进城市高质量发展。围绕城市规划、建设、管理工作，扎实做好"四篇文章"，突出抓好城市"五治"，强化城市基础设施和公共服务设施建设，持续推进背街小巷和老旧小区整治，认真解决老百姓"出行难、行车难、入厕难、就医难、入学难"等民生突出问题，通过拆围墙行动还绿于民，将政府机关大院内的公共景观设施开放，与民共享；统筹城市中的商业配套、教育设施、医疗设施、体育运动设施，在转型过渡阶段实现公共服务设施实施的全覆盖，构建完善的公共服务体系；通过建筑环境的更新，结合新型业态植入，激活产业活力，构建有吸引力的城市空间，以系统化的高标准设计和高质量的施工进一步完善城市功能，提升城市综合承载能力，改善人居环境质量，不断提升人民群众的获得感、幸福感和满意度，让来者心怡，居者心悦。

质量是建设的根本，高标准是最大节约、低标准是最大浪费，已经成为各行业的共识。从规划设计角度出发，发挥"死磕"到底的匠人精神，做到自己满意、群众满意、各级政府满意；从政府管理角度出发，严把规划设计关、建设质量关，发挥焦裕禄韧劲精神，与粗制滥造斗争到底；从建设实施角度出发，做到不敷衍了事、不蒙混过关、不避重就轻，以钉钉子的精神做好每一个节点，干好每一个工程。在焦裕禄精神的引领下，设计方、建设方、管理方将这种钉钉子"死磕"到底的精神贯穿于城市更新工作的始末，使兰考县的面貌发生了翻天覆地的变化，最终成为百城提质的典范，被住房和城乡建设部命名为"全国人居环境改善示范县"。

> 2017年百城提质期间，时任兰考县常务副县长王彦涛对城市更新建设工程质量非常关注，经常在日常工作结束后，半夜拿小锤子去施工现场检查工程质量。随机敲一敲路牙石、道路铺装等，只要有空鼓、有不合格的现象发生，立马要求返工重做，如此三番，施工质量得到极大保障。

兰考县城市更新工作坚守安全底线，高质量推进项目建设，坚持以人民为中心，在县委县政府与泛华集团多年持续深度合作的努力下，如期兑现了向习近平总书记作出的"三年脱贫、七年小康"的庄严承诺，也得到了省委书记楼阳生的高度肯定，获得了令人瞩目的成绩。在更新改造的过程中，学习和弘扬"亲民爱民、艰苦奋斗、科学求实、迎难而上、无私奉献"的焦裕禄精神，逐步形成"党组织领着干，干部抢着干，群众比着干"的工作模式，老百姓干劲越来越足、对城市发展越来越自豪、对未来美好生活充满信心。

2018 年兰考县城市更新的过程中，在与兰考干部、群众聊到兰考
的城市建设与巨大变化时，明显感到兰考广大干群发自内心的自豪感
和对城市变化的惊喜赞叹之情——
　　"现在的兰考路美街净，城市环境得到很大改善！"
　　"百姓安居乐业，居民素质得到极大提升！"
　　"我为在兰考生活感到非常自豪！"
　　"原来我们兰考也能发展得这么好！"
　　……

城市更新带来的边际效益持续扩大，通过城市环境的整体提升，为城
市招商引资和城市品牌建设打下坚实的基础，兰考县陆续获得全国文明城
市、全国投资潜力百强县、全国脱贫攻坚交流基地、国家生态文明建设示
范县、国家园林县城、全国绿色农业发展先行区、全国农村能源革命建
设试点县等荣誉称号，逐步引进富士康、光大等世界 500 强企业和正大、
立邦等 40 余家行业龙头企业，兰考县获批创建"绿水青山就是金山银山"
实践创新基地，壮大"奶牛＋饲草"特色产业体系，乐器产业年产值达
30 亿元。积极培育发展了现代装配式建筑及新能源等新兴产业。如今的
兰考，已从习近平总书记在党的群众路线教育实践活动中的联系点变成
全国县域治理"三起来"的示范点、践行党的群众路线的示范点和乡村振
兴的示范点。

第九章
改革与发展，创新激活发展活力

作为改革的先头兵，兰考县的巨大变化，离不开一系列改革创新举措的实施。兰考县在工作实践中通过改革与发展相结合的创新方法，用改革的思维破除体制机制障碍，以创新的举措应对遇到的新问题，整合各类要素，盘活优势资源，实现资产变资本，激发县域发展活力，为经济发展营造良好社会环境。

一、机制体制改革

（一）组织改革

1. 健全党的领导体制机制

党建优势是兰考县的核心优势，兰考坚持党建引领筑牢基础。以习近平新时代中国特色社会主义思想为引领，持续加强思想政治教育、人才培养和基层党组织建设，通过坚强有力的组织领导和朝气蓬勃的干部队伍，充分调动各类优秀人才创新创业积极性，不断建立健全党对重大工作的领导体制机制，提升党建引领基层治理能力，充分发挥党的领导的政治优势。

成立党的建设改革专项小组，形成上下贯通、齐抓共管的改革领导机构体系，建立机关党支部和农村党支部"支部连支部"组织架构，互助共建、共同发展，围绕聚焦主责主业，对乡镇（街道）班子成员、村"两委"成员科学明责分工，压实责任，形成浓厚"严的氛围"，常态化开展村干部能力提升培训班，吸引返乡能人、退伍军人进入村"两委"班子，将群众认可的优秀党员选拔为村支部书记或者进入乡镇党委班子，增强村、镇干部带富实干能力。

推动"互联网＋"党建。建设完善农村基层党建信息平台，推广网络党课教育。推动党务、村务、财务网上公开，畅通社情民意，构建以党建为引领的村级综合服务平台。

积极推进"五星"支部创建。每个星"一名县领导牵头、一个专班推进"，创建农村"五星"支部 7 个，"四星"支部 40 个。强化阵地建设。实施村室建设提升工程，有序推进 159 座 300 平方米以下党群服务中心改造提升。深化"三零"创建。探索建立"综合治理、综合执法、应急管理、消防救援、人民武装""五位一体"治理模式，"三零"创建村（社区）达标率 89.85%，企事业单位达标率 99.92%，获得全国信访系统先进集体 ①。

2. 共青团基层组织改革

2019 年 10 月，河南省郑州市中牟县、开封市兰考县两县被团中央定为共青团基层组织改革综合试点单位，破除行政化工作思维，探索新时代共青团干部选用机制改革，把真正想从事党的青年工作的青年人才选拔到团的工作岗位上来，有力带动了工作体制机制建设，并积极复制推广试点经验，取得良好成效，为共青团基层组织改革提供河南方案、河南经验。

兰考县建立团干部考核评价机制，建立团干部"年初承诺、年中践诺、年终验诺"考核评价体系，针对不同岗位的团干部制定不同的任期目标责任书，明确由同级党委和上级团委通过团干部述职、青年和群众评议、评星定级等途径对团干部进行考核，考核结果与干部任免、晋升和奖惩挂钩。联合县委组织部下发《关于加强新形势下基层党建带团建工作的意见》，强化共青团组织在共青团员、优秀青年"推优"入党工作中的政治作用，并下发《兰考县党团联合培养青年政治骨干工作制度》，积极培养推

---

① 焦宏昌，李宇翔. 兰考县：在县域经济"成高原"上"起高峰" [N/OL]. 河南日报农村版，2022-11-04. https://mp.weixin.qq.com/s/Vz8ozQT_qDyXz_s57cg1Iw.

荐优秀青年人才担任村（社区）第一团支部书记、农村基层团干部。

（二）制度改革

为保障推进兰考县新时代完成新使命，消除体制机制障碍，激发创造活力，系统谋划了"服务企业、服务基层、服务群众"县域改革体系，从体制、经济、区域协调、公共服务等方面提出七大改革措施：

1. 推动"飞地经济"建设机制改革

探索豫鲁"飞地经济"试验区，打造河南省对接山东融合发展的桥头堡。创新"飞地招商"，积极与郑州、山东、长三角等沿海产业优势地区建立"飞地协作"，紧盯主导产业建立"飞地园区"，围绕高端战略规划目标，调动整合资源，引入国际国内顶尖产业入驻，以郑开同城化发展优势积极对接长三角、大湾区先进产业，认真谋划承接一批项目，提高全县的产业层次、人才档次，以重大先进产业项目引进推进郑州、兰考两地共建、共管、利益共享新机制模式。打破地域分割、行业垄断、市场壁垒，完善区域合作协商机制，建立兰考承接跨区域产业转移和重大基础设施建设成本分担机制，探索经济区和行政区适度分离发展模式，建立区域投资、税收等利益分享机制，营造规则统一开放、标准互认、要素自由流动的市场环境。

2. 创新"倒飞地"经济机制改革

在郑州、青岛、上海等地设立"倒飞地""孵化飞地"，借力郑州市、山东省、上海等发达地区的科研技术、高端人才资源，引进新技术、培育新业态，实现"研发孵化在外、生产在内"的新型发展模式，打通兰考对创新资源的迫切需求和发达地区高端资源充沛供给的通道，实现高端要素资源的有效对接。经济发达地区输出资金、技术、管理的载体，兰考承接输出土地、资源及最终产品。增强市场意识，围绕互利共赢构建多层次产业结构，助推产业高质量发展。

3. 建立郑开同城化领导协调机制

建立兰考县融入郑开同城化初步领导协调机制，设立兰考县战略咨询委员会，成立高规格领导小组，在兰考成立省、市、县直接对接协调联系处，精准有效推动各项工作落实。进一步发挥人民代表大会制度优势，探索建立常态化、多领域、深层次的交流合作长效机制，进一步加强沟通对接，密切协同配合，更好发挥积极作用，推进规划同城、交通同城、产业同城、生态同城、公共服务同城，健全完善工作对接机制、明确郑开同城化示范区范围。同时以兰考实践助力推动郑开同城化高质量发展。

4. 推进县机关系统全面改革创新

积极推进县直机构改革与职能转变，建立新型高效功能区管理体制，打造提升现代产业招商平台，深化郑州、开封与兰考园区合作机制；盘活编制资源减县增乡，将"能上能下、能进能出"机制落到实处，"干的氛围"日益浓厚；完善"1+3"社会扶贫机制推动扶贫扶志，创新"以表现换积分、以积分换物品"制度。

2016年，兰考县推进无围墙办公，将县政府及重要机关单位周边围墙全部拆除，还绿于民，还景于民，市民公共活动空间大量增加。围墙的拆除，使得群众可随时前来反映问题，表达意见建议，"拆掉的不只是政府机关的围墙，更重要的是拆除了和百姓之间的心墙！'无围墙政府'的'开门办公'，搭起党员干部与人民群众的'连心桥'。"同时，大胆改革组建司法和信访局，建立县、乡社情民意服务中心，整合便民热线"12345"，信访积案和不稳定群体有效化解，营造了良好的县域发展环境。

5. 创造条件推进兰考行政区划调整

积极谋划兰考撤县设（县级）市或（市辖）区，着眼未来中等城市建设和管理需要，扩大中心城区规模，将周边乡镇适度纳入县城。在部分重点镇创新管理体制，选择一两个重点镇，探索副县级大市镇管理体制。长远考量、科学谋划，立足兰考高质量、高标准、高品质发展，统筹考虑经济发展、资源环境、人文历史、地形地貌、治理能力等情况，敬畏历史、文化、自然，科学评估论证，提高行政区划调整方案的科学性和前瞻性，做到有利于增强区域中心城市功能，有利于建设宜居宜业宜游高品质城市，有利于推动高质量发展。

6. 深化教育合作共享机制改革

依托产业发展，推动河南省相关大学和职业学院在兰考县设立分校，结合未来家居、农业、红色教育产业发展需求，大力开展"订单式"培养、现代学徒制、企业新型学徒制等"双培型"培养模式，打造产学研一体化示范区和郑州市职业人才教育输出基地。推进郑州、开封、兰考基础教育公共服务均衡普惠，统筹协调优化两地教师、资金等资源配置。推动教育信息化机制改革，教育信息化建设已经不再是单纯的基础设施建设，而是需要和我们的教育改革实践进行深度融合，从理念、模式、机制、评价全方位纳入到教育信息化的整体框架。教育信息化也是实现教育合作共享机制的重要方法。

7. 推进医疗合作机制改革

强化区域医疗合作机制，建立区域统一居民身份认证体系，逐步形成区域医院资源共享机制、分级诊疗的跨地市转诊机制和健康档案、检验检查报告互认共享机制，开展慢病预防和健康干预等方式，提升居民对社区医疗服务的信任度，建立社区卫生服务团队与居民之间的稳定服务关系，逐步实现非急诊患者必须经社区医生转诊方可到三级医院接受医保机构支付费用的医疗诊治。建立医联体、会诊及转诊绿色通道；完善养老机构与周边医疗机构合作共建等协作机制，推动建设区域医疗养老联合体。

（三）金融改革

1. 推动普惠金融改革

2016 年 12 月，中国人民银行等 7 部门联合河南省人民政府印发《河南省兰考县普惠金融改革试验区总体方案》，兰考成为全国首个国家级普惠金融改革试验区。以国家级普惠金融改革试验区为引领，引进和培育各类金融机构，加强银企合作、政银合作，加快推动银行、证券等机构在兰考设立下沉服务中心，重点打造数字普惠金融小镇，大力发展互联网金融、普惠金融、农村互助金融、村镇银行、绿色金融、融资租赁、物流金融、非银金融等新业态，提升兰考融资能力。

兰考试验区建设围绕"普惠、扶贫、县域"三大主题，聚焦群众反映最强烈、需求最迫切的痛点、顽疾，"普""惠"并重，通过普惠金融与金融扶贫、产业发展、基层党建、激励政策、信用建设相结合，初步形成了"以数字普惠金融综合服务平台为核心，金融服务体系、普惠授信体系、信用信息体系、风险防控体系为主要内容"的"一平台四体系"兰考模式，并在全省 22 个县（市、区）复制推广。

2. 做强县域金融平台

针对政府财政投入不足问题，以县投资公司平台为主体，包装资源，引导平台公司改革和合理运营，做大做强县投资平台，推进国有资产的良性循环发展模式。围绕"精简数量、做大规模、职责明确、质效提升"目标，将现有 10 家县属国有投资公司整合重组为城投、兴工、农投、文投 4 家国有独资公司，由县国资监管机构监管，按照市场机制要求，独立核算，自主经营，努力实现投融资效益最大化。

规范法人治理结构。依法制定公司章程，规范设置董事会、经营层和监事会。推行国资监管机构依法外派财务总监制度，突出对投融资公司财务状况、重大事项、重大决策、国有资产保值增值等重点事项监督。

完善领导任职体制。建立公司党组织班子成员与董事会成员双向进入、交叉任职的领导体制；党组织设书记、副书记各一名，按照自愿报名、双向选择原则，由县委县政府择优选派任职。经营层设总经理一名、副总经理两名（城投公司、农投公司三名），面向社会公开招聘或从县机关事业单位科级干部中聘任，报县组织人事部门审批备案。

健全绩效考核体系。实行公司工资总额控制，确定阶段性目标任务，建立激励约束机制。规定城投、兴工和农投、文投董事长年薪、总经理年薪分别为 50 万元、40 万元和 40 万元、30 万元，副书记和副总经理年薪均为 20 万元。经考核，完成或超额完成目标任务的发放年薪，个人所得税部分以奖励激励形式全额奖励个人；完不成目标任务的，扣减相应年薪或降低公司任职职务，直至解聘。

强化管理层考核流动。取消公司经营层中的机关事业单位科级干部编制，组织关系转至所在公司，以后根据工作需要，经县委研究可以到事业单位交流任职。公司领导班子和班子成员中县管干部年度考核，随县科级领导班子年度考核一并进行。

建立风险防控体系。建立债务风险防控体系，年初编制融资计划，明确融资规模、方式、还贷计划及来源，按月编制资金使用计划，规范资金使用。通过党委决策监督、平台公司定期汇报、重大项目请示等制度，确保企业规避"过度投融资"风险。

健全审查监督机制。强化离任审计和清产核资，明晰各投资公司股权。成立监事会，监督检查公司业务、财务状况。按照纪检监察全覆盖原则，把 4 个投资公司与县财政局列入同一纪检监察组，纳入年度巡察计划。

3. 创新财政制度改革

为提升兰考县财政支付效率和优化重大项目建设环境，针对县级财政预防高杠杆、支付滞后、转移支付均等化等问题，提出从预算管理制度、现代税收制度、县域财政体制、信用体系建设四个方面改革探索，积极打造国家税收征管创新示范县、国家乡镇国库集中支付示范县、国家普惠金融的普惠征信中心。

创新预算管理制度。探索建立兰考跨年度预算平衡机制，编制和完善三年滚动财政规划，强化其对年度预算的约束；健全兰考政府购买服务制度，建立政府购买服务的目录清单，细化服务购买方式和购买资金来源，建立规范化购买流程，建立政府购买服务的长效机制。

创新现代税收制度。探索建立依托大数据线上线下联动的简化税收征管创新模式，弱化凭证管理，加强资金流监控，减少实地核查，深化ERP系统数据挖掘简化税款缴纳机制，积极探索信息管税新模式，实现将现代信息高速发展的新技术、新能量运用于税收管理，推动现代税收治理创新发展。

创新县域财政体制。探索在兰考乡镇推行国库集中支付改革，将采购项目和工程项目纳入到直接支付范围，推动兰考城乡建设和一体化发展，创新财政绩效管理手段，探索对部门单位进行财政支出整体评价工作和开展对政府投资项目的绩效评价工作，加强评价结果应用，实现部门单位绩效自评工作全覆盖。

创新信用体系建设。依托国家普惠金融试验区，创新兰考金融信用体系，加快创新金融信用产品。探索打造"信用＋城市"新模式，营造"信用有价、信用惠民"环境。依托兰考国家信用体系建设综合型示范试点，探索建立城市信用大数据平台，合理利用信用数据，推动征信业发展，打造国家普惠金融的普惠征信中心。

4. 探索多样化的金融模式

围绕兰考县区域性中心城市建设目标和普惠金融利好，提出以普惠金融试点为契机，以国家级普惠金融改革试验区为引领，引进和培育各类金融机构，加强银企合作、政银合作，加快推动银行、证券等机构在兰考设立下沉服务中心，重点打造数字普惠金融小镇，大力发展互联网金融、普惠金融、农村互助金融、村镇银行、绿色金融、融资租赁、物流金融、非银金融等新业态，提升兰考融资能力。在融资能力提升的基础上，创新多样化的融资产品，做大做强产业扶持基金。

优化创新兰考信贷结构。围绕兰考重点产业和重点行业加大信贷投放，推动"2+1"主导产业做大做强，围绕公益性项目、基础设施类项目和政府投资类项目加大信贷投放。

探索"互联网＋县域经济"发展新模式。推动国家、省互联网金融协会资源与兰考优势特色产业对接，积极培育互联网金融企业。加快与互联网金融优秀企业对接合作，打造兰考"互联网＋园区"发展新模式。

加快构建兰考"2+1"产业链金融产品体系。围绕兰考"2+1"主导产业，积极开发主导产业的产业链金融产品，构建家具制造及木制品加工产业链金融产品体系、食品及农副产品深加工产业链金融产品体系和新能源产业链金融产品体系。

探索设立多种类型的产业基金。围绕兰考主导产业、龙头企业、重点园区及创新发展，加快建立助推兰考创新发展的产业引导基金、产业并购基金、产业创业基金及产业投资基金。

（四）职能改革

1. 服务型政府建设

以社会公众为服务对象、以多元参与为服务方式、以满足公共需求为服务导向，变"管制型"政府为"服务型"政府，探索一套符合法治化、市场化要求的"负面清单"投资和监管模式，方便企业成长与创新，方便群众办证，在政府、市场和纳税人之间培养起契约精神（图9-1）。

图 9-1　服务型政府建设

2.引入社会智库建设

积极开展与高校、科研院所、咨询机构的合作，吸收优秀专家，打造特色智库，先后引入泛华集团、浙江大学、北京清水爱派建筑设计股份有限公司、河南省省级设计院等智库服务机构，充分发挥智库机构在政策解读、政府科学决策中的作用，长期服务兰考。从设计前端着手，深挖城市价值，盘活资源，变废为宝，探索土地、资源的复合利用方式，将资源的价值最大化，发现和挖掘城市的战略价值、生态价值、经济价值、政治价值、文化价值等综合价值，制定符合城市自身特质的发展路径带动城市创新发展，充分发挥设计在城市建设中的引领作用，推动城市高质量发展（图 9-2）。

- "需求型"智库打造 · 一是准确把握当前经济发展形势，紧紧围绕全国、全省、全县的重大战略部署深入开展研究工作；二是围绕兰考县重点领域、产业行业及改革等深入开展研究，如供给侧改革、战略新兴产业、高端服务业等方面的分析研究

- "时效型"智库打造 · 抓住信息技术高速发展步伐，加强对经济运行的监测，及时研究分析其苗头性、倾向性问题，加强智库的时效型管理，推进智库研究成果的科学性、操作性

- "预见型"智库打造 · 推进智库预见性、预判性、前瞻性、预警性建设，及时捕捉经济社会需求；在新产业、新业态、新商业模式等领域开展科学、前瞻性的研究分析，为政府提供可靠建议

图 9-2　社会智库建设

3."放管服"体系构建

深化"放管服"体系构建，探索"三强两减一创新"模式，提高行政运行效率；对全县行政审批事项进行清理，例如倡导中小工程项目的打包购买，鼓励有品牌、有实力、有能力、诚信可靠的咨询设计机构长期提供服务（图 9-3）。

4.探索多层次的职能改革

在县级机构职能改革的基础上，提出以乡、镇、村，智慧城市管理方式改革等多维度、多层次的政府职能改革措施，推进兰考县提升行政效率、优化人力资源。

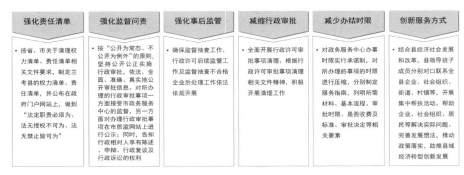

图 9-3 "放管服"体系构建

打通数据后台，建立信息平台，加快建设"一站式"便民服务，利用数字技术加快提升城市管理服务体系，推进政府事务智慧高效管理。建立以"村主任打包"制为抓手的政府职能创新结构体系，传承焦裕禄"亲民爱民"的奉献精神。实施"县—副中心—重点镇——一般镇"的四层结构考核体系，加强政策考核机制创新，实施动态管理模式，实现脱贫不脱政策。鼓励村镇创新，大胆探索自身在土地流转、产业发展、金融服务、项目运营等方面的体制机制创新，形成示范。

二、发展模式创新

（一）工作模式创新

1. 决策模式创新

以顶层设计为发展蓝图，建立以书记为牵头负责人的规划领导决策小组，负责顶层设计下各专项规划的审议决策工作。领导小组下设各专项工作组，实现技术与行政的深度结合，打破城乡规划体制阻碍，实现全域多规合一，一张蓝图干到底。广泛开展民意调查，着力抓好社会听证，切实推进政务公开，认真做好专家咨询工作。打造内生与外源协同创新的决策模式，同外部环境顺畅沟通、交流和互动，保证决策透明化，同时建立与社会精英、研究机构的沟通渠道，保证决策的科学化。

2. 沟通模式创新

2016年，兰考县各项建设亟待全面推进。在此背景下，为有效推进项目建设进度，缩短规划过程决策时间，经相关领导和设计院协商，充分发挥微信等网络工具作用，为相关主管领导和设计人员建立沟通渠道；安排设计驻场团队与兰考县自然资源局一起办公，为驻场团队提供优良的生活办公环境，在规划设计过程中，即时沟通重大想法、重大变化，即时发送设计成果，减少中间环节，对战略性、关键性等问题即时提出指导意见，极大提升了规划效率，保证后期重大项目的及时落地。

3. 考评模式创新

为有效提升城市管理部门人员素质，兰考县传承创新"兰考讲堂"，建立各单位每周固定学习、结对村党支部共同学习制度，浓厚"学的氛围"，养成"学思践悟"的工作习惯，提升党员队伍整体素质。同时定期组织设计团队对自然资源局、住房和城乡建设局等主要职能部门相关干部进行专业技术培训，为兰考县培养出了一批真正懂规划、懂设计、有职业素养的干部队伍。

2016年以来，兰考县学习借鉴焦裕禄同志当年树立"四面红旗"的好做法，在全县农村党组织中开展以争创"稳定脱贫奔小康红旗村""基层党建红旗村""乡风文明红旗村""美丽村庄红旗村"为主要内容的"四面红旗村"评选工作，充分调动起了农村基层党组织和党员干部创先争优的积极性和主动性。

（二）招商模式创新

在新时代背景下，传统依靠政府力量和优惠政策的招商引资方式无法继续，未来县域发展需要创新招商模式，在发展中抢占先机。兰考县招模式创新起步较晚，政策血拼、低成本竞争等手段不具备区域竞争优势。结合兰考政治资源优势和普惠金融先发优势，创新提出以"战略招商、集群招商、以商招商、项目招商、金融招商"的"'五位一体'系统招商模式"，推进全产业链系统招商路径，切实推进区域产业导入，积极转变短期利益的政策招商为长远利益的规划招商，探索以订单式规划带动订单式招商，降低招商成本，提升招商效率。

1. 创新全产业链系统招商路径

围绕兰考县"2+1"主导产业，深化"局长+1"模式，开展全产业链系统招商，建立主导产业集群招商引资团队，推行专业招商、定向招商、以商招商、代理招商、网络招商等多元化招商路径策略，关注东部产业转移，瞄准主导产业集群，国内外 500 强及其关联项目，引进位居产业核心地位的龙头项目，带动相关配套项目进驻。在系统规划中前置招商规划，在产业发展的全过程中融入招商理念，利用政策招商实现短期利益，利用环境招商实现综合利益，利用规划招商实现长远利益。贯彻始终的近、中、远期招商策略，推动规划项目落到实处（图 9-4）。

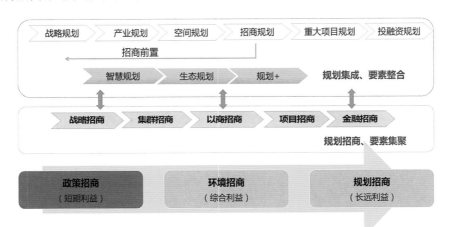

图 9-4　全产业链系统招商路径

2.搭建多形式的招商平台

运用"服务招商、产业链招商、理念招商"实施多元化招商策略和路径（表9-1），搭建多渠道的招商平台。

招商方式途径   表 9-1

招商引资方式	招商引资途径
会展招商	通过举办各种会议和展览实现招商引资
专业招商	与全民招商对应，主要是指成立招商局、投资促进局、招商引资办公室、经济合作办公室或投资促进中心等机构推荐招商引资工作
环境招商	包括硬环境、软环境和产业配套环境。硬环境指基础设施建设状况通称"七通一平"；软环境指政策与法规的完善程度、税收优惠程度、市场公平竞争状况、行政办公效率等；产业配套环境包括工业与服务业的配套能力、产业链、产业集聚、企业群、经济圈和组团式投资
政策招商	既包括各层次的优惠鼓励政策，也包括使各类企业能够平等进入市场和开展平等竞争的市场环境方面的政策
产业链招商	围绕某个产业的上下游行业开展招商，是一种新的招商方式
产权招商	出售企业的全部或部分产权，借以实现招商引资
示范招商	也称"以商招商"，搞好服务，协调好现有的外来投资企业可以起到示范作用
网上招商	建立相应的招商网站进行招商
服务招商	各级政府部门要为当地投资的企业和个人提供周到的服务，要实现"零障碍"和"全覆盖"服务
品牌招商	一个地区拥有知名品牌有利于提高知名度，有利于吸引客商，进而可以促进招商引资
"筑巢引凤"招商	提升硬件环境，即兴建各种区、园和谷等，只有建好载体，才能构筑企业发展空间
联谊招商	与现实或潜在的投资者进行联谊活动，联络感情，如召开座谈会、组织考察活动等，通过开展联谊活动增进了解和信任，为今后吸引投资打下基础
代理招商	也称"关系人招商"，将各种关系人聘为当地政府的顾问，借助关系人实现招商引资
"走出去"招商	包括人员走出去和机构走出去。相关人员到国内沿海地区或境外举办招商引资会、招商说明会和项目推介会等活动，宣传自己，介绍项目，吸引资金和项目进入；此外还可以在其他地区设立招商办事处（代表处），派出专门人员常驻办事处负责当地的招商工作

3. 区域共享招商模式

着眼区域产业分工，积极探索与开封、郑州及省内外产业优势地区建立县、市及周边省外多级联动的招商云平台协作工作机制，完善落实招商财税收入、经济指标统计、安全环保等方面的合作分担机制，助力招商落地出成效。

（三）建设模式创新

1. 以不同建设模式与政策改革为基础

自 2016 年以来，兰考县开始了大规模的城市建设活动，根据政府发展需求和当时政策环境，由规划设计机构提出不同类型建设项目的建设模式和路径，包括 PPP、EPC、BT、BOT、TBT 等。

2017 年 7 月，全国金融工作会议明确，要把国有企业降杠杆作为重中之重，严控地方政府债务增量。2018 年 4 月 2 日，中央财经委员会召开第一次会议，首次提出"结构性去杠杆"，为"打好防范化解金融风险攻坚战"划定基本思路，中央逐步对原政府申报 PPP 项目及政府隐性风险类债务进行整治。兰考县受限于财政收入，原定大量城市建设项目受到影响，且 2018 年恰逢全国脱贫攻坚的关键时期，大量乡村建设资本无法得到保障，严重影响兰考县脱贫攻坚战进程。

2. 以复合建设模式创新降低债务风险

2019 年，泛华集团的服务对象由城区逐步向乡村下沉，旨在探索一条适宜兰考的乡村建设道路。经过多次实践探索，结合当时兰考县乡村建设具体情况，以兰考县蔡岗村为示范，探索组建乡村发展的生态平台，集聚产业、设计、建设、运营机构，集中解决乡村建设资金不足、人才不足、运营落后、业态单一等系统性问题，最终提出"I—F—EPC—O"的复合建设模式，即"产业—资本—工程总承包—运营"一体化模式。针对建设体量较小，但有一定的特色资源的村庄，由一家公司从前期的产业导入、金融导入、实施建设，到后期的运营进行全过程一体化谋划和建设，由政府搭配一定比例政策资金，以后期项目运营收益逐步返还乡村建设费用，降低和减少政府的隐性债务风险。在此模式引导下，实现企业点对点地对乡村逐步进行改造和提升，实现共同富裕。

（四）产业孵化创新

在充分挖掘兰考县自身产业优势的基础上，依托泛华集团平台资源优势、联盟伙伴和发展新趋势新理念，构建兰考县产业育城中心。产业育城中心以工业和信息化部国家中小企业公共服务示范平台为核心，以创新设计为引领、以数字经济为驱动、以科技创新为动能、以产业教育为支撑、以金融创新为全过程赋能，融合创新地方特色主导产业，打造成为城市高质量发展的要素中心、结算中心和总部基地，推动产业数字化赋能要素集聚与应用，建设成为线上线下跨越时空的"虚拟产业园"和"虚拟产业集群"、产业数字化转型应用场和产业数字化协同创新基地。总体上构建"一中心一平台多基地"发展格局，赋能、引领中心城市—县域经济—特色小镇—美丽乡村融合发展，打造成为面向全国的数字经济引领城市数字化发展的示范区和制高点。

以产业育城中心为载体，借鉴工业3.0和数字制造等理念，在建筑工业化基础上，进行数字化升级，将兰考县打造成为河南省首个智慧建筑育城产业园和绿色新能源应用示范基地。在战略指导下，依托产业育城中心，孵化重大产业项目，构建新型产业生态。

1. 建立智慧建筑专业应用基地

我国建筑施工行业还是延续了20世纪80年代的现浇体系，以现场湿作业为主，现场搅拌砂浆或其他带水作业的工作项目，普遍存在着建筑资源能耗高、生产效率低下、工程质量和安全堪忧、劳动力成本逐步升高、资源短缺严重等问题。我国建筑行业长期以来没有提升和转型的动力，很大一部分原因是我国确实缺少大量新型产业工人。依托泛华集团建筑全产业链条优势和兰考县未来产业发展趋势，积极筹划关于智慧建筑专业的产业应用基地建设，建立河南省智慧建筑产业人才培育和储备基地，满足后期新型产业发展需求。

2. 建立国家级现代装配式建筑钢结构基地

结合兰考县已引入杭萧钢构股份有限公司，以制造、施工厂房钢结构、多（超）高层钢结构、大跨度空间钢结构、钢结构住宅、绿色建材（包括TD、钢筋桁架、钢筋桁架模板及连接件、CCA墙体部件、防火包梁柱体系等产品）为主，具备一定生产能力的情况下，找准客户市场主体，积极响应国家乡村振兴号召，瞄准广大的乡村市场，积极引入一家以乡村建筑、车站、会展中心、体育场馆、钢结构桥梁、立体车库、城市管廊等多层钢结构产品为主的钢结构生产企业（意向企业天丰集团），与杭萧钢构形成互补，形成生产、研发、物流产业的集群发展，打造国家级现代装配式建筑钢结构基地。

3. 建立区域建筑新材料研发生产基地

兰考县，乃春秋战国之户牖之乡，中国家居木业的发源地。如此传统，造就了兰考木匠多，木质家居企业也多的现状。兰考木匠靠着一手好木工手艺发家致富，不少人还拥有了自己的企业。结合传统特色优势产业，综合考虑建筑产业发展，积极承接绿色建筑科技产业发展，重点发展节能门窗、特种建筑功能材料、绿色建筑建造、低碳节能建筑新材料的研发及生产基地，集中打造绿色建筑科技产业先导区，新型节能环保建材产学研用示范区。

4. 建设河南省绿色新能源转型示范基地

兰考县乡村三级垃圾收储运体系，实现了城乡环卫一体化。能源互联网平台的搭建，体现了智慧城市的协同发展。日处理生活垃圾 600 吨的光大国际垃圾发电项目和 24 兆瓦的瑞华秸秆热电联产项目，为产业集聚区集中供热。城区地热集中供暖 500 万平方米，清洁取暖"双替代"已有 2 万用户。生物制气厂解决秸秆和畜禽粪便面源污染，"气化兰考"燃气管网正向乡村覆盖。风力发电 231 兆瓦，集中式光伏电站 200 兆瓦、分布式光伏 23 兆瓦，为兰考县城乡提供着清洁电力。

兰考已具备一定的新能源产业基础，结合国家发展趋势，未来还会大力培育壮大新能源产业，以众多环保节能企业为载体，大力建设光伏、风能等绿色能源的储能、用能设备的生产基地和研发基地，将兰考建设成为河南省绿色新能源转型示范基地。

第十章

永远在路上

回望过去，兰考县在过去五年间，GDP 增速斐然，产业体系不断升级，农业稳定发展，工业内部结构变化积极，工业实力明显增强。人民安居乐业，城乡建设突飞猛进，生态文明建设可圈可点。展望未来，兰考将抓住机遇，以更加主动的姿态、更加开阔的思路，不断创新，迎接新时代新机遇新要求，激活创造力、凝聚力和战斗力，为"十四五"开好局、起好步贡献力量。助推县域经济社会高质量发展，兰考改革与发展永远在路上！

一、五年发展对比

五年来，兰考以"敢教日月换新天"的干劲，干出了一篇城市发展的丰伟篇章。今日的兰考，城市、乡村面貌发生了翻天覆地的变化，多次在国家级、省级会议中得到肯定与表彰。2021 年 2 月 25 日，在全国脱贫攻坚总结表彰大会上，中共兰考县委员会荣获全国脱贫攻坚先进集体称号。2020 年，全县生产总值 383.24 亿元，城镇居民人均可支配收入 27749 元，农村居民人均可支配收入 13978 元。兰考人民抵抗住了来自新冠疫情的冲击，实现了从"兰考之问""兰考之干"到"兰考之变"，如期兑现了向习近平总书记做出的"三年脱贫、七年小康"的庄严承诺，走出了一条县域高质量发展的兰考特色之路。

（一）经济增长

1. GDP 增速斐然

2020 年，兰考生产总值达到 383.24 亿元，是 2015 年的 1.6 倍，五年来，生产总值的年复合增长率达到了 10.32%，增长非常迅速（图 10-1）。2017年兰考正式脱贫，成为河南首个摘帽的国家级贫困县。

图 10-1　2015—2020 年兰考生产总值及增速

（数据来源：兰考历年统计公报）

2. 产业体系升级

近五年来，兰考产业体系发生了新的跃迁升级，由"2+1"特色主导产业，发展为"3+2"产业体系，产业内容由家具及木制品加工、食品及农副产品加工和战略性新兴产业为主，发展为品牌家居、循环经济、绿色畜牧、智能制造和文化旅游的主导产业体系。五年来，兰考陆续引进正大、光大、华润、首农、富士康等知名企业投产达效，电子商务、文化旅游等稳步增长，高技术企业及技术研发中心等快速落地，品牌家居、绿色畜牧等以城带乡作用显著，一二三产融合发展逐步推进。兰考县域产业体系已初步建立，产业链条不断延展，产业闭环即将形成，为县域经济高质量发展奠定坚实基础。

3. 农业发展

近五年，不论从作物种植面积、产量还是肉蛋奶的供应量，兰考农业各类指标都有相对平稳增长。较大的变化是棉花种植几乎消失，食用菌种植出现。机械化种植面积增加，全县农机总动力到 2020 年达到 78 万千瓦，各种农机设备以千万台计数。

2015 年，兰考粮食种植面积 9.38 万公顷，棉花种植面积 4.86 万亩，油料种植面积 25.93 万亩，蔬菜种植面积 10.90 万亩，瓜果类种植面积 3.19 万亩。全年粮食产量 53.94 万吨，其中，夏粮产量 34.79 万吨，秋粮产量 19.15 万吨，棉花产量 0.38 万吨，油料产量 7.36 万吨。全县实现农业总产值 70.38 亿元，其中畜牧业产值 24.4 亿元。全年肉类产量 5.1 万吨，禽蛋产量 3.6 万吨，奶类产量 2.0 万吨。

2020 年，兰考粮食种植面积 10.09 万公顷，油料种植面积 1.68 万公顷，蔬菜种植面积 0.90 万公顷，瓜果类种植面积 0.28 万公顷。全年粮食产量 58.19 万吨，其中，夏粮产量 35.73 万吨，秋粮产量 22.46 万吨，小麦产量 35.72 万吨，玉米产量 19.88 万吨。油料产量 7.96 万吨；蔬菜及食用菌产量 33.01 万吨；瓜果类产量 12.16 万吨。猪牛羊禽总产量 3.83 万吨，禽蛋产量 9.63 万吨，牛奶产量 3.63 万吨，年末生猪存栏 12.47 万头，生猪出栏 22.59 万头（图 10-2）。

图 10-2　2015—2020 年兰考粮食产量

（数据来源：兰考历年统计公报）

4. 工业发展

从 2015 年到 2020 年，兰考工业增加值总量有飞速发展，工业对经济增长的贡献率明显增强，工业内部结构呈现积极变化，规模以上工业企业增加到 228 家，5 年内规模以上工业增加值平均增速在 9% 左右（图 10-3）。

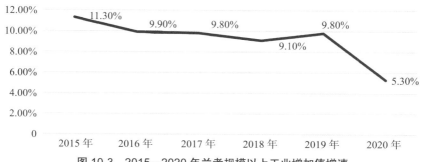

图 10-3 2015—2020 年兰考规模以上工业增加值增速

（数据来源：兰考历年统计公报）

产业聚集区规模增速非常可观，2020 年占全县规模以上工业的 50.1% 以上，工业发展呈现集中化规模化趋势，高新技术产业增加值不断上升，利润总额逐年递增。

（二）人民生活

1. 收入增加

2015 年，兰考全县城镇居民人均可支配收入 19651 元，城镇居民人均消费性支出 13373 元。农村居民人均可支配收入 9072 元，农村人均生活消费支出 7521 元，城乡居民人均可支配收入 12402 元。2020 年全县城乡居民人均可支配收入 19203 元，人均消费支出 16571 元。5 年间，城乡居民人均可支配收入年复合增长率达到 9.14%（图 10-4）。

图 10-4 2015—2020 年兰考城乡居民人均可支配收入

（数据来源：兰考历年统计公报）

2. 存款翻倍

2020年末，兰考全县金融机构各项存款余额307.36亿元。相比2015年，存款金额翻了一倍。5年间，年复合增长率达到16.05%（图10-5）。

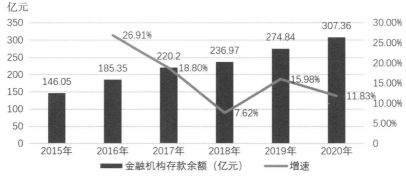

图 10-5 2015—2020 年兰考金融机构存款及增速

（数据来源：兰考历年统计公报）

3. 消费旺盛

2020年，全县社会消费品零售总额198.82亿元，相比2015年，增加138.9%。城镇消费品零售额、乡村消费品零售额、批发业零售额、零售业零售额、住宿业零售额、餐饮业零售额5年间增长幅度也非常显著（图10-6）。

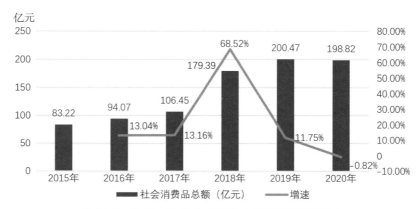

图 10-6 2015—2020 年兰考社会消费品总额及增速

（数据来源：兰考历年统计公报）

4. 医保翻番

2015 年末，兰考全县参加城镇职工基本养老保险人数 5.28 万人，收缴养老保险费 14988 万元，发放养老金 34061 万元；失业保险参保职工达 2.9 万人，收缴失业保险费 552 万元，支付失业保险金 295 万元；参加城镇基本医疗保险人数 7.5 万人，收缴基本医疗保险费 4286 万元，支付基本医疗保险金 4300 万元；工伤保险参保人数达 2.4 万人，收缴工伤保险费 320 万元，支付工伤保险金 214 万元；城乡居民养老保险参保人数达到 37.66 万人，收缴养老保险费 2959.16 万元，支付养老金 12949.94 万元。

2020 年末，城乡居民医保参保人数 78.5 万人，参保率达到 90.8%，城乡居民医保基金收入 6.24 亿元。城镇职工基本养老保险参保职工达到 11.02 万人，收缴养老保险费 5.53 亿元，支付养老金 7.26 亿元；城乡居民养老保险参保人数达到 52.5 万余人，收缴养老保险费 4470 万元，发放基础养老金 1.68 亿元，个人账户养老金 652 万元，发放率达到 100%；失业保险参保职工达到 3.08 万人，收缴失业保险费 765 万元，支付失业保险金 667 万元；工伤保险参保人数达到 4.51 万人，收缴工伤保险费 764 万元，支付工伤保险金 1059 万元；城镇职工基本医疗保险参保人数达到 4.9 万人，收缴基本医疗保险费 14529 万元，支付医疗保险金及生育津贴 9235 万元。

（三）城乡建设

1. 县城建设规模翻倍

近五年来，兰考县城发生了翻天覆地的变化，曾经破旧的小县城，一跃成为发展规模近 50 平方公里的大兰考，建设规模接近翻一番。老城区改造更新、功能织补，街景风貌为之一新；西部新城区绿水环绕、生态宜居，功能逐渐完善，人气渐旺；南部产业区板材家具、循环经济、工程机械、食品药品等产业门类齐全集聚发展，投产率不断提升；城北行政片区与油田片区实现融合发展，文体中心、人民广场、焦裕禄精神文化园等公共空间，成为居民休闲运动的好去处。兰考打造以裕禄大道、兰考红天地为代表的特色文化街区，着力提升城市特色，打造红色之城，建设全国焦裕禄精神教育示范基地。城区道路交通畅达，水系连通，绿色映染，环境整洁，"红、白、灰"城市色彩朴实得彰显，"红城"兰考换新颜。

2. 美丽乡村建设开新篇

五年来，兰考先试先行，积极探索美丽乡村建设之路。兰考以乡村规划为依据组织开展了代庄、毛古等 36 个村庄的美丽乡村建设实施工作；以"一张图纸＋一本图集"的乡村建设规划为依据，先后完成百余个村庄人居环境改善工作。五年来，兰考沿城乡道路串联精品示范村和人居环境改善村共 35 个，以线带面，培育了杜寨蜜瓜、徐场古筝、夏武营蔬菜大棚、谷营驴场等镇村产业带，乡村振兴示范作用显著。五年来，兰考推动沿黄生态与乡村示范带建设、黄河滩高效农业产业化发展，兰考沿黄乡村走上了生态保护与高质量发展之路。

（四）生态建设

2015 年，兰考全县饮用水源地水质平均达标率继续保持 100%；大气环境质量优良，全县城市空气环境质量优良天数达到 231 天，占总天数的 63%，城市空气质量达到 Ⅱ 级标准，化学需氧量、氨氮、二氧化硫和氮氧化合物排放量分别下降 1.5%、2.2%、2.0% 和 1.9%；全县区域声环境整体质量较好，环境噪声等效声级 54 分贝，达到城市区域环境噪声 Ⅰ 类区标准。

2020 年末，兰考县城建成区绿化覆盖率达 39.61%；全县林木覆盖率达 32.9%，全年造林面积 1.84 万亩，其中，防护林 1.34 万亩，经济林 0.5

万亩。全县饮用水源地水质平均达标率继续保持 100% ；大气环境质量优良，全县城市空气环境质量优良天数达到 220 天，占总天数的 60%。

五年来，兰考以"国家森林城市"为目标，强力推进国土绿化行动，通过黄河生态防护林、国家储备林、交通廊道绿化、城区拆墙透绿建绿等，基本实现了森林围城、绿道连通的城乡绿化体系。五年来，兰考城区完成了兰阳湖、饮泉河、青莲湖、仙霞池、凤鸣湖及上河恬园等城市生态水系连通工程，基本解决黑臭水体问题，滨水景观带穿城而过，生态湿地公园绕城而建，为大美兰考创造绿色生态栖居空间。

二、新时代新机遇新要求

随着我国经济发展水平不断提升，科技实力日益增强。当前国际格局和国际体系也正在发生深刻调整，我国面临百年未有之大变局。在时间节点上，"十三五"落下帷幕，"十四五"规划和 2035 年远景目标已经确定，国家和地方政府开始了新征程。同时，面对资源约束趋紧、环境污染严重、生态系统退化的严峻形势，我国必须走生态文明的可持续发展道路。黄河流域生态保护和高质量发展与郑开同城化建设都为兰考的发展提供了新机遇提出了新要求。

2023 年 1 月，兰考县新任县委书记陈维忠在全县三级干部会议上强调，全国上下正在深入学习宣传贯彻党的二十大精神，高举中国特色社会主义伟大旗帜，为全面建设社会主义现代化国家而团结奋斗。兰考作为焦裕禄精神的发源地，作为习近平总书记的联系点，经过一代又一代接续奋斗，实现了率先脱贫，正处在由全面小康向高质量发展跨越赶超的关键时期。为此，县委会同四大班子，审时度势、深入研判，综合各方意见，提出强力实施"1314"行动战略部署（"1"即传承弘扬焦裕禄精神，守正创新、拼搏赶考；"3"即实施项目建设年、营商环境建设年、能力作风建设年；第二个"1"即建设郑开兰同城的东部区域中心城市；"4"即"四个重大"，抓实抓好"重大创新、重大专项、重大改革、重大项目"），力求拼出兰考新优势、跑出发展加速度，在新的赶考之路上奋楫笃行、再续精彩。

（一）党的二十大新机遇

目前，中国城市发展环境发生了深刻和复杂的变化，党的二十大对全国未来 30 年发展做出了总体部署，明确指出未来五年是全面建设社会主义现代化国家开局起步的关键时期，并对经济、科技、国家治理体系和治理能力建设、社会主义市场建设、法治、文化、公共服务均等化、城乡环境等方面提出具体工作目标要求，同时着重指出，高质量发展是全面建设社会主义现代化国家的首要任务。

兰考县正处于郑州大都市区新格局重构、郑开同城化加快推进、黄河流域生态保护和高质量发展持续发力三大战略交汇机遇叠加期。需要充分解放思想、创新思维，以全局性眼光、系统性思路，以问题和目标双导向，创新工作方法、转变工作思路，结合省委、省政府新时期的新要求，以设计为引领、以项目为抓手、以金融为手段，系统性推动产业高质量发展、城市高质量转型，有序提升居民生活品质、完善公共服务设施、塑造城市地域特色名片、激发城市活力，实现区域中心城市建设目标。

（二）国内国际双循环

"双循环"是我国对国内国际双循环新的不平衡格局的主动调整、主动谋划的大战略，是以国内大循环为主体，在外部环境高度不确定的情况下，利用我国产业基础实力雄厚、产业链条完整、战略回旋空间大、超大市场规模的特点，畅通生产、分配、流通、消费等经济运行的各个环节推动实现内部自我循环，包括供需循环、产业循环、区域循环、城乡循环与要素循环等。

供需循环上，需通过发挥社会主义制度优势，积极扩大有效需求，为国内产品销售创造更大的市场空间。产业循环上，需稳定优化产业链、供应链、价值链，构建三次产业结构协调，实体经济与虚拟经济相结合，实物经济与数字经济融合共生的现代产业体系。区域循环上，需促进区域协调发展，推动形成更有效的区域协调战略，打造区域产业集群，加强区域之间联通性，畅通区域间循环。城乡循环上，加快推进乡村振兴、城乡一体化，促进城乡要素的自由流动，促进农村成为新的生产中心与消费中心，推动城乡形成多层次交换循环。要素循环上，需进一步打通痛点与堵点，畅通物流、人流、信息流、资金流等要素的循环。

利用"双循环"战略契机，河南省需充分发挥流通中心的优势，打造枢纽经济，服务好要素循环和区域循环；高度关注第四次产业革命对产业链与价值链的重塑，培育和引进一批有竞争力的企业，融入供需循环和产业循环中，进一步提升产业竞争力；围绕第四次产业革命带来的新基建、新投资、新就业、新消费的经济发展机遇，积极推进城乡高质量融合发展。

（三）"十四五"规划

2019 年，中国城镇化率突破 60%，中心城市和城市群正在成为承载发展要素的主要空间形式，"十四五"要进一步形成优势互补、高质量发展的区域经济布局，通过结构优化提高都市圈与城市群的支撑力和带动力，发挥区域性中心城市对更大区域的带动力，建立区域合作机制，加强省际交界地区的区域合作，把特色小镇和小城镇作为城乡融合的枢纽和服务农村、集聚产业的中心，培育成为乡村振兴战略的重要支撑。同时，把握全球新一轮科技革命和产业变革机遇，推动产业高质量发展，实现新旧动能顺畅接续转换，抢占全球产业发展制高点也成为"十四五"时期的重要课题。

河南省"十四五"规划以习近平新时代中国特色社会主义思想为引领，深入贯彻习近平总书记视察河南重要讲话精神，紧扣高质量发展要求，在主动融入中部地区崛起，黄河流域生态保护和高质量发展国家战略中找准河南发展定位，高水平推进郑州国家中心城市建设，在服务国家战略中实现全省更好地发展。充分放大比较优势，加快补齐产业结构、创新驱动、社会民生等领域短板，不断增强整体发展实力。围绕推动形成优势互补的区域经济布局，强化创新发展，扩大对外开放，加快产业体系重构升级，聚焦"三农"领域补短板强弱项，促进基本公共服务均等化等重点方面，谋划实施一批打基础、增后劲、利长远的重大项目、重大工程。

（四）生态文明建设

生态文明建设是经济持续健康发展的关键保障，是民意所在民心所向，它与经济建设、政治建设、文化建设、社会建设一并形成了中国特色社会主义"五位一体"的总体布局。生态文明建设功在当代、利在千秋。人与自然是生命共同体，人类必须尊重自然、顺应自然、保护自然，要加快生态文明体制改革，建设美丽中国。推进绿色发展，加快建立绿色生产和消费的法律制度和政策导向，建立健全绿色低碳循环发展的经济体系。着力解决突出环境问题，坚持全民共治、源头防治，持续实施大气污染防治行动，打赢蓝天保卫战。加大生态系统保护力度，实施重要生态系统保护和修复重大工程，优化生态安全屏障体系，构建生态廊道和生物多样性保护网络，提升生态系统质量和稳定性。

站在历史的新起点上，河南省深入贯彻落实习近平生态文明思想，持续开展污染防治攻坚战，深化环境保护工作，加快推动绿色低碳发展，推动生态强省建设，生态环境得到持续改善。河南省通过《中共河南省委 河南省人民政府关于全面加强生态环境保护坚决打好污染防治攻坚战的实施意见》《河南省人民代表大会常务委员会关于全面加强生态环境保护 依法推动打好污染防治攻坚战 让中原更加出彩的决议》《河南省污染防治攻坚战三年行动计划（2018—2020年）》等文件的印发，逐渐形成污染防治攻坚体系。

（五）黄河流域生态保护和高质量发展

黄河流域是我国重要的生态屏障和重要的经济地带，在我国经济社会发展和生态安全方面具有十分重要的地位。黄河流域生态保护和高质量发展，同京津冀协同发展、长江经济带发展、粤港澳大湾区建设、长三角一体化发展一样，是重大国家战略。坚持绿水青山就是金山银山的理念，坚持生态优先、绿色发展，加强生态保护治理，促进全流域高质量发展，保护传承弘扬黄河文化。支持各地区发挥比较优势，构建高质量发展的动力系统。沿黄河各地区要从实际出发，宜水则水、宜山则山，宜粮则粮、宜农则农，宜工则工、宜商则商，积极探索富有地域特色的高质量发展新路子。区域中心城市等经济发展条件好的地区要集约发展，提高经济和人口承载能力。贫困地区要提高基础设施和公共服务水平，全力保障和改善民生。要积极参与共建"一带一路"，提高对外开放水平，以开放促改革、促发展。

《2020年河南省黄河流域生态保护和高质量发展工作要点》提出要把握沿黄地区生态特点和资源禀赋，引领沿黄生态文明建设，在全流域率先树立河南标杆，围绕生态保护、高质量发展、文化传承等重点领域，先期启动具有引领性、示范性的标志性项目，带动黄河流域生态保护和高质量发展。

（六）郑开同城化

2020年1月，习近平总书记在中央财经委员会第六次会议上指出"推进郑州与开封同城化，引领中原城市群一体化发展"。2021年河南省政府工作报告中提出，"推进郑开同城化发展率先突破""探索设立郑开同城化示范区"。2021年10月26日，中国共产党河南省第十一次代表大会报告指出，加快郑州都市圈一体化发展，全面推进郑开同城化，并将兰考纳入郑开同城化进程。郑开同城化将形成"三区（东部同城化示范区、南部同城化示范区和北部同城化示范区）一带（黄河生态文旅带）两廊（北部科创走廊、南部产业走廊）"的总体格局（图10-7）。

兰考县位于郑开同城化东部示范区，未来将与南部示范区、北部示范区共同打造成为支撑引领郑开同城化的三大核心引擎片区。兰考县依托位于黄河生态文旅带延长线的地理位置，与郑州、开封共同打造沿黄自然景观、文化遗产、生态资源，打造黄河流域生态保护和文旅深度融合发展新样板。同时，兰考县积极向西对接，融入郑州、开封科技创新链条，积极承接郑开科研成果产业化转化，构建科研成果从平台到中试到工程化、产业化的完整创新链条，不断强化兰考和郑州、开封的优势产业协同、衔接互补、错位发展。

图 10-7　兰考郑开同城化空间布局示意图

三、县域经济高质量发展新篇章

县域经济是区域发展的基石，是高质量发展的支撑。以产业为动力，以农业为基础，以城镇化为载体，以信息化为手段，通过党建引领、科技创新、金融支撑、数字驱动，重塑兰考产业生态，打造新时代全国县域治理"三起来"样板。

（一）党建引领

党建引领兰考县域经济高质量发展。全面落实中央和省委、市委要求，深入贯彻落实习近平总书记关于县域治理"三起来"重要指示精神，以党的政治建设为统领，不断提升各级党组织的政治领导力、思想引领力、群众组织力、社会号召力，以党的建设高质量推动县域经济发展高质量。把党建引领作为兰考县域经济发展的总引擎，强化政治引导，夯实队伍建设，统筹推进基层组织建设、脱贫攻坚、产业发展、乡村振兴、人居环境、乡风文明等工作内容。

抓实基层基础，筑强战斗堡垒。紧抓基层、支部的工作导向，提高人力、物力、财力投入，财政优先保障，逐年增加党建工作经费，建设县、乡、村三级党群服务中心，树立正确导向，开展基层党建总结表彰大会，持续开展"四面红旗村"评选活动，夯实基党建工作基层基础。

（二）科技创新

党的十九大报告指出，"我国经济已由高速增长阶段转向高质量发展阶段，正处在转变发展方式、优化经济结构、转换增长动能的攻关期"①，这为我国和地方经济高质量发展指明了方向。创新引领未来，科技改变世界。在科学发展观和创新驱动发展战略的指引下，科技创新已成为解决当前经济发展中突出矛盾、培育壮大新动能、驱动经济高质量发展的关键动力，也要作为兰考县域经济高质量发展的核心着力点。

---

① 习近平.决胜全面建成小康社会，夺取新时代中国特色社会主义伟大胜利——在中国共产党第十九次全国代表大会上的报告 [EB/OL]. 新华社，（2017-10-18）[2017-10-27]. http://www.gov.cn/zhuanti/2017-10/27/content_5234876.htm.

科技创新助力兰考特色产业发展。创新结合方式，推进科技创新，建立健全特色产业技术研发体系。实现全产业链支撑，强化工艺流程、新产品、新业态的研发。促进兰考加快乐器、家居等特色产业绿色生产、特色产品加工技术以及设施装备、专用材料、特色手工业工艺流程等的技术研发，完善特色产业全产业链的搭建与升级。

培养科技人才。结合资源、产业发展优势，培养和挖掘科技型人才，留住本地人才，引进高端人才，瞄准前沿科技，夯实县域经济高质量发展基础。简化科技成果转化相关手续，降低相关税费，加快科技创新和成果转化，提高转化率，增强企业科技创新能力与核心竞争力。

营造科技创新空间。科技创新使企业用工和管理方式产生变革，弹性生产、组织及用工，丰富就业方式，使就业呈现灵活、多元、弹性化特点。兰考县域经济发展应回应新需求，营造创新空间满足自主创业、灵活就业、时间弹性的科技创新人群对生活、工作、休闲场所融合的要求。

（三）金融支撑

金融是县域经济发展的第一推动力。习近平总书记曾强调"经济兴，金融兴；经济强，金融强"。深化金融供给侧结构性改革，增强金融服务实体经济能力，加强抓改革、促发展、推普惠，提升兰考金融业发展水平，从而支持兰考县域经济高质量发展。

创新金融机制体制。盘活存量资源，依据资产的不同性质，制定产业发展相关资产租赁、出售、转让的有关政策，明确资产权限，推动"僵尸""沉睡""闲置"等资产的变现、让权、生利。鼓励资金互助合作，以有效管理、良性运行、风险可控为目标，积极参与县域产业创新发展，构建生产、供销、信用合作"三位一体"多元发展合作共赢模式；加快社会资本融通，降低准入限制，构建项目公平招标和项目成果质量监管的项目市场准入机制。

创新金融产品。推进企业与政府间的信用建设，加快完善融资担保体系，扩大融资担保机构的覆盖范围。优化融资环境，大力推动供应链融资、纳税信用贷、普惠金融等金融服务模式及创新产品，提升融资可能性。在创新金融产品服务方面，积极创新探索，搭建覆盖全域的智慧金融服务平台，提升企业融资便捷度。从开发性金融、商业性金融以及金融产品创新的视角，挖掘兰考县域资源、资产的金融创新价值，强化金融驱动力，广泛借助外部金融、民间金融以及资本市场的力量，积极探索城市建设、工程建设、产业发展等领域的金融产品创新。

加强政府与银行机构合作、产融对接，实施县域存贷比提升工程，引导各银行机构围绕国家产业政策，结合地方经济社会发展实际，加大对地方重点项目建设、特色优势产业、小微企业、"三农"领域的信贷支持，扩大银行信贷投放规模。银行业机构加快项目对接、提升信贷投放效率，推动针对项目的金融政策不断细化，建立县域风险补偿机制，积极促进创新业务的开展推进，引领金融机构支持实体经济发展。

（四）数字驱动

兰考县域经济发展要以 5G、"人工智能＋新零售"为抓手，以"消费需求＋流量拉动"为双重牵引力，通过强化需求端的赋能能力，倒逼产业链前端科技创新与产品设计升级，从而双向拉动产业链中间环节数字化转型，实现科研、生产与销售全环节、全过程、全链条的整体提升，重塑产业微笑曲线。

通过新零售数字化的交易平台，形成线上线下相互融合的新场景，打造线上线下联动的互动式、场景式、体验式智能营销模式。催生新产品、新业态、新产业、新经济，以"消费需求＋流量拉动"为双重牵引力，强化直播等新零售对消费端的赋能能力，推动产业全要素流通，实现数字驱动、生产协同，构建兰考特色产品销售平台、结算平台，创造区域产品销售博览总部经济，有机结合消费互联网与产业互联网，重塑兰考数字新零售模式。

　　围绕兰考中小企业数字化转型需求，以数字新基建为支撑，以数字资产为核心，导入创意设计、职业教育、科技创新、品牌包装、供应链金融等创新产业要素，搭建产业生态育城运营平台，建立产业数字化生态赋能体系，通过数据流通，打通产品市场、要素市场和服务市场，构建兰考产业数字化新生态，创造新动力源，推动兰考县域经济产业整体数字化转型，实现城市产业生态重构，实现县域经济高质量发展。